# 2002年度中国高等学校校办产业统计报告

中华人民共和国教育部科技发展中心
中 国 高 校 校 办 产 业 协 会　编

西南交通大学出版社
·成 都·

图书在版编目（CIP）数据

2002年度中国高等学校校办产业统计报告 / 中华人民共和国教育部科技发展中心 中国高校校办产业协会编。—成都；西南交通大学出版社，2003.11

ISBN 7-81057-802-2

Ⅰ.2… Ⅱ.中… Ⅲ.高等学校－校办企业－统计分析－中国 2002 Ⅳ.G649.22

中国版本图书馆CIP数据核字（2003）第106771号

**2002年度中国高等学校**
**校办产业统计报告**

中华人民共和国教育部科技发展中心 编
中国高校校办产业协会

责任编辑 王丽蓉
封面设计 肖 勤
西南交通大学出版社出版发行
（成都市二环路北一段111号 邮政编码：610031 发行科电话：87600564）
Http://press.swjtu.edu.cn
E mail:cbsxx@swjtu.edu.cn
廊坊市光达胶印厂印刷

开本：787mm×1092mm 1/16 印张：12
字数：273千字 印数：1—1000册
2003年11月第1版 2003年11月第1次印刷
ISBN 7-81057-802-2/G 056
定价：200.00元

# 2002年度中国高等学校校办产业统计报告编委名单

主　编：谢焕忠

副主编：李志民　陈清龙

编　委：（按姓氏笔划为序）

万　山　王大农　王永军　王洪生　王　珏

王　悦　邓庆祥　刘红斌　刘　波　多晓蜜

孙澄渊　佘春雨　张玉祥　张建松　张武军

李上福　李建聪　李易青　李柏峰　李晋湘

李　源　李　宏　杨学民　陈庆泽　周晓玲

岳卿华　郑维均　金　石　赵海燕　凌　震

徐　伟　秦　斌　索　多　屠康丽　常　青

梁祥君　符智贵　彭悦慧　熊　川　潘　峰

# 前　言

一、高校校办产业统计工作为全面了解全国高校校办产业发展情况提供了重要的数据支持，通过对于相关数据的归纳和分析，能够清楚地描述出全国高校校办产业的整体状况，为各省(市)、自治区及各有关高校的主管部门了解本单位发展和全国总体状况提供了有益的帮助，并为政府及有关部门制定相关政策提供了重要的决策依据。

二、随着中国高校校办产业地位的不断提高，其在高等院校科技成果转化和产来化过程中蕴藏的巨大商机和潜在赢利能力，引起了投资资本、投资服务领域的极大关注。高校校办产业的基本情况、经营状况、运营效益、资产存量、资本结构、资金分配、赢利能力等统计数据的综合分析，成为研究这一领域投资价值的重要参考数据。

三、本书的统计时间为2002年度1月1日至12月31日。统计范围是全国全日制普通高等学校的校办独资企业(公司)和根据财政部会(1995)11号文件中划定的各类拥有实际控股权的股份制企业、中外合作企业和实行企业化管理的事业单位及学校投资开办的其它各类经济实体。书中的数据采集权威全面，资料详实可靠。在编排中除文字表述外，还绘制了大量图表，力求简明扼要，一目了然。各统计部分都后缀简单的数据分析，以提示数据的信息关联。附录中将近五年来的高校校办产业统计综报告一并收入，以便对比分析。

四、本书将中国高校校办产业统计分析报告作为正式出版物出版，由于数据基础的限制，编撰时间有限，经验不足，使本书在文字表述、数据分析等方面都存在着一些缺憾，敬请广大读者提出宝贵意见，我们将在今后的工作中加以完善。

五、本书的出版得到清华同方股份有限公司的支持，在此深表感谢。

**编　者**

2003年11月

# 目　　录

# 一、2002 年度全国普通高校校办产业统计分析

## 1.全国普通高校校办产业概况

(1)2002 年度参加全国普通高校校办产业统计工作的共有全国 32 个省、自治区、直辖市及新疆生产建设兵团(不包括台湾省),共计 1534 所普通高校的 5047 个企业。其中科技型企业 2216 个,占全部上报企业的 43.91%;其他类型企业 2831 个,占上报企业的 56.09%。如图 1-1 所示。

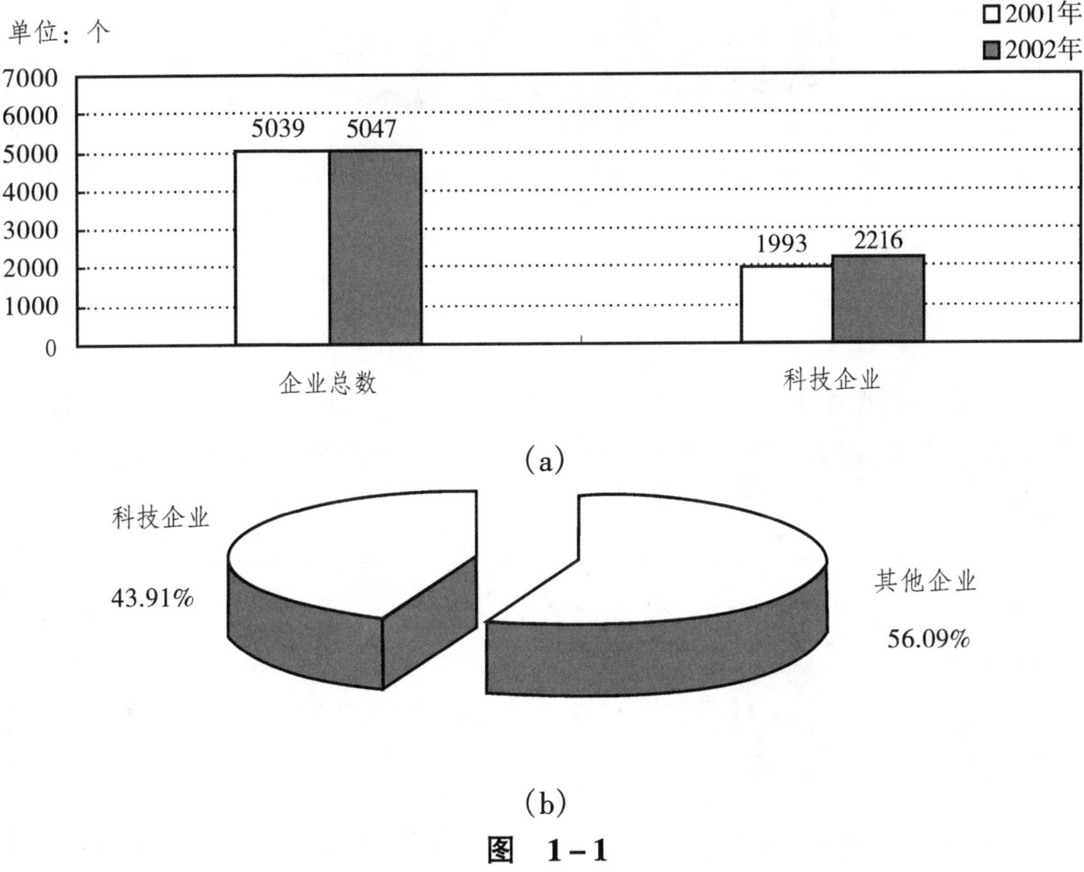


**图 1-1**

(2)从经营性质来看,从事工业生产的企业为 2188 个,占企业总数的43.35%;从事商贸的企业 583 个,占 11.55%;从事其他经营方式的企业 2276 个,占 45.10%。如图 1-2 所示。

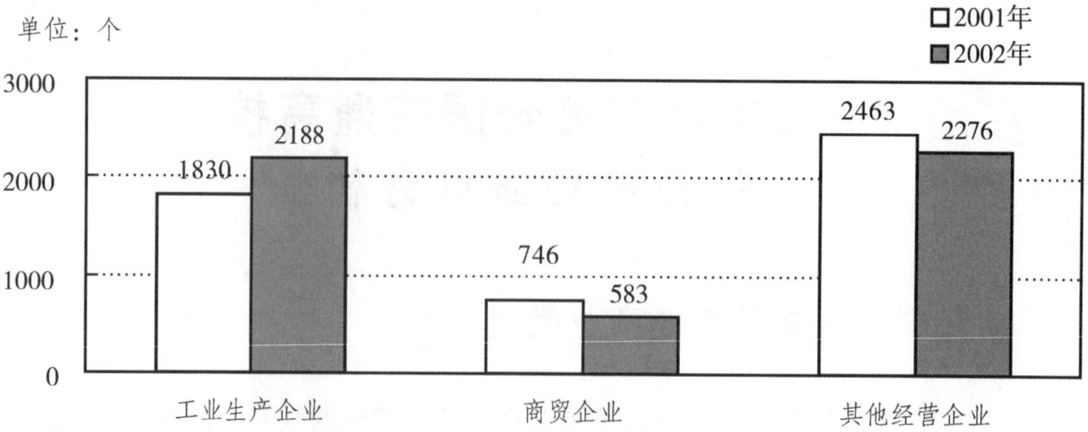

(a)

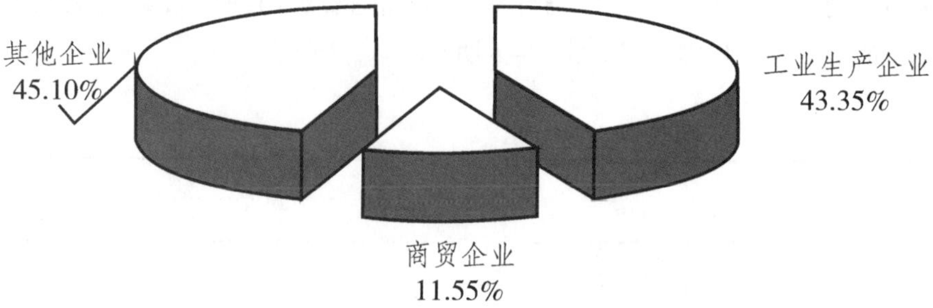

(b)

**图　1－2**

(3)从投资性质来看，学校独资企业 3802 个，占企业总数的 75.33%；国内联营企业 1211 个，占 23.99%；外资合营企业 34 个，占 0.68%。如图 1－3 所示。

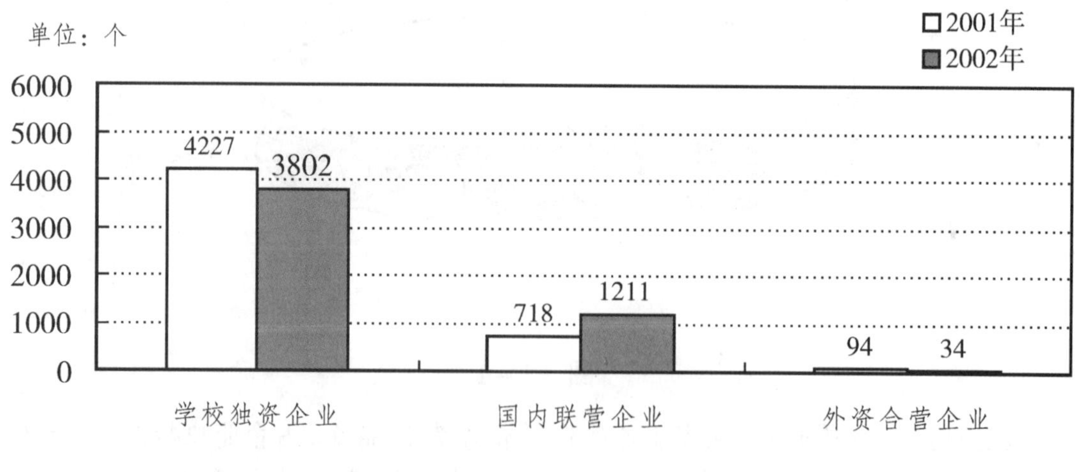


(a)

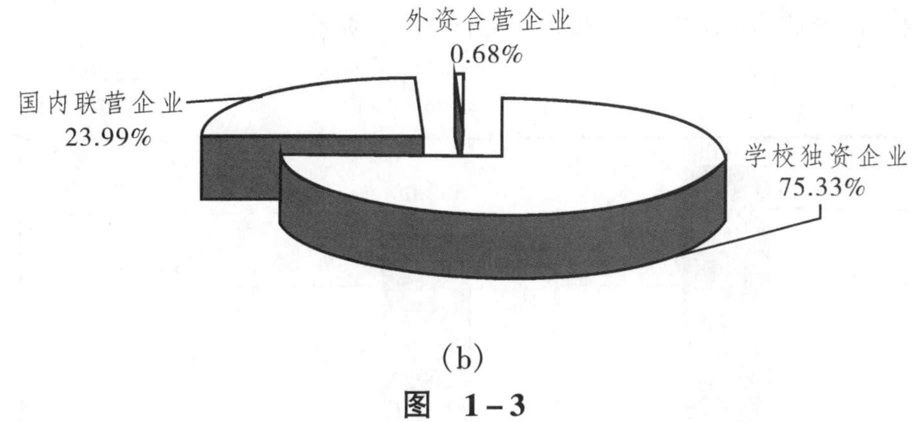


(b)

**图 1-3**

(4)从对企业隶属管理关系上看,由学校管理的企业为 4330 个,占企业总数的 85.79%;由校内院、系、所管理的企业 717 个,占 14.21%。如图 1-4 所示。

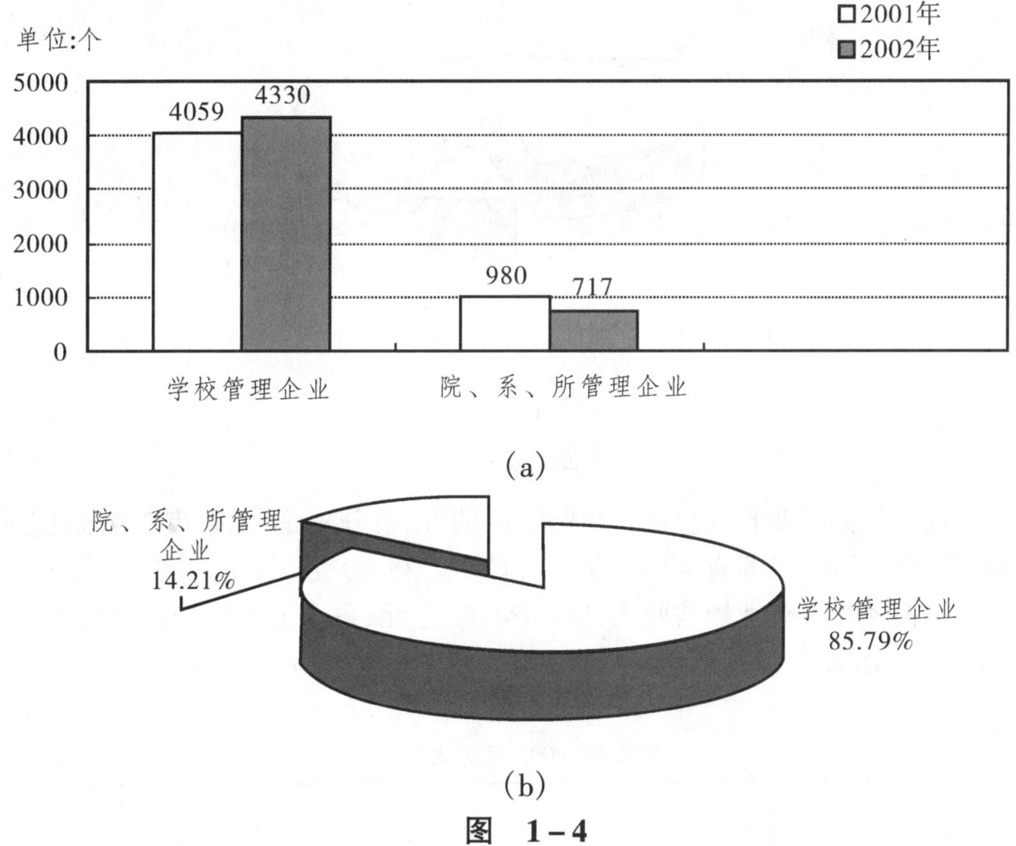


(a)

(b)

**图 1-4**

## 2.经营状况

**1)收入总额**

(1)2002 年度全国高校校办产业收入总额 720.08 亿元,比 2001 年增加了 117.10 亿元,增长率为 16.26% 。其中科技型企业收入总额 539.08 亿元,占全国高校校办产业收入总额的 74.86%。如图 1－5 所示。

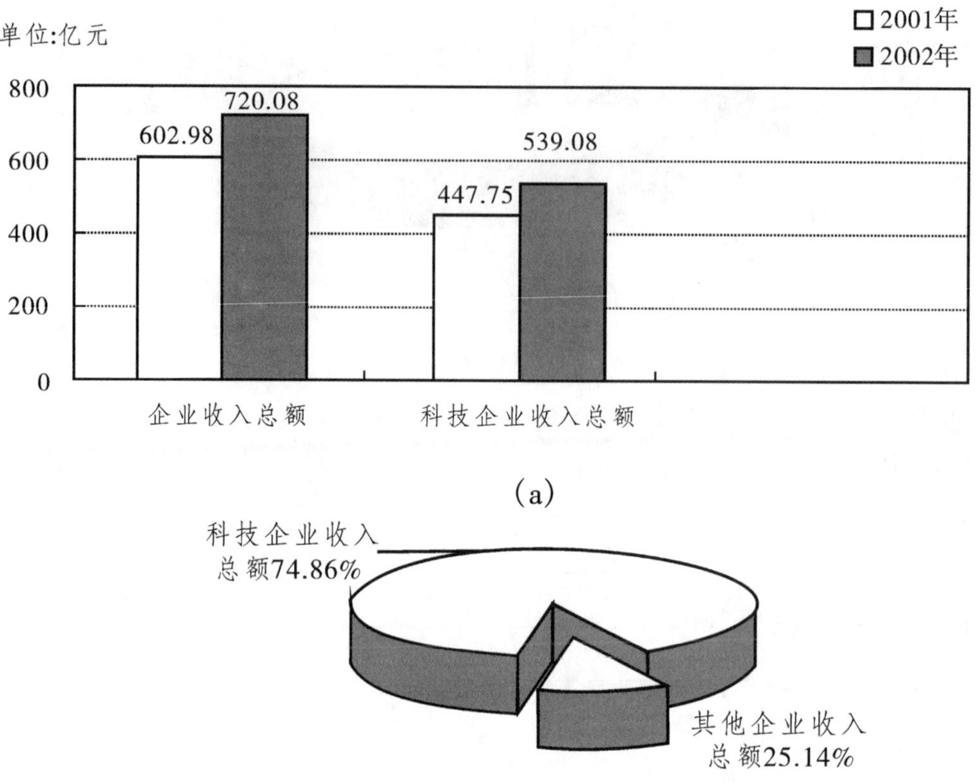


(a)

(b)

**图 1－5**

(2)高校校办产业收入总额排在前五位的省、市分别是:北京市 299.55 亿元;上海市 76.95 亿元;江苏省 40.07 亿元;辽宁省 36.09 亿元;山东省 33.85 亿元。该五省、市高校校办产业销售收入共计 486.51 亿元,占全国高校校办产业收入总额 67.56%。如图 1－6 所示。

**2001 年、2002 年对比** 单位:亿元

| 地区<br>年 | 北京市 | 上海市 | 天津市 | 江苏省 | 辽宁省 |
|---|---|---|---|---|---|
| 2001 年 | 261.85 | 59.71 | 32.60 | 32.52 | 32.46 |
| | 北京市 | 上海市 | 江苏省 | 辽宁省 | 山东省 |
| 2002 年 | 299.55 | 76.95 | 40.07 | 36.09 | 33.85 |

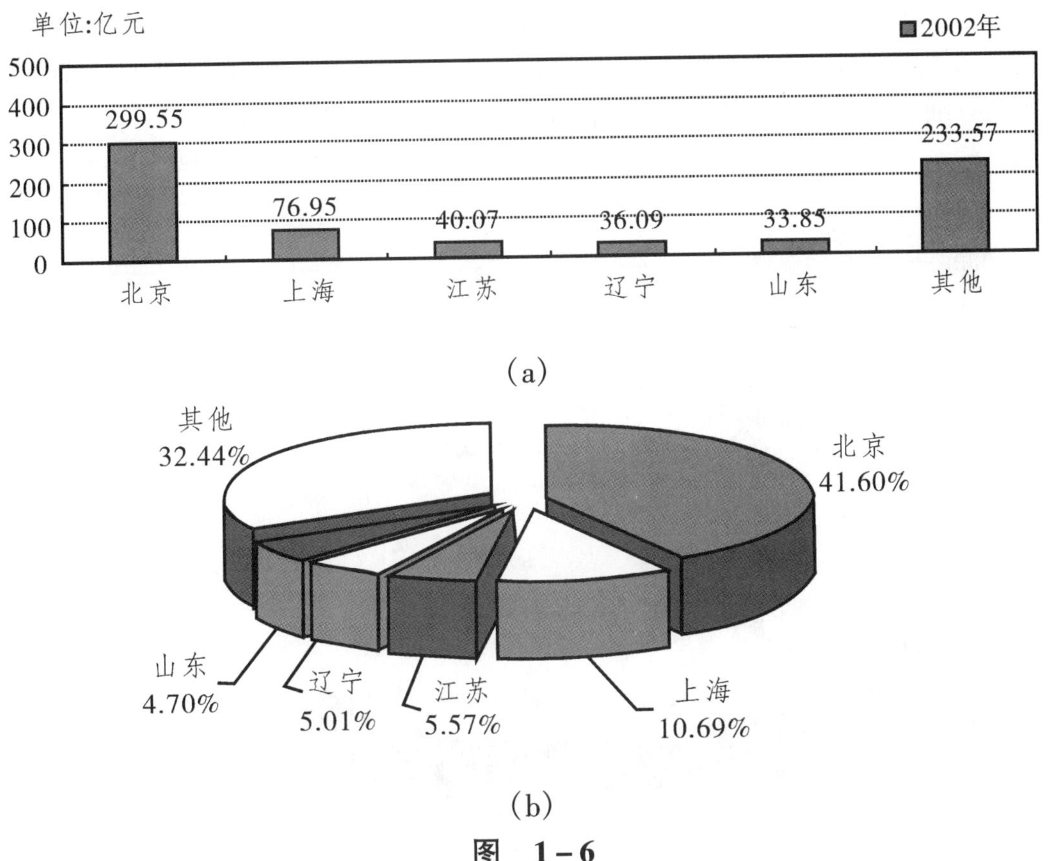


**图 1-6**

(3)高校校办科技产业收入总额排在前5位的省、市是:北京市263.89亿元;上海市49.16亿元;浙江省26.23亿元;辽宁省25.37亿元;天津市23.37亿元。如图1-7所示。

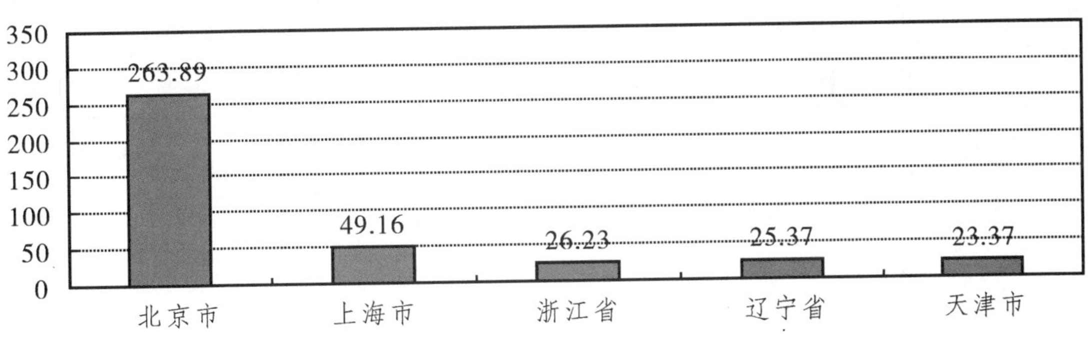


**图 1-7**

(4)高校校办产业销售收入超过1亿元的学校共计88所,实现销售(经营)收入640.92亿元,占高校校办产业销售收入总额的89.01%。校办产业销售(经营)

收入过10亿元的学校有13所，它们分别是：北京大学、清华大学、浙江大学、东北大学、同济大学、西安交通大学、上海交通大学、复旦大学、天津大学、哈尔滨工业大学、石油大学(华东)、山东大学、中山大学。如图1-8所示。

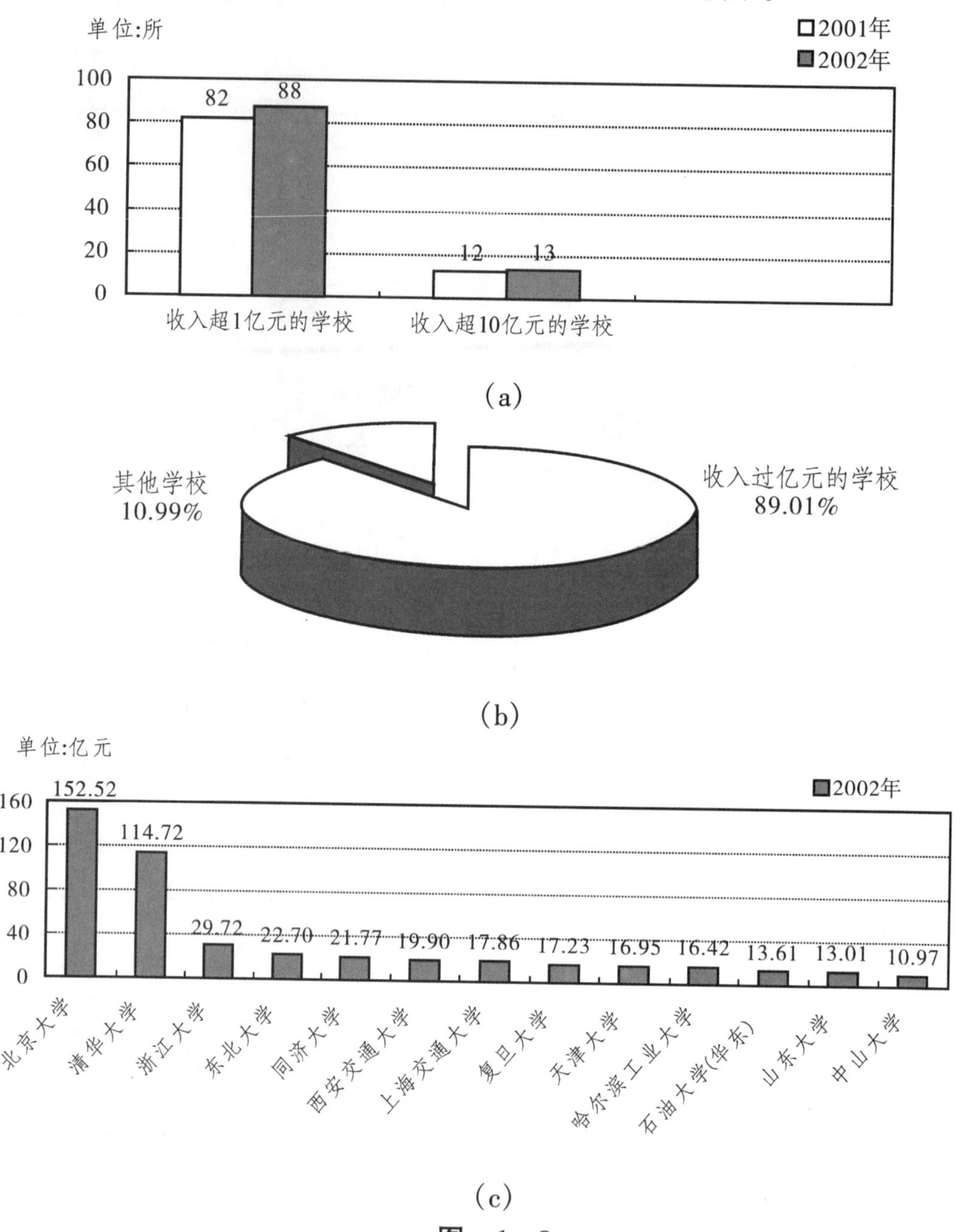


**图 1-8**

(5)2002高校校办科技产业收入过10亿元的学校是：北京大学149.30亿元；清华大学102.81亿元；浙江大学25.46亿元；东北大学22.09亿元；同济大学19.69亿元；西安交通大学18.18亿元；天津大学16.38亿元；山东大学12.38亿元；上

海交通大学11.01亿元。如图1-9所示。

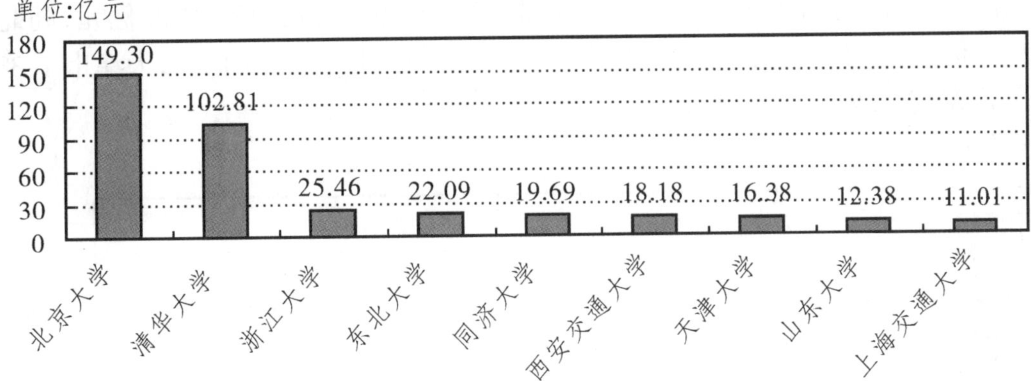


图 1-9

**2)利润总额**

(1)2002年度全国高校校办产业实现利润总额45.93亿元,比2001年减少2.24亿元,降低了4.65%。其中科技型企业实现利润总额25.37亿元,占实现利润总额的55.24%,比2001年31.54亿元减少6.17亿元,降低了19.56%。如图1-10所示。

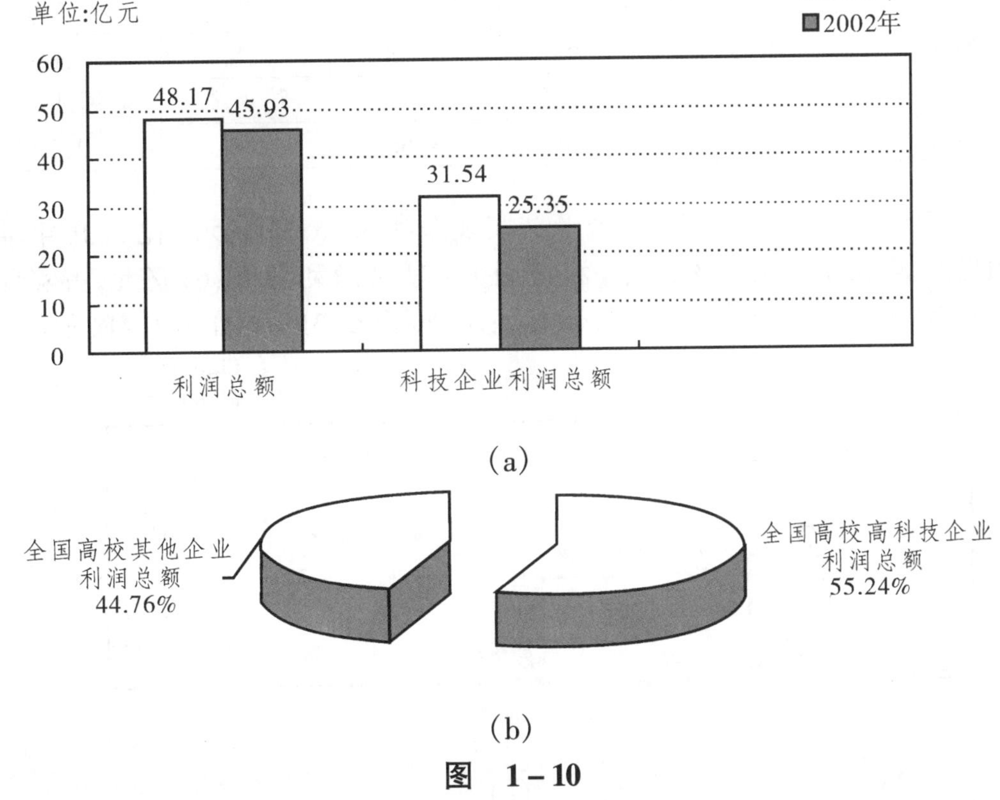


图 1-10

(2)其中有10个省、市高校校办产业实现的利润总额突破亿元,它们分别是:北京市13.87亿元;上海市7.14亿元;江苏省3.56亿元;陕西省3.48亿元;湖北省2.52亿元;辽宁省2.25亿元;浙江省1.66亿元;四川省1.62亿元;天津市1.38亿元;广东省1.10亿元。如图1-11所示。

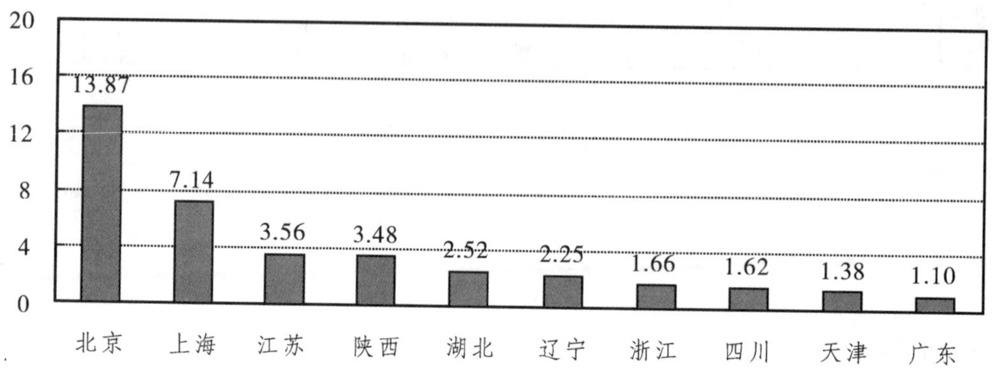


**图 1-11**

**2001年、2002年高校校办产业利润总额前五名省、市排名**

单位:亿元

| | 北京市 | 上海市 | 天津市 | 江苏省 | 陕西省 |
|---|---|---|---|---|---|
| 2001年 | 15.53 | 6.54 | 2.98 | 2.83 | 2.60 |
| | 北京市 | 上海市 | 江苏省 | 陕西省 | 湖北省 |
| 2002年 | 13.87 | 7.14 | 3.56 | 3.48 | 2.52 |

(3)2002年度全国高校校办产业共实现净利润35.33亿元,比2001年增加0.01亿元,增长率为0.02%。其中科技型企业实现净利润18.63亿元,占实现净利润的53.14%,比2001年减少5.35亿元,降低了22.31%。如图1-12示。

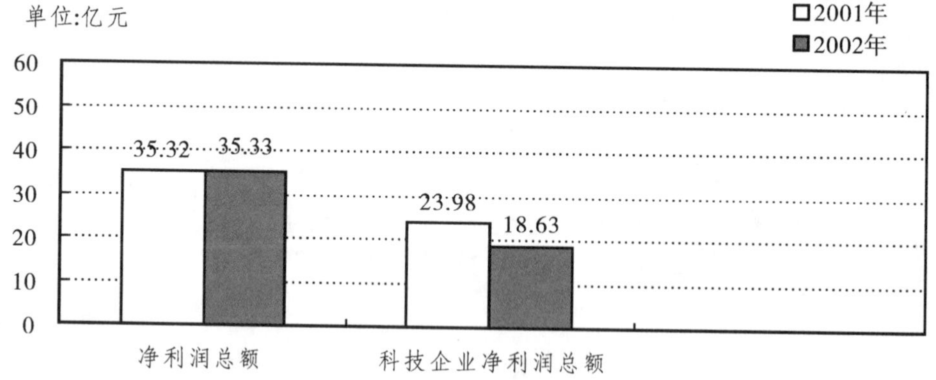


(a)

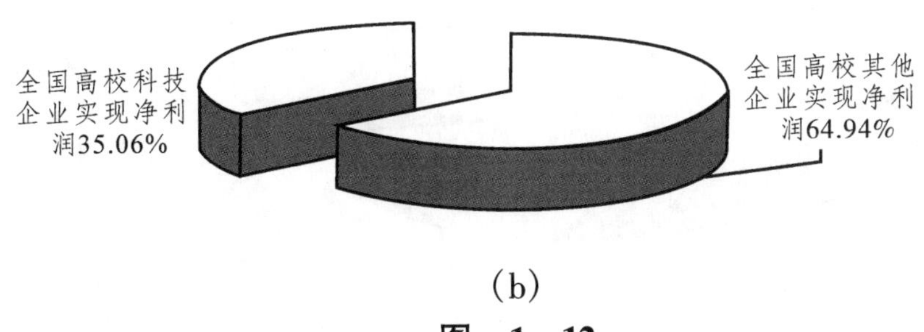


(b)

**图 1-12**

### 3)上交学校的利润和费用

2002年度全国高校校办产业向学校上交利润和费用17.24亿元,比2001年减少了1.08亿元,降低了5.90%。其中上交学校利润10/45亿元,返还学校工资费用等6.79亿元。学校独资企业上交学校的利费共计13.60亿元,占上交学校利费总额的78.89%。如图1-13所示。

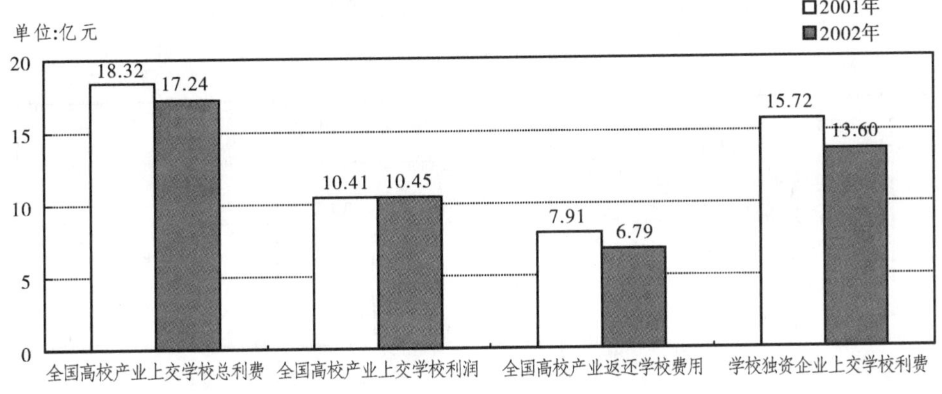


**图 1-13**

### 4)上交税金

2002年度全国高校校办产业向国家交纳税费36.28亿元,比2001年增加7.87亿元,增长率为27.70% 。其中学校独资企业纳税20.55亿元,占全国校办产业纳税总额的56.64%。如图1-14所示。

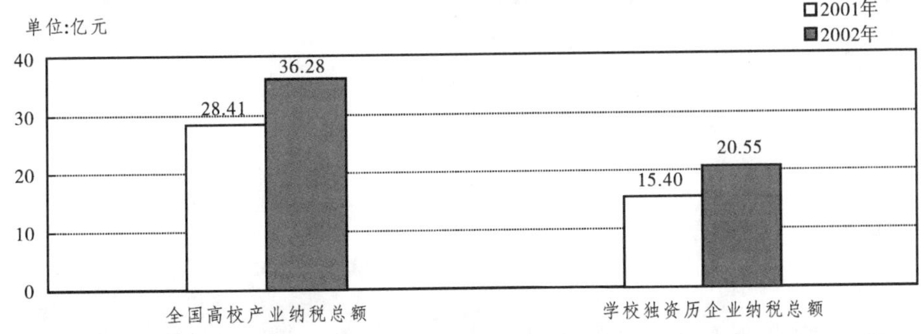


(a)

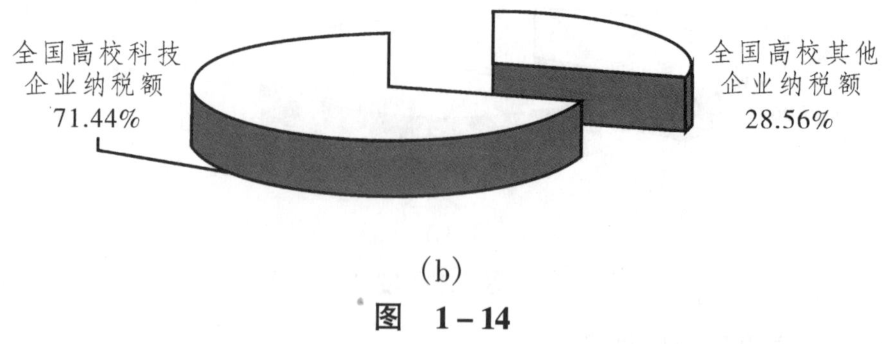


(b)

**图 1-14**

**5)对社会的回报**

2002 年度全国高校校办产业向社会创造的净利润和交纳的各种税费总计为 71.61 亿元,比 2001 年增加了 7.88 亿元,增长率为 11.00%。其中学校独资企业创造净利润和交纳的各种税费共计 41.80 亿元,占高校校办产业对社会回报总额的 58.37%。如图 1-15 所示。

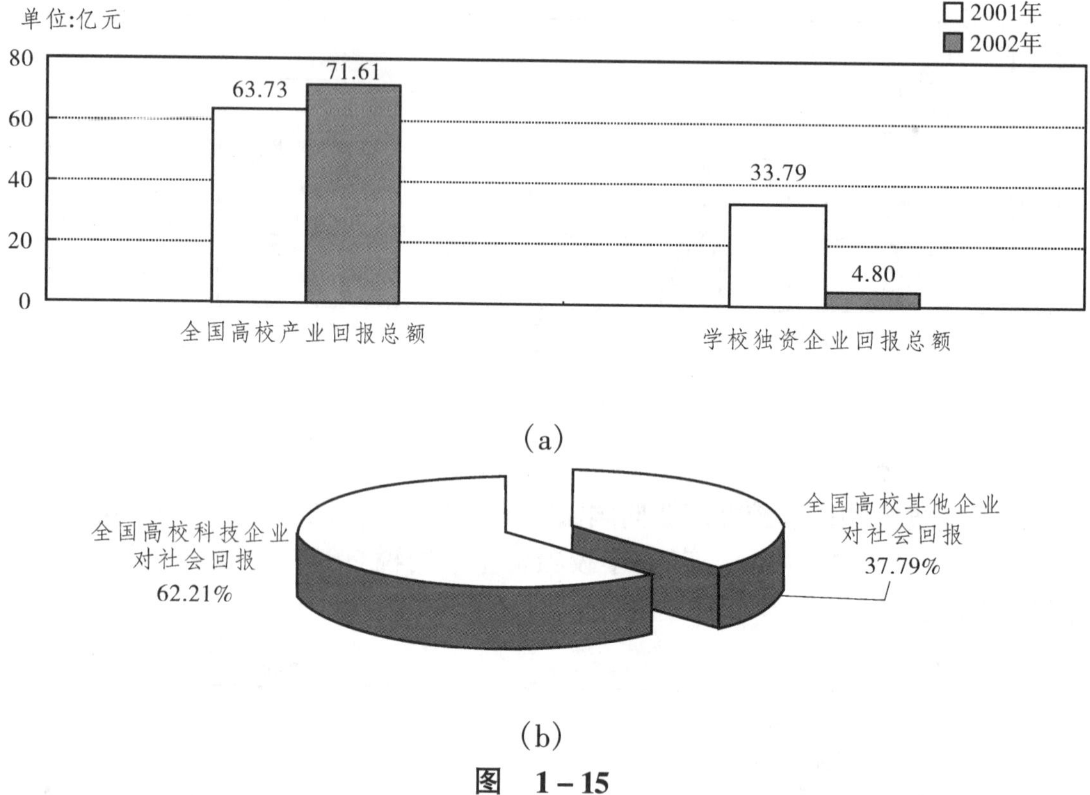


(b)

**图 1-15**

## 3.人员状况

2002 年末全国高校产业在册职工人数共计 26.06 万人,其中有科技人员 8.80 万人,占校办企业人员总数的 33.77%(具有高级职称的人数为 21496 人、具有中级职称的人数为38294人)。全年职工工资总额57.54亿元(人均月工资为1839.91元)。2002年度校办产业接纳学生实习达49.30万人次,累计工时5137.62万小时。此外,校办企业还参与了硕士、博士的培养工作。2002年度参与培养博士生820名、硕士生4336名。

## 4.资产状况

2002年度全国高校的5047个校办企业的注册资金总额为348.33亿元,资产总额1234.35亿元,负债667.12亿元,所有者权益567.23亿元(比2001年增加85.97亿元,增长率为15.16%。全国高校校办企业的平均资产负债率为54.05%,较2001年有所上升,如图1-16所示。

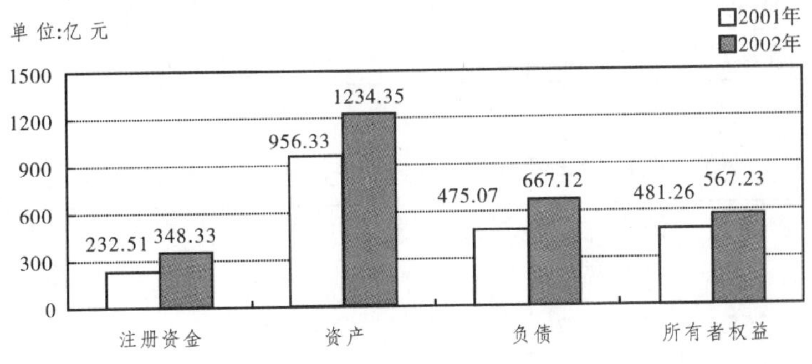


**图 1-16**

在全国5047个校办企业中,其中2216个科技型企业的注册资金为217.05亿元,全国高校科技型企业的资产总额为947.23亿元,负债516.48亿元,所有者权益430.75亿元(比2001年增加49.98亿元,增长率为11.60%)。全国高校科技型企业的平均资产负债率54.53%,较2001年有所上升,如图1-17所示。

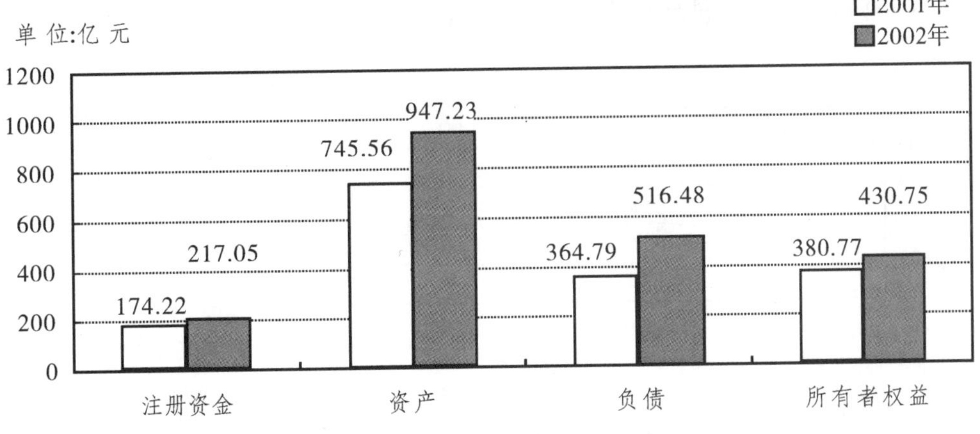


**图 1-17**

## 5.1998—2002年度基本数据对照情况

1998—2002年度全国高校企业生产经营数据对照情况如表1-1、1-2所示。

**表1-1 1998—2002年度全国高校企业生产经营数据对照表**

| 年度 | 企业数（个） | 销售收入（亿元） | 利润总额（亿元） | 净利润（亿元） | 上交税金（亿元） | 上交学校费用（亿元） |
|---|---|---|---|---|---|---|
| 1998 | 5928 | 315.62 | 25.88 | 22.62 | 13.49 | 15.00 |
| 1999 | 5444 | 379.03 | 30.53 | 25.90 | 16.58 | 15.99 |
| 2000 | 5451 | 484.55 | 45.64 | 36.04 | 25.42 | 16.85 |
| 2001 | 5039 | 602.98 | 48.17 | 35.32 | 28.41 | 18.32 |
| 2002 | 5047 | 720.08 | 45.93 | 35.33 | 36.28 | 17.24 |

**表1-2 1998—2002年度全国高校科技企业生产经营数据对照表**

| 年度 | 企业数（个） | 销售收入（亿元） | 利润总额（亿元） | 净利润（亿元） | 上交税金（亿元） | 上交学校费用（亿元） |
|---|---|---|---|---|---|---|
| 1998 | 2355 | 214.97 | 17.70 | 15.84 | 8.31 | 6.58 |
| 1999 | 2137 | 267.31 | 21.56 | 18.04 | 10.96 | 13.92 |
| 2000 | 2097 | 368.12 | 35.43 | 28.03 | 18.79 | 8.46 |
| 2001 | 1993 | 447.75 | 31.54 | 23.98 | 20.09 | 7.78 |
| 2002 | 2216 | 539.08 | 25.37 | 18.63 | 25.92 | 7.61 |

### 1)企业数

1998-2002年度全国高校企业数情况如图1-18所示。

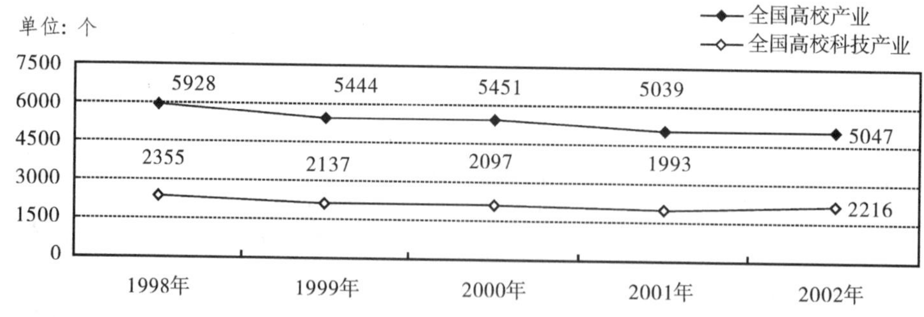


**图 1-18**

2)销售收入

1998－2002 年度全国高校企业销售收入情况如图 1－19 所示。

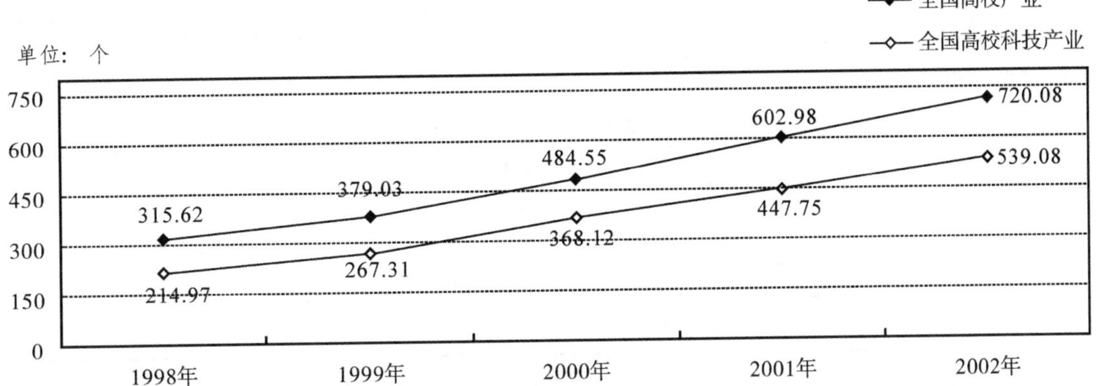


**图 1－19**

3)利润总额

1998－2002 年度全国高校企业利润总额情况如图 1－20 所示。

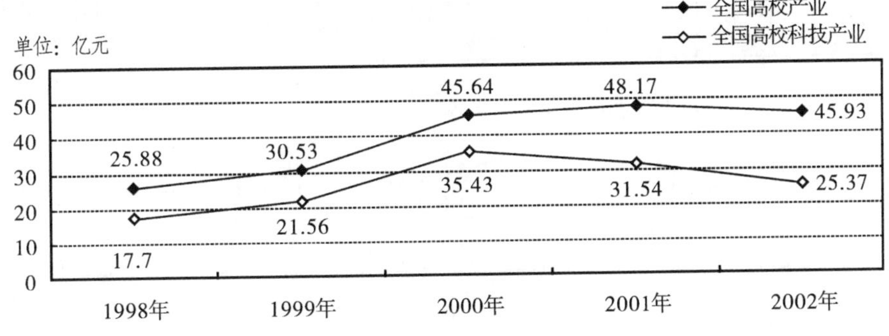


**图 1－20**

4)净利润

1998－2002 年度全国高校企业净利润情况如图 1－21 所示。

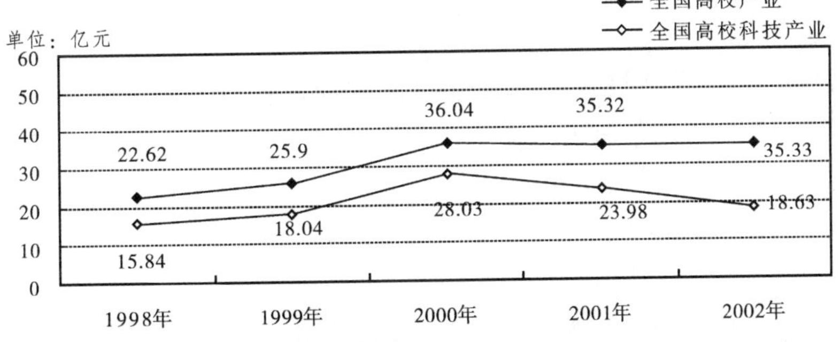


**图 1－21**

5)上交税金

1998－2002年度全国高校企业上交税金情况如图1－22所示。

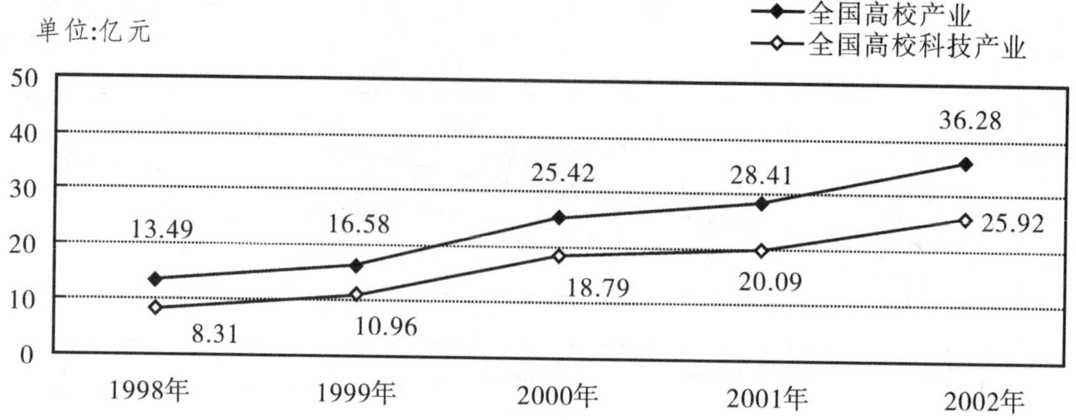


图 1－22

6)上交学校费用

1998－2002年度全国高校企业上交学校费用情况如图1－23所示。

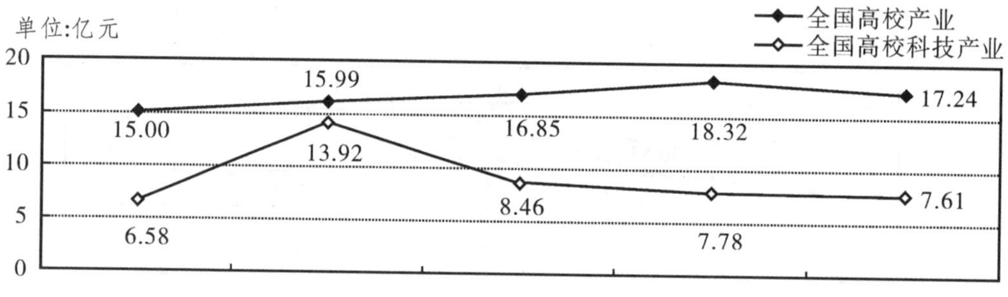


图 1－23

## 6.基本分析

1)人均销售额

(1)2002年度全国高校校办产业人均销售额为28.22万元,其中科技型企业人均销售额为37.75万元,比全国高校校办产业人均销售额高33.72%,如图1－24所示。

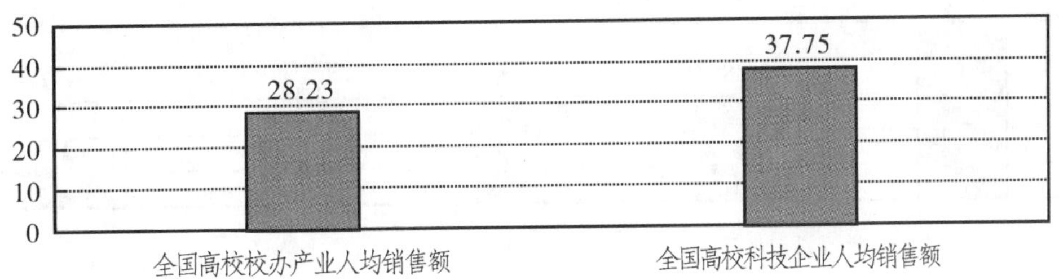


图　1－24

(2)人均销售额排在前五位的省、市分别是:北京市、浙江省、山东省、上海市、山西省,如图 1－25 所示。

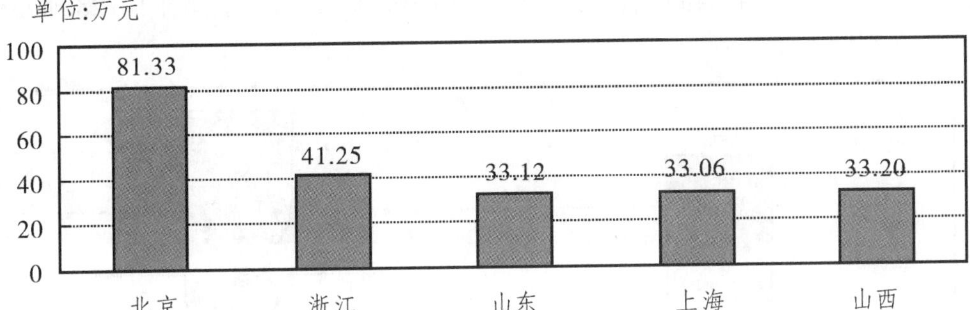


图　1－25

2)人均利润额

(1)2002 年度全国高校校办产业人均利润额为 1.38 万元,其中科技型企业人均利润额为 1.78 万元,比全国高校校办产业人均利润额高 28.99%,如图 1－26 所示。

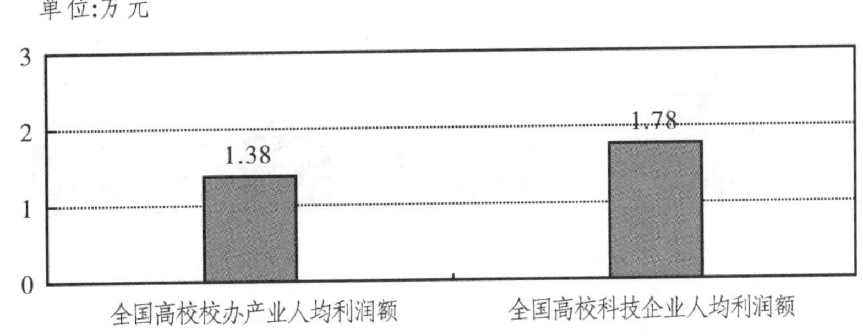


图　1－26

(2)人均利润额排在前五位的省、市分别是:山西省、北京市、西藏自治区、上海市、湖北省。如图 1－27 所示。

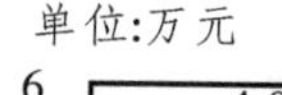


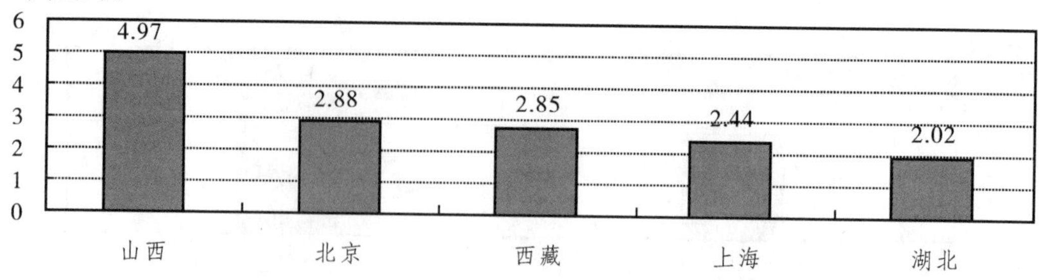


图 1-27

**3)人均创税**

(1)2002年度全国高校校办产业人均创税为1.42万元,其中科技型企业人均创税为1.81万元,比全国高校校办产业人均创税高27.46%,如图1-28所示。

单位:万元

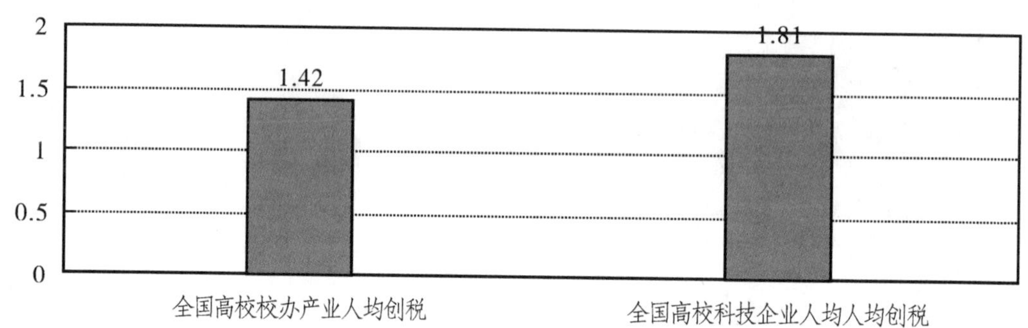


图 1-28

(2)人均创税排在前五位的省、市分别是:北京市、山西省、上海市、广西壮族自治区、辽宁省,如图1-29所示。

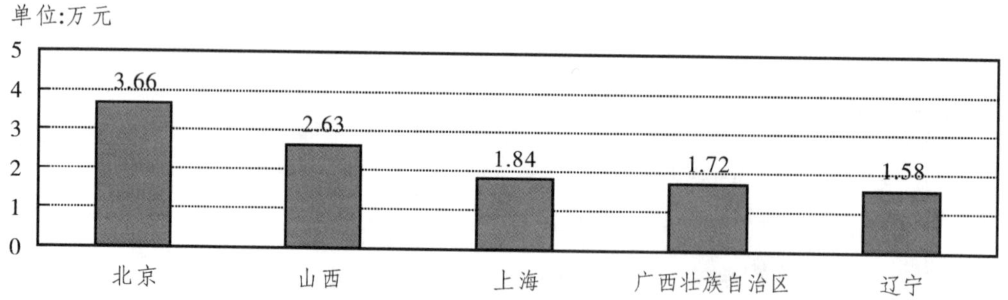

单位:万元

| 北京 | 山西 | 上海 | 广西壮族自治区 | 辽宁 |
|---|---|---|---|---|
| 3.66 | 2.63 | 1.84 | 1.72 | 1.58 |

图 1-29

**4)销售净利率**

(1)2002年度全国高校校办产业平均销售净利率为5.00%,其中科技型企业平均销售净利率为3.45%,比全国高校校办产业平均销售净利率低1.55%,如图

1－30 所示。

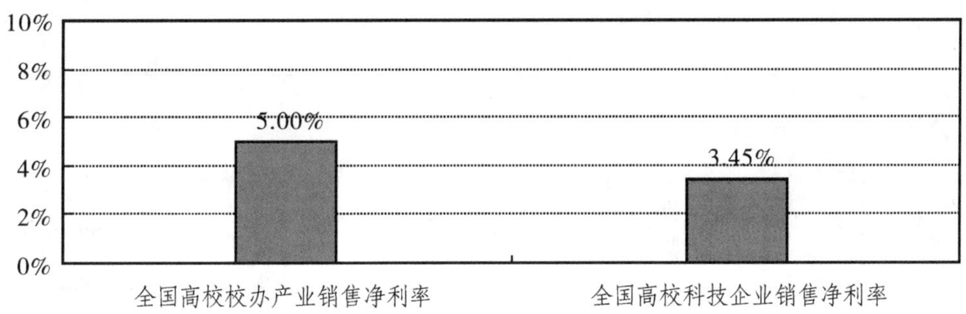


图　1－30

(2)销售净利率排在前五位的省、市分别是：西藏自治区、山西省、云南省、陕西省、湖北省，如图 1－31 所示。

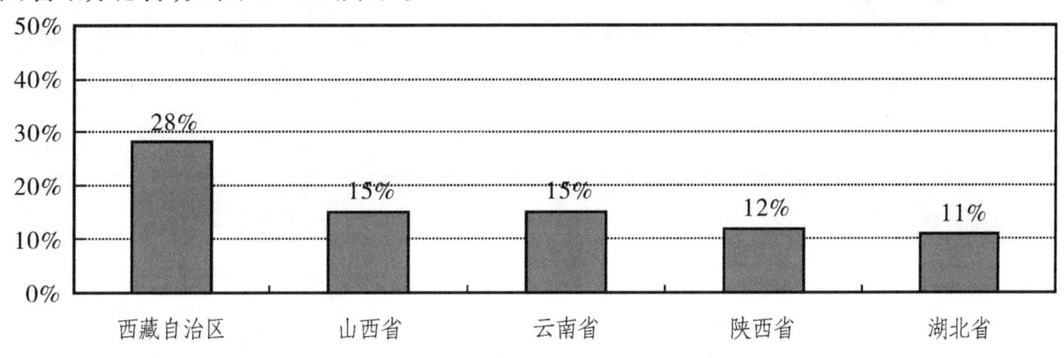


图　1－31

**5)净资产收益率**

(1)2002 年度全国高校校办产业平均净资产收益率为 6.00%，其中科技型企业平均净资产收益率为 4.32%，比全国高校校办产业平均净资产收益率低 1.68%，如图 1－32 所示。

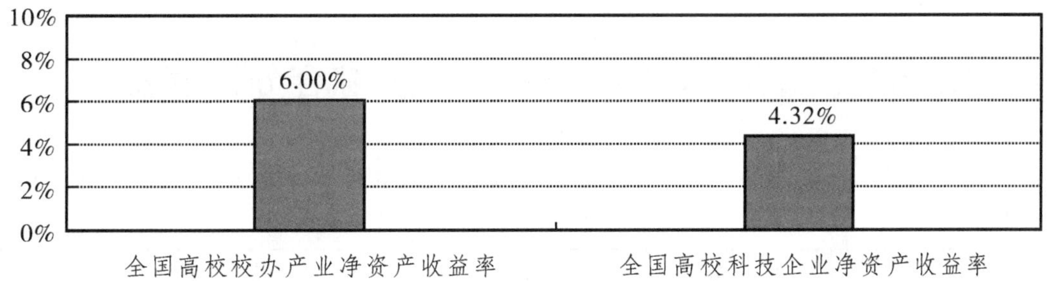


图　1－32

(2)净资产收益率排在前五位的省、市分别是：江西省、宁夏回族自治区、江苏省、西藏自治区、广西壮族自治区。如图 1 – 33 所示。

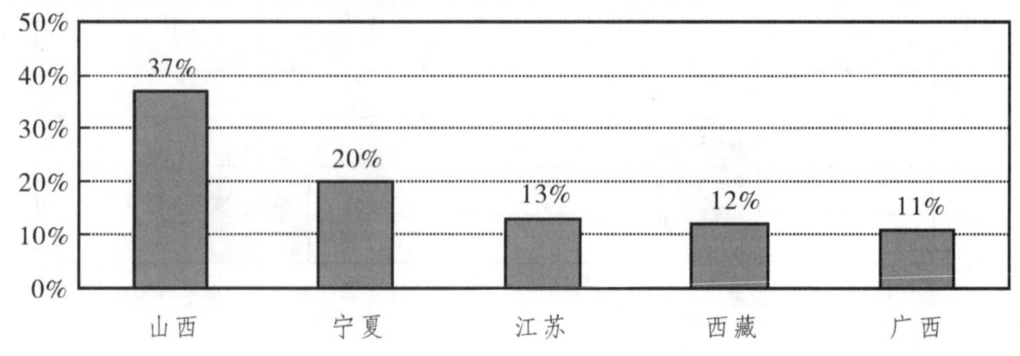


**图 1 – 33**

### 6)企业平均人数

2002 年度全国高校校办产业平均人数为 52 人,其中科技型企业平均人数为 64 人,比全国高校校办产业平均人数多 12 人,如图 1 – 34 所示。

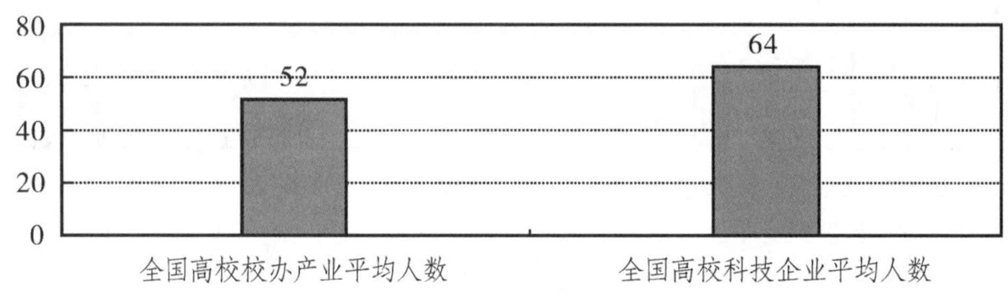


**图 1 – 34**

### 7)专利及专有技术

2002 年度全国高校校办产业共拥有专利 2 308 项、专有技术 3 043 项。

## 7.2002 年度全国普通高校校办产业综合分析附表

**附表 1　全国高校校办产业按经营性质分类**

2002 年 12 月 31 日　　单位:个

| 高校总数 | 企业总数 | 其中:从事生产的企业数 | 所占比例 | 从事商贸的企业数 | 所占比例 | 从事其他经营的企业数 | 所占比例 |
|---|---|---|---|---|---|---|---|
| 1534 | 5047 | 2188 | 43.35% | 583 | 11.55% | 2276 | 45.10% |

**附表 2　　全国高校校办产业按投资性质分类**

2002 年 12 月 31 日　　单位:个

| 高校总数 | 企业总数 | 其中:学校独资企业数 | 所占比例 | 国内联营企业数 | 所占比例 | 外资合营企业数 | 所占比例 |
|---|---|---|---|---|---|---|---|
| 1534 | 5047 | 3802 | 75.33% | 1211 | 23.99% | 34 | 0.68% |

**附表 3　　全国高校校办产业按企业隶属管理关系分类**

2002 年 12 月 31 日　　单位:个

| 高校总数 | 企业总数 | 学校管理的企业数 | 所占比例 | 院、系、所管理的企业数 | 所占比例 |
|---|---|---|---|---|---|
| 1534 | 5047 | 4330 | 85.79% | 717 | 14.21% |

**附表 4　　全国高校校办产业分布情况一览表**

2002 年 12 月 31 日　　单位:个

| 序号 | 省、自治区、直辖市 | 高校数 | 企业数 | 其中科技企业数 | 所占比例 | 其他企业数 | 所占比例 |
|---|---|---|---|---|---|---|---|
| 1 | 北京市 | 84 | 403 | 183 | 45.41% | 319 | 54.59% |
| 2 | 天津市 | 41 | 223 | 117 | 52.47% | 106 | 47.53% |
| 3 | 河北省 | 80 | 163 | 104 | 63.80% | 59 | 36.20% |
| 4 | 山西省 | 47 | 36 | 26 | 72.22% | 10 | 27.78% |
| 5 | 内蒙古自治区 | 21 | 37 | 13 | 35.14% | 24 | 64.86% |
| 6 | 辽宁省 | 80 | 482 | 137 | 28.42% | 345 | 71.58% |
| 7 | 吉林省 | 42 | 171 | 64 | 37.43% | 107 | 62.57% |
| 8 | 黑龙江省 | 54 | 189 | 98 | 51.85% | 91 | 48.15% |
| 9 | 上海市 | 67 | 645 | 308 | 47.75% | 337 | 52.25% |
| 10 | 江苏省 | 84 | 538 | 233 | 43.31% | 305 | 56.69% |
| 11 | 浙江省 | 60 | 162 | 53 | 32.72% | 109 | 67.28% |
| 12 | 安徽省 | 70 | 96 | 45 | 46.88% | 51 | 53.13% |
| 13 | 福建省 | 41 | 138 | 32 | 23.19% | 106 | 76.81% |
| 14 | 江西省 | 49 | 70 | 28 | 40.00% | 42 | 60.00% |
| 15 | 山东省 | 72 | 262 | 119 | 45.42% | 143 | 54.58% |
| 16 | 河南省 | 70 | 92 | 35 | 38.04% | 57 | 61.96% |
| 17 | 湖北省 | 81 | 168 | 113 | 67.26% | 55 | 32.74% |
| 18 | 湖南省 | 63 | 131 | 69 | 52.67% | 62 | 47.33% |
| 19 | 广东省 | 80 | 226 | 66 | 29.20% | 160 | 70.80% |

**续附表 4**

| 序号 | 省、自治区、直辖市 | 高校数 | 企业数 | 其中科技企业数 | 所占比例 | 其他企业数 | 所占比例 |
|---|---|---|---|---|---|---|---|
| 20 | 广西壮族自治区 | 44 | 73 | 32 | 43.84% | 41 | 56.16% |
| 21 | 海南省 | 10 | 16 | 4 | 25.00% | 12 | 75.00% |
| 22 | 重庆市 | 33 | 92 | 49 | 53.26% | 43 | 46.74% |
| 23 | 四川省 | 62 | 233 | 106 | 45.49% | 127 | 54.51% |
| 24 | 贵州省 | 30 | 32 | 11 | 34.38% | 21 | 65.63% |
| 25 | 云南省 | 31 | 51 | 27 | 52.94% | 24 | 47.06% |
| 26 | 陕西省 | 59 | 181 | 79 | 43.65% | 102 | 56.35% |
| 27 | 甘肃省 | 28 | 66 | 31 | 46.97% | 35 | 53.03% |
| 28 | 青海省 | 12 | 6 | 2 | 33.33% | 4 | 66.67% |
| 29 | 宁夏回族自治区 | 7 | 2 | 2 | 100.00% | 0 | 0.00% |
| 30 | 新疆维吾尔自治区 | 25 | 56 | 27 | 48.21% | 29 | 51.79% |
| 31 | 新疆建设兵团 | 2 | 6 | 2 | 33.33% | 4 | 66.67% |
| 32 | 西藏自治区 | 5 | 1 | 1 | 100.00% | 0 | 0.00% |
| 合　　计 | | 1534 | 5047 | 2216 | 43.91% | 2831 | 56.09% |

**附表 5　　全国各省、自治区、直辖市高校校办产业收入总额排名**

2002 年 12 月 31 日　　单位:万元

| 序号 | 省、自治区、直辖市 | 高校校办企业收入总额 |
|---|---|---|
| 1 | 北京市 | 2995 546.97 |
| 2 | 上海市 | 769 525.00 |
| 3 | 江苏省 | 400 740.10 |
| 4 | 辽宁省 | 360 894.37 |
| 5 | 山东省 | 338 484.65 |
| 6 | 浙江省 | 326 615.70 |
| 7 | 陕西省 | 272 784.50 |
| 8 | 天津市 | 261 611.40 |
| 9 | 广东省 | 214 528.40 |
| 10 | 黑龙江省 | 203 887.97 |
| 11 | 湖北省 | 193 077.92 |
| 12 | 四川省 | 157 774.68 |
| 13 | 安徽省 | 85 172.50 |
| 14 | 湖南省 | 76 717.28 |

**续附表 5**

| 序号 | 省、自治区、直辖市 | 高校校办企业收入总额 |
|---|---|---|
| 15 | 河北省 | 66 884.90 |
| 16 | 江西省 | 66 725.34 |
| 17 | 河南省 | 63 860.36 |
| 18 | 吉林省 | 61 806.02 |
| 19 | 福建省 | 58 369.30 |
| 20 | 重庆市 | 58 202.30 |
| 21 | 山西省 | 52 779.80 |
| 22 | 广西壮族自治区 | 46 713.73 |
| 23 | 甘肃省 | 20 237.20 |
| 24 | 云南省 | 18 438.60 |
| 25 | 新疆维吾尔自治区 | 12 483.30 |
| 26 | 内蒙古自治区 | 6 761.00 |
| 27 | 贵州省 | 3 869.87 |
| 28 | 海南省 | 3 295.28 |
| 29 | 新疆建设兵团 | 1 720.20 |
| 30 | 西藏自治区 | 504.90 |
| 31 | 青海省 | 215.20 |
| 32 | 宁夏回族自治区 | 30.00 |
| 合　　计 | | 7 200 258.73 |

**附表 6　全国各省、自治区、直辖市高校校办产业利润总额排名**

2002 年 12 月 31 日　　单位:万元

| 序号 | 省、自治区、直辖市 | 高校校办企业利润总额 |
|---|---|---|
| 1 | 北京市 | 138 705.47 |
| 2 | 上海市 | 71 364.80 |
| 3 | 江苏省 | 35 603.10 |
| 4 | 陕西省 | 34 808.90 |
| 5 | 湖北省 | 25 204.22 |
| 6 | 辽宁省 | 22 515.77 |
| 7 | 浙江省 | 16 634.10 |
| 8 | 四川省 | 16 189.09 |
| 9 | 天津市 | 13 761.20 |
| 10 | 广东省 | 10 968.70 |

**续附表 6**

| 序号 | 省、自治区、直辖市 | 高校校办企业利润总额 |
|---|---|---|
| 11 | 山西省 | 8 689.90 |
| 12 | 吉林省 | 7 19.22 |
| 13 | 河北省 | 7 204.90 |
| 14 | 黑龙江省 | 7 193.70 |
| 15 | 山东省 | 7 093.19 |
| 16 | 河南省 | 5 795.19 |
| 17 | 江西省 | 5 453.66 |
| 18 | 重庆市 | 5 092.70 |
| 19 | 广西壮族自治区 | 5 079.80 |
| 20 | 安徽省 | 4 047.10 |
| 21 | 湖南省 | 3 528.98 |
| 22 | 云南省 | 3 412.91 |
| 23 | 福建省 | 2 254.23 |
| 24 | 新疆维吾尔自治区 | 617.80 |
| 25 | 甘肃省 | 589.70 |
| 26 | 西藏自治区 | 142.70 |
| 27 | 宁夏回族自治区 | 83.50 |
| 28 | 贵州省 | 54.87 |
| 29 | 青海省 | 13.55 |
| 30 | 内蒙古自治区 | -170.00 |
| 31 | 海南省 | -215.93 |
| 32 | 新疆建设兵团 | -227.80 |
| 合计 | | 459310.10 |

**附表 7　全国各省、自治区、直辖市高校科技企业收入总额排名**

2002 年 12 月 31 日　　单位:万元

| 序号 | 省、自治区、直辖市 | 高校科技企业收入总额 |
|---|---|---|
| 1 | 北京市 | 2 638 905.75 |
| 2 | 上海市 | 491 644.40 |
| 3 | 浙江省 | 262 277.10 |
| 4 | 辽宁省 | 253 748.20 |
| 5 | 天津市 | 233 656.50 |
| 6 | 山东省 | 233 330.10 |

续附表 7

| 序号 | 省、自治区、直辖市 | 高校科技企业收入总额 |
| --- | --- | --- |
| 7 | 陕西省 | 205 382.04 |
| 8 | 江苏省 | 200 628.30 |
| 9 | 湖北省 | 167 574.10 |
| 10 | 四川省 | 110 860.90 |
| 11 | 黑龙江省 | 110 258.00 |
| 12 | 安徽省 | 61 476.60 |
| 13 | 江西省 | 60 055.40 |
| 14 | 湖南省 | 52 061.10 |
| 15 | 河北省 | 50 041.30 |
| 16 | 山西省 | 49 607.30 |
| 17 | 广东省 | 49 121.50 |
| 18 | 重庆市 | 41 710.10 |
| 19 | 河南省 | 38 535.70 |
| 20 | 吉林省 | 19 660.80 |
| 21 | 云南省 | 13 355.30 |
| 22 | 甘肃省 | 12 333.60 |
| 23 | 广西壮族自治区 | 12 167.60 |
| 24 | 新疆维吾尔自治区 | 9 004.70 |
| 25 | 福建省 | 7 582.70 |
| 26 | 贵州省 | 1 679.30 |
| 27 | 内蒙古自治区 | 1 619.20 |
| 28 | 新疆建设兵团 | 1 193.80 |
| 29 | 海南省 | 738.18 |
| 30 | 西藏自治区 | 504.90 |
| 31 | 青海省 | 57.70 |
| 32 | 宁夏回族自治区 | 30.00 |
| 合　　计 | | 5390 802.16 |

**附表 8　全国各省、自治区、直辖市高校科技企业利润总额排名**

2002 年 12 月 31 日　　单位:万元

| 序号 | 省、自治区、直辖市 | 高校科技企业利润总额 |
| --- | --- | --- |
| 1 | 北京市 | 50 191.70 |
| 2 | 上海市 | 33 925.80 |

**续附表 8**

| 序号 | 省、自治区、直辖市 | 高校科技企业利润总额 |
|---|---|---|
| 3 | 江苏省 | 22 608.30 |
| 4 | 湖北省 | 22 489.02 |
| 5 | 陕西省 | 21 831.15 |
| 6 | 浙江省 | 12 695.80 |
| 7 | 天津市 | 12 033.60 |
| 8 | 四川省 | 10 141.47 |
| 9 | 辽宁省 | 9 503.60 |
| 10 | 山西省 | 8 588.90 |
| 11 | 江西省 | 6 429.90 |
| 12 | 山东省 | 6 130.40 |
| 13 | 河南省 | 5 405.20 |
| 14 | 河北省 | 4 973.90 |
| 15 | 广东省 | 4 784.80 |
| 16 | 重庆市 | 4 647.70 |
| 17 | 安徽省 | 3 459.20 |
| 18 | 黑龙江省 | 3 325.60 |
| 19 | 云南省 | 3 309.31 |
| 20 | 吉林省 | 2 666.54 |
| 21 | 湖南省 | 2 451.80 |
| 22 | 广西壮族自治区 | 589.40 |
| 23 | 新疆维吾尔自治区 | 584.60 |
| 24 | 甘肃省 | 538.60 |
| 25 | 福建省 | 510.50 |
| 26 | 西藏自治区 | 142.70 |
| 27 | 贵州省 | 118.50 |
| 28 | 宁夏回族自治区 | 83.50 |
| 29 | 海南省 | 3.17 |
| 30 | 青海省 | -27.20 |
| 31 | 内蒙古自治区 | -144.40 |
| 32 | 新疆建设兵团 | -243.70 |
| 合计 | | 253 749.37 |

## 附表 9　全国高校校办产业收入总额过亿元的学校排名

2002 年 12 月 31 日　　单位:亿元

| 序号 | 学校名称 | 高校校办产业收入总额 |
|---|---|---|
| 1 | 北京大学 | 152.52 |
| 2 | 清华大学 | 114.72 |
| 3 | 浙江大学 | 29.72 |
| 4 | 东北大学 | 22.70 |
| 5 | 同济大学 | 21.77 |
| 6 | 西安交通大学 | 19.90 |
| 7 | 上海交通大学 | 17.86 |
| 8 | 复旦大学 | 17.23 |
| 9 | 天津大学 | 16.95 |
| 10 | 哈尔滨工业大学 | 16.42 |
| 11 | 石油大学(华东) | 13.61 |
| 12 | 山东大学 | 13.01 |
| 13 | 中山大学 | 10.97 |
| 14 | 南京大学 | 7.61 |
| 15 | 华中科技大学 | 5.76 |
| 16 | 南开大学 | 5.48 |
| 17 | 江西中医学院 | 5.41 |
| 18 | 武汉大学 | 5.31 |
| 19 | 北京外国语大学 | 5.06 |
| 20 | 中国科学技术大学 | 5.04 |
| 21 | 东南大学 | 4.58 |
| 22 | 华东师范大学 | 4.09 |
| 23 | 西南交通大学 | 4.08 |
| 24 | 郑州大学 | 4.03 |
| 25 | 上海外国语大学 | 3.68 |
| 26 | 厦门大学 | 3.60 |
| 27 | 太原理工大学 | 3.46 |
| 28 | 中国地质大学 | 3.45 |
| 29 | 北京师范大学 | 3.34 |
| 30 | 东华大学 | 3.26 |
| 31 | 四川大学 | 3.00 |
| 32 | 中国协和医科大学 | 2.98 |
| 33 | 沈阳农业大学 | 2.94 |

续附表 9

| 序号 | 省、自治区、直辖市 | 高校校办产业收入总额 |
|---|---|---|
| 34 | 重庆大学 | 2.61 |
| 35 | 华南理工大学 | 2.56 |
| 36 | 广西师范大学 | 2.37 |
| 37 | 吉林大学 | 2.29 |
| 38 | 中南大学 | 2.18 |
| 39 | 南京师范大学 | 2.16 |
| 40 | 中国人民大学 | 2.15 |
| 41 | 华东船舶工业学院 | 2.15 |
| 42 | 华东理工大学 | 2.14 |
| 43 | 南京理工大学 | 2.08 |
| 44 | 成都中医药大学 | 2.05 |
| 45 | 苏州大学 | 2.05 |
| 46 | 大连理工大学 | 1.95 |
| 47 | 东北师范大学 | 1.86 |
| 48 | 陕西师范大学 | 1.82 |
| 49 | 北京化工大学 | 1.80 |
| 50 | 上海大学 | 1.79 |
| 51 | 山东畜牧兽医职业学院 | 1.74 |
| 52 | 扬州大学 | 1.67 |
| 53 | 黑龙江大学 | 1.66 |
| 54 | 南京航空航天大学 | 1.66 |
| 55 | 武汉理工大学 | 1.63 |
| 56 | 北京科技大学 | 1.63 |
| 57 | 燕山大学 | 1.60 |
| 58 | 广州美术学院 | 1.59 |
| 59 | 中国药科大学 | 1.59 |
| 60 | 山西师范大学 | 1.53 |
| 61 | 华南农业大学 | 1.53 |
| 62 | 广西大学 | 1.50 |
| 63 | 北京理工大学 | 1.47 |
| 64 | 中国农业大学 | 1.46 |
| 65 | 江苏大学 | 1.44 |
| 66 | 北方交通大学 | 1.42 |
| 67 | 电子科技大学 | 1.42 |

**续附表 9**

| 序号 | 省、自治区、直辖市 | 高校校办产业收入总额 |
|---|---|---|
| 68 | 华北电力大学 | 1.42 |
| 69 | 北京工业大学 | 1.33 |
| 70 | 北京建筑工程学院 | 1.33 |
| 71 | 云南大学 | 1.32 |
| 72 | 中国矿业大学 | 1.30 |
| 73 | 南京工业大学 | 1.30 |
| 74 | 南京中医药大学 | 1.26 |
| 75 | 郑州牧业工程高等专科学校 | 1.25 |
| 76 | 南京工程学院 | 1.25 |
| 77 | 沈阳工业大学 | 1.25 |
| 78 | 天津理工学院 | 1.21 |
| 79 | 西南农业大学 | 1.16 |
| 80 | 湖南农业大学 | 1.15 |
| 81 | 上海师范大学 | 1.09 |
| 82 | 南京农业大学 | 1.08 |
| 83 | 西南石油学院 | 1.08 |
| 84 | 湖南大学 | 1.05 |
| 85 | 大连海事大学 | 1.03 |
| 86 | 北京邮电大学 | 1.01 |
| 87 | 合肥工业大学 | 1.00 |
| 88 | 吉首大学 | 1.00 |
| 合　　计 | | 640.92 |

**附表 10　全国高校校办产业实现利润总额过亿元的学校排名**

2002 年 12 月 31 日　　单位:亿元

| 序号 | 省、自治区、直辖市 | 高校校办产业实现利润总额 |
|---|---|---|
| 1 | 清华大学 | 6.39 |
| 2 | 西安交通大学 | 2.13 |
| 3 | 北京外国语大学 | 1.66 |
| 4 | 上海交通大学 | 1.64 |
| 5 | 复旦大学 | 1.61 |
| 6 | 浙江大学 | 1.53 |
| 7 | 上海外国语大学 | 1.21 |

续附表 10

| 序号 | 省、自治区、直辖市 | 高校校办产业实现利润总额 |
| --- | --- | --- |
| 8 | 北京师范大学 | 1.10 |
| 9 | 同济大学 | 1.05 |
| 10 | 华中科技大学 | 1.03 |
| | 合　　计 | 19.35 |

**附表 11　全国高校科技企业收入总额过亿元的学校排名**

2002 年 12 月 31 日　　单位:亿元

| 序号 | 省、自治区、直辖市 | 高校科技企业收入总额 |
| --- | --- | --- |
| 1 | 北京大学 | 149.30 |
| 2 | 清华大学 | 102.81 |
| 3 | 浙江大学 | 25.46 |
| 4 | 东北大学 | 22.09 |
| 5 | 同济大学 | 19.69 |
| 6 | 西安交通大学 | 18.18 |
| 7 | 天津大学 | 16.38 |
| 8 | 山东大学 | 12.38 |
| 9 | 上海交通大学 | 11.01 |
| 10 | 复旦大学 | 9.86 |
| 11 | 哈尔滨工业大学 | 9.00 |
| 12 | 石油大学(华东) | 8.19 |
| 13 | 南京大学 | 6.54 |
| 14 | 江西中医学院 | 5.39 |
| 15 | 华中科技大学 | 4.93 |
| 16 | 中国科学技术大学 | 4.81 |
| 17 | 武汉大学 | 4.81 |
| 18 | 南开大学 | 4.42 |
| 19 | 郑州大学 | 3.49 |
| 20 | 中国地质大学 | 3.45 |
| 21 | 太原理工大学 | 3.26 |
| 22 | 西南交通大学 | 3.22 |
| 23 | 东华大学 | 3.03 |
| 24 | 重庆大学 | 2.61 |
| 25 | 四川大学 | 2.43 |

**续附表 11**

| 序号 | 省、自治区、直辖市 | 高校科技企业收入总额 |
| --- | --- | --- |
| 26 | 东南大学 | 1.93 |
| 27 | 成都中医药大学 | 1.92 |
| 28 | 中国协和医科大学 | 1.84 |
| 29 | 中山大学 | 1.81 |
| 30 | 华东理工大学 | 1.73 |
| 31 | 燕山大学 | 1.60 |
| 32 | 山西师范大学 | 1.53 |
| 33 | 中南大学 | 1.51 |
| 34 | 武汉理工大学 | 1.51 |
| 35 | 北京化工大学 | 1.50 |
| 36 | 华南理工大学 | 1.46 |
| 37 | 北方交通大学 | 1.42 |
| 38 | 电子科技大学 | 1.42 |
| 39 | 华北电力大学 | 1.39 |
| 40 | 南京航空航天大学 | 1.32 |
| 41 | 南京理工大学 | 1.27 |
| 42 | 云南大学 | 1.17 |
| 43 | 吉林大学 | 1.11 |
| 44 | 天津理工学院 | 1.08 |
| 45 | 黑龙江大学 | 1.05 |
| 46 | 北京工业大学 | 1.05 |
| 47 | 北京理工大学 | 1.04 |
| 48 | 南京工业大学 | 1.00 |
| 合计 | | 489.37 |

**附表 12　全国高校科技企业实现利润总额过亿元的学校排名**

2002 年 12 月 31 日　　单位:亿元

| 序号 | 省、自治区、直辖市 | 高校科技企业收入总额 |
| --- | --- | --- |
| 1 | 清华大学 | 3.17 |
| 2 | 西安交通大学 | 2.01 |
| 3 | 浙江大学 | 1.20 |

**附表 13　全国高校企业与高校科技企业收入总额情况一览表**

2002 年 12 月 31 日　　单位:万元

| 序号 | 省、自治区、直辖市 | 收入总额 | 其中科技企业收入总额 | 所占比例 | 其他企业收入总额 | 所占比例 |
|---|---|---|---|---|---|---|
| 1 | 北京市 | 2995 546.97 | 2638 905.75 | 88.09% | 356 641.23 | 11.91% |
| 2 | 上海市 | 769 525.00 | 491 644.40 | 63.89% | 277 880.60 | 36.11% |
| 3 | 江苏省 | 400 740.10 | 200 628.30 | 50.06% | 200 111.80 | 49.94% |
| 4 | 辽宁省 | 360 894.37 | 253 748.20 | 70.31% | 107 146.17 | 29.69% |
| 5 | 山东省 | 338 484.65 | 233 330.10 | 68.93% | 105 154.55 | 31.04% |
| 6 | 浙江省 | 326 615.70 | 262 277.10 | 80.30% | 64 338.60 | 19.70% |
| 7 | 陕西省 | 272 784.50 | 205 382.04 | 75.29% | 67 402.46 | 24.71% |
| 8 | 天津市 | 261 611.40 | 233 656.50 | 89.31% | 27 954.90 | 10.69% |
| 9 | 广东省 | 214 528.40 | 49 121.50 | 22.90% | 165 406.90 | 77.10% |
| 10 | 黑龙江省 | 203 888.00 | 110 258.00 | 54.08% | 93 630.00 | 45.92% |
| 11 | 湖北省 | 193 077.92 | 167 574.10 | 86.79% | 25 503.82 | 13.21% |
| 12 | 四川省 | 158 269.68 | 110 860.90 | 70.05% | 47 408.78 | 29.95% |
| 13 | 安徽省 | 85 172.50 | 61 476.60 | 72.18% | 23 695.90 | 27.82% |
| 14 | 湖南省 | 76 717.28 | 52 061.10 | 67.86% | 24 656.18 | 32.14% |
| 15 | 河北省 | 66 884.90 | 50 041.30 | 74.82% | 16 843.60 | 25.18% |
| 16 | 江西省 | 66 725.34 | 60 055.40 | 90.00% | 6 669.94 | 10.00% |
| 17 | 河南省 | 63 860.36 | 38 535.70 | 60.34% | 25 324.66 | 39.66% |
| 18 | 吉林省 | 61 806.02 | 19 660.80 | 31.81% | 42 145.22 | 68.19% |
| 19 | 福建省 | 58 369.30 | 7 582.70 | 12.99% | 50 786.60 | 87.01% |
| 20 | 重庆市 | 58 202.30 | 41 710.10 | 71.66% | 16 492.20 | 28.34% |
| 21 | 山西省 | 52 779.80 | 49 607.30 | 93.99% | 3 172.50 | 6.01% |
| 22 | 广西壮族自治区 | 46 713.73 | 12 167.60 | 26.05% | 34 546.13 | 73.95% |
| 23 | 甘肃省 | 20 237.20 | 12 333.60 | 60.95% | 7 903.60 | 39.05% |
| 24 | 云南省 | 18 438.60 | 13 355.30 | 72.43% | 5 083.30 | 27.57% |
| 25 | 新疆维吾尔自治区 | 12 483.30 | 9 004.70 | 72.13% | 3 478.60 | 27.87% |
| 26 | 内蒙古自治区 | 6 761.00 | 1 619.20 | 23.95% | 5 141.80 | 76.05% |
| 27 | 贵州省 | 3 869.87 | 1 679.30 | 43.39% | 2 190.57 | 56.61% |
| 28 | 海南省 | 3 295.28 | 738.18 | 22.40% | 2 557.10 | 77.60% |
| 29 | 新疆建设兵团 | 1 720.20 | 1 193.80 | 69.40% | 526.40 | 30.60% |
| 30 | 西藏自治区 | 504.90 | 504.90 | 100.00% | 0.00 | 0.00% |
| 31 | 青海省 | 215.20 | 57.70 | 26.81% | 157.50 | 73.19% |
| 32 | 宁夏回族自治区 | 30.00 | 30.00 | 100.00% | 0.00 | 0.00% |
| 合　计 | | 7200 753.76 | 5390 802.16 | 74.86% | 1809 951.60 | 25.14% |

**附表 14　全国高校企业与高校科技企业利润总额情况一览表**

2002 年 12 月 31 日　　单位:万元

| 序号 | 省市名称 | 利润总额 | 科技企业利润总额 | 所占比例 | 其他企业利润入总额 | 所占比例 |
|---|---|---|---|---|---|---|
| 1 | 北京市 | 148 689.08 | 50 191.70 | 33.76% | 98 497.38 | 66.24% |
| 2 | 上海市 | 71 364.80 | 33 925.80 | 47.54% | 37 439.00 | 52.46% |
| 3 | 江苏省 | 35 603.10 | 22 608.30 | 63.50% | 12 994.80 | 36.50% |
| 4 | 陕西省 | 34 808.90 | 21 831.15 | 62.72% | 12 977.74 | 37.28% |
| 5 | 湖北省 | 25 204.22 | 22 489.02 | 89.23% | 2 715.20 | 10.77% |
| 6 | 辽宁省 | 22 515.77 | 9 503.60 | 42.21% | 13 012.17 | 57.79% |
| 7 | 浙江省 | 16 634.10 | 12 695.80 | 76.32% | 3 938.30 | 23.68% |
| 8 | 四川省 | 16 189.09 | 10 141.47 | 62.64% | 6 047.62 | 37.36% |
| 9 | 天津市 | 13 761.20 | 12 033.60 | 87.45% | 1 727.60 | 12.55% |
| 10 | 广东省 | 10 968.70 | 4 784.80 | 43.62% | 6 183.90 | 56.38% |
| 11 | 山西省 | 8 689.90 | 8 588.90 | 98.84% | 101.00 | 1.16% |
| 12 | 吉林省 | 7 819.22 | 2 666.54 | 34.10% | 5 152.68 | 65.90% |
| 13 | 河北省 | 7 204.90 | 4 973.90 | 69.03% | 2 231.00 | 30.97% |
| 14 | 黑龙江省 | 7 194.60 | 3 325.60 | 46.22% | 3 869.00 | 53.78% |
| 15 | 山东省 | 7 093.19 | 6 130.40 | 86.43% | 962.79 | 13.57% |
| 16 | 河南省 | 5 795.19 | 5 405.20 | 93.27% | 389.99 | 6.73% |
| 17 | 江西省 | 5 453.66 | 6 429.90 | 117.90% | -976.24 | -17.90% |
| 18 | 重庆市 | 5 092.70 | 4 647.70 | 91.26% | 445.00 | 8.74% |
| 19 | 广西壮族自治区 | 5 079.80 | 589.40 | 11.60% | 4 490.40 | 88.40% |
| 20 | 安徽省 | 4 047.10 | 3 459.20 | 85.47% | 587.90 | 14.53% |
| 21 | 湖南省 | 3 528.98 | 2 451.80 | 69.48% | 1 077.18 | 30.52% |
| 22 | 云南省 | 3 412.91 | 3 309.31 | 96.96% | 103.60 | 3.04% |
| 23 | 福建省 | 2 254.23 | 510.50 | 22.65% | 1 743.73 | 77.35% |
| 24 | 新疆维吾尔自治区 | 617.80 | 584.60 | 94.63% | 33.20 | 5.37% |
| 25 | 甘肃省 | 589.70 | 538.60 | 91.33% | 51.10 | 8.67% |
| 26 | 西藏自治区 | 142.70 | 142.70 | 100.00% | 0.00 | 0.00% |
| 27 | 宁夏回族自治区 | 83.50 | 83.50 | 100.00% | 0.00 | 0.00% |
| 28 | 贵州省 | 54.87 | 118.50 | 215.98% | -63.63 | -115.98% |
| 29 | 青海省 | 13.55 | -27.20 | -200.74% | 40.75 | 300.74% |
| 30 | 内蒙古自治区 | -170.00 | -144.40 | 84.94% | -25.60 | 15.06% |
| 31 | 海南省 | -215.93 | 3.17 | -1.47% | -219.10 | 101.47% |
| 32 | 新疆建设兵团 | -227.80 | -243.70 | 106.98% | 15.90 | -6.98% |
| 合　计 | | 469 293.73 | 253 749.36 | 55.20% | 215 544.36 | 44.80% |

## 附表15　全国高校校办产业人员状况一览表

2002年12月31日　　　　单位:个

| 序号 | 省、自治区、直辖市 | 年末职工人数 | 其中科技人员数 | 占职工人员比例 | 高级职称人数 | 占科技人员比例 | 中级职称人数 | 占科技人员比例 |
|---|---|---|---|---|---|---|---|---|
| 1 | 北京市 | 36992 | 14958 | 40.44% | 3073 | 20.54% | 5922 | 42.14% |
| 2 | 天津市 | 9487 | 3325 | 35.05% | 945 | 28.42% | 1519 | 45.68% |
| 3 | 河北省 | 9517 | 2733 | 28.72% | 694 | 25.39% | 1214 | 44.42% |
| 4 | 山西省 | 1960 | 863 | 44.03% | 244 | 28.27% | 456 | 52.84% |
| 5 | 内蒙古自治区 | 982 | 236 | 24.03% | 82 | 34.75% | 122 | 51.69% |
| 6 | 辽宁省 | 18559 | 8114 | 43.72% | 1747 | 21.53% | 3641 | 44.87% |
| 7 | 吉林省 | 7940 | 2496 | 31.44% | 633 | 25.36% | 1074 | 43.03% |
| 8 | 黑龙江省 | 10768 | 2477 | 23.00% | 833 | 33.63% | 1050 | 42.39% |
| 9 | 上海市 | 24389 | 8768 | 35.95% | 2276 | 25.96% | 4139 | 47.21% |
| 10 | 江苏省 | 21432 | 7999 | 37.32% | 2035 | 25.44% | 3183 | 39.79% |
| 11 | 浙江省 | 7583 | 3229 | 42.58% | 776 | 24.03% | 1320 | 40.88% |
| 12 | 安徽省 | 6681 | 1954 | 29.25% | 519 | 26.56% | 825 | 42.22% |
| 13 | 福建省 | 3649 | 1123 | 30.78% | 196 | 17.45% | 441 | 39.27% |
| 14 | 江西省 | 5939 | 708 | 11.92% | 163 | 23.02% | 349 | 49.29% |
| 15 | 山东省 | 11319 | 3091 | 27.31% | 854 | 27.63% | 1306 | 42.25% |
| 16 | 河南省 | 5769 | 2306 | 39.97% | 602 | 26.11% | 1100 | 47.70% |
| 17 | 湖北省 | 10727 | 3368 | 31.40% | 900 | 26.72% | 1506 | 44.71% |
| 18 | 湖南省 | 7641 | 2871 | 37.57% | 777 | 27.06% | 1294 | 45.07% |
| 19 | 广东省 | 9265 | 3064 | 33.07% | 693 | 22.62% | 1375 | 44.88% |
| 20 | 广西壮族自治区 | 2895 | 1037 | 35.82% | 240 | 23.14% | 415 | 40.02% |
| 21 | 海南省 | 2326 | 232 | 9.97% | 11 | 4.74% | 60 | 25.86% |
| 22 | 重庆市 | 4472 | 1403 | 31.37% | 382 | 27.23% | 694 | 49.47% |
| 23 | 四川省 | 12961 | 3555 | 27.43% | 892 | 25.09% | 1525 | 42.90% |
| 24 | 贵州省 | 692 | 358 | 51.73% | 67 | 18.72% | 116 | 32.40% |
| 25 | 云南省 | 2030 | 633 | 31.18% | 191 | 30.17% | 300 | 47.39% |
| 26 | 陕西省 | 19727 | 5648 | 28.63% | 1273 | 22.54% | 2686 | 47.56% |
| 27 | 甘肃省 | 3139 | 868 | 27.65% | 266 | 30.65% | 443 | 51.04% |
| 28 | 青海省 | 91 | 69 | 75.82% | 5 | 7.25% | 30 | 43.48% |
| 29 | 宁夏回族自治区 | 23 | 2 | 8.70% | 0 | 0.00% | 2 | 100.00% |
| 30 | 新疆维吾尔自治区 | 1264 | 373 | 29.51% | 106 | 28.42% | 162 | 43.43% |
| 31 | 新疆建设兵团 | 362 | 106 | 29.28% | 19 | 17.92% | 18 | 16.98% |

**续附表 15**

| 序号 | 省、自治区、直辖市 | 年末职工人数 | 其中科技人员数 | 占职工人员比例 | 高级职称人数 | 占科技人员比例 | 中级职称人数 | 占科技人员比例 |
|---|---|---|---|---|---|---|---|---|
| 32 | 西藏自治区 | 53 | 9 | 16.98% | 2 | 22.22% | 7 | 77.78% |
| 合计 | | 260634 | 87976 | 33.75% | 21496 | 24.43% | 38294 | 43.53% |

①全年职工工资总额为57.54亿元，人均月工资为1839.91元。

②2002年度校办产业接纳学生实习达49.30万人次，累计工时5137.62万小时。此外校办企业还参与了硕士、博士的培养工作。2002年度参与培养博士生820名、硕士生4336名。

## 附表 16　全国各省、自治区、直辖市高校校办产业人均销售额排名

2002年12月31日　　单位：万元

| 序号 | 省、自治区、直辖市 | 高校校办产业人均销售额 |
|---|---|---|
| 1 | 北京市 | 81.33 |
| 2 | 浙江省 | 41.25 |
| 3 | 山东省 | 33.12 |
| 4 | 上海市 | 33.06 |
| 5 | 山西省 | 32.20 |
| 6 | 天津市 | 26.09 |
| 7 | 广东省 | 26.01 |
| 8 | 辽宁省 | 20.47 |
| 9 | 江苏省 | 20.15 |
| 10 | 黑龙江省 | 19.87 |
| 11 | 湖北省 | 17.98 |
| 12 | 广西壮族自治区 | 16.29 |
| 13 | 福建省 | 15.87 |
| 14 | 重庆市 | 15.11 |
| 15 | 陕西省 | 14.30 |
| 16 | 四川省 | 12.40 |
| 17 | 云南省 | 12.03 |
| 18 | 河南省 | 11.28 |
| 19 | 湖南省 | 11.01 |
| 20 | 江西省 | 10.58 |
| 21 | 西藏自治区 | 10.10 |
| 22 | 新疆维吾尔自治区 | 8.44 |
| 23 | 安徽省 | 7.98 |
| 24 | 吉林省 | 7.82 |

续附表 16

| 序号 | 省、自治区、直辖市 | 高校校办产业人均销售额 |
|---|---|---|
| 25 | 内蒙古自治区 | 7.15 |
| 26 | 甘肃省 | 6.91 |
| 27 | 河北省 | 6.61 |
| 28 | 海南省 | 6.16 |
| 29 | 贵州省 | 6.15 |
| 30 | 新疆建设兵团 | 4.89 |
| 31 | 青海省 | 2.13 |
| 32 | 宁夏回族自治区 | 1.30 |

**附表 17　全国各省、自治区、直辖市高校校办产业人均利润额排名**

2002 年 12 月 31 日　　单位:万元

| 序号 | 省、自治区、直辖市 | 高校校办产业人均利润额 |
|---|---|---|
| 1 | 山西省 | 4.97 |
| 2 | 北京市 | 2.88 |
| 3 | 西藏自治区 | 2.85 |
| 4 | 上海市 | 2.44 |
| 5 | 湖北省 | 2.02 |
| 6 | 云南省 | 1.81 |
| 7 | 陕西省 | 1.73 |
| 8 | 浙江省 | 1.52 |
| 9 | 江苏省 | 1.46 |
| 10 | 广西壮族自治区 | 1.24 |
| 11 | 重庆市 | 1.06 |
| 12 | 广东省 | 0.99 |
| 13 | 天津市 | 0.97 |
| 14 | 四川省 | 0.89 |
| 15 | 辽宁省 | 0.77 |
| 16 | 河南省 | 0.74 |
| 17 | 吉林省 | 0.60 |
| 18 | 河北省 | 0.49 |
| 19 | 山东省 | 0.46 |
| 20 | 黑龙江省 | 0.46 |
| 21 | 福建省 | 0.46 |

**续附表 17**

| 序号 | 省、自治区、直辖市 | 高校校办产业人均利润额 |
|---|---|---|
| 22 | 江西省 | 0.40 |
| 23 | 湖南省 | 0.35 |
| 24 | 安徽省 | 0.32 |
| 25 | 新疆维吾尔自治区 | 0.27 |
| 26 | 甘肃省 | 0.11 |
| 27 | 青海省 | 0.01 |
| 28 | 贵州省 | -0.15 |
| 29 | 内蒙古自治区 | -0.21 |
| 30 | 海南省 | -0.50 |
| 31 | 新疆建设兵团 | -0.66 |
| 32 | 宁夏回族自治区 | -2.33 |

**附表 18　全国各省、自治区、直辖市高校校办产业人均创税排名**

2002 年 12 月 31 日　单位:万元

| 序号 | 省、自治区、直辖市 | 高校校办产业人均创税 |
|---|---|---|
| 1 | 北京市 | 3.66 |
| 2 | 山西省 | 2.63 |
| 3 | 上海市 | 1.84 |
| 4 | 广西壮族自治区 | 1.72 |
| 5 | 辽宁省 | 1.58 |
| 6 | 广东省 | 1.49 |
| 7 | 山东省 | 1.27 |
| 8 | 江西省 | 1.26 |
| 9 | 江苏省 | 1.13 |
| 10 | 浙江省 | 1.07 |
| 11 | 天津市 | 1.03 |
| 12 | 湖北省 | 0.92 |
| 13 | 重庆市 | 0.88 |
| 14 | 云南省 | 0.88 |
| 15 | 陕西省 | 0.80 |
| 16 | 吉林省 | 0.77 |
| 17 | 湖南省 | 0.77 |
| 18 | 四川省 | 0.74 |

**续附表 18**

| 序号 | 省、自治区、直辖市 | 高校校办产业人均创税 |
| --- | --- | --- |
| 19 | 福建省 | 0.71 |
| 20 | 河北省 | 0.63 |
| 21 | 西藏自治区 | 0.61 |
| 22 | 贵州省 | 0.56 |
| 23 | 河南省 | 0.50 |
| 24 | 新疆维吾尔自治区 | 0.46 |
| 25 | 安徽省 | 0.43 |
| 26 | 甘肃省 | 0.41 |
| 27 | 新疆建设兵团 | 0.35 |
| 28 | 黑龙江省 | 0.34 |
| 29 | 海南省 | 0.31 |
| 30 | 宁夏回族自治区 | 0.26 |
| 31 | 内蒙古自治区 | 0.24 |
| 32 | 青海省 | 0.21 |

**附表 19　全国各省、自治区、直辖市高校校办产业销售净利率排名**

2002 年 12 月 31 日　单位：万元

| 序号 | 省、自治区、直辖市 | 高校校办产业销售净利率 |
| --- | --- | --- |
| 1 | 西藏自治区 | 28.00% |
| 2 | 山西省 | 15.00% |
| 3 | 云南省 | 15.00% |
| 4 | 陕西省 | 12.00% |
| 5 | 湖北省 | 11.00% |
| 6 | 吉林省 | 8.00% |
| 7 | 广西壮族自治区 | 8.00% |
| 8 | 河北省 | 7.00% |
| 9 | 上海市 | 7.00% |
| 10 | 江苏省 | 7.00% |
| 11 | 河南省 | 7.00% |
| 12 | 重庆市 | 7.00% |
| 13 | 四川省 | 7.00% |
| 14 | 安徽省 | 4.00% |
| 15 | 天津市 | 4.00% |

**续附表 19**

| 序号 | 省、自治区、直辖市 | 高校校办产业销售净利率 |
|---|---|---|
| 16 | 辽宁省 | 4.00% |
| 17 | 浙江省 | 4.00% |
| 18 | 江西省 | 4.00% |
| 19 | 北京市 | 4.00% |
| 20 | 广东省 | 4.00% |
| 21 | 福建省 | 3.00% |
| 22 | 湖南省 | 3.00% |
| 23 | 新疆维吾尔自治区 | 3.00% |
| 24 | 甘肃省 | 2.00% |
| 25 | 黑龙江省 | 2.00% |
| 26 | 山东省 | 1.00% |
| 27 | 青海省 | 0.00% |
| 28 | 贵州省 | -2.00% |
| 29 | 内蒙古自治区 | -3.00% |
| 30 | 海南省 | -8.00% |
| 31 | 新疆建设兵团 | -14.00% |
| 32 | 宁夏回族自治区 | -178.00% |

**附表 20　全国各省、自治区、直辖市高校校办产业净资产收益率排名**

2002 年 12 月 31 日　　单位:万元

| 序号 | 省、自治区、直辖市 | 高校校办产业净资产收益率 |
|---|---|---|
| 1 | 山西省 | 37.00% |
| 2 | 宁夏回族自治区 | 20.00% |
| 3 | 江苏省 | 13.00% |
| 4 | 西藏自治区 | 12.00% |
| 5 | 广西壮族自治区 | 11.00% |
| 6 | 河北省 | 10.00% |
| 7 | 陕西省 | 10.00% |
| 8 | 吉林省 | 8.00% |
| 9 | 湖北省 | 7.00% |
| 10 | 辽宁省 | 7.00% |
| 11 | 上海市 | 7.00% |
| 12 | 河南省 | 7.00% |

续附表 20

| 序号 | 省、自治区、直辖市 | 高校校办产业净资产收益率 |
| --- | --- | --- |
| 13 | 广东省 | 7.00% |
| 14 | 重庆市 | 7.00% |
| 15 | 福建省 | 6.00% |
| 16 | 北京市 | 6.00% |
| 17 | 浙江省 | 5.00% |
| 18 | 四川省 | 5.00% |
| 19 | 江西省 | 4.00% |
| 20 | 安徽省 | 4.00% |
| 21 | 新疆维吾尔自治区 | 4.00% |
| 22 | 湖南省 | 3.00% |
| 23 | 山东省 | 3.00% |
| 24 | 云南省 | 3.00% |
| 25 | 黑龙江省 | 2.00% |
| 26 | 甘肃省 | 2.00% |
| 27 | 天津市 | 2.00% |
| 28 | 青海省 | 0.00% |
| 29 | 内蒙古自治区 | -2.00% |
| 30 | 海南省 | -4.00% |
| 31 | 贵州省 | -4.00% |
| 32 | 新疆建设兵团 | -11.00% |

**附表 21　全国高校收入总额过五千万元的科技企业**

2002 年 12 月 31 日　　单位:万元

| 序号 | 企业名称 | 高校校办产业收入总额 |
| --- | --- | --- |
| 1 | 北京北大方正集团公司 | 1450 371.80 |
| 2 | 清华同方股份有限公司 | 544 144.80 |
| 3 | 清华紫光(集团)总公司 | 266 781.00 |
| 4 | 浙江浙大网新信息控股有限公司 | 215 572.60 |
| 5 | 东软集团有限公司 | 203 053.60 |
| 6 | 上海同济科技实业股份有限公司 | 137 982.80 |
| 7 | 天津天大天财股份有限公司 | 126 087.40 |
| 8 | 西安交通大学开元集团 | 108 190.00 |
| 9 | 山东山大华特科技股份有限公司 | 99 737.00 |

**续附表21**

| 序号 | 企业名称 | 高校校办产业收入总额 |
| --- | --- | --- |
| 10 | 诚志股份有限公司 | 81 726.00 |
| 11 | 山东石大科技有限公司 | 78 609.60 |
| 12 | 西安交通大学产业(集团)总公司 | 72 244.70 |
| 13 | 哈尔滨工大高新技术产业开发股份有限公司 | 70 246.00 |
| 14 | 上海交大昂立股份有限公司 | 47 686.70 |
| 15 | 武汉凯迪电力股份有限公司 | 37 372.80 |
| 16 | 江西江中药业股份有限公司 | 36 562.10 |
| 17 | 华工科技产业股份有限公司 | 34 705.20 |
| 18 | 天津南开戈德集团有限公司 | 34 381.90 |
| 19 | 北京清华阳光能源开发有限公司 | 33 055.00 |
| 20 | 太原理工天成科技股份有限公司 | 32 023.10 |
| 21 | 江苏南大苏富特软件股份有限公司 | 31 140.60 |
| 22 | 河南思达高科技股份有限公司 | 30 368.80 |
| 23 | 上海复旦复华科技股份有限公司 | 27 742.60 |
| 24 | 天津大学无线电厂 | 27 270.00 |
| 25 | 西南交通大学新技术开发公司 | 26 155.10 |
| 26 | 北京北大资源集团 | 25 041.60 |
| 27 | 上海中纺电子系统有限公司 | 24 995.70 |
| 28 | 同济大学建筑设计研究院 | 22 940.70 |
| 29 | 上海复旦光华信息科技股份有限公司 | 19 393.90 |
| 30 | 四川华神集团股份有限公司 | 18 846.80 |
| 31 | 江苏东大金智软件股份有限公司 | 18 529.90 |
| 32 | 浙江浙大海纳科技股份有限公司 | 17 328.70 |
| 33 | 江西江中医药包装厂 | 17 270.00 |
| 34 | 北京清华工美建筑装饰工程有限公司 | 16 915.40 |
| 35 | 赛尔网络有限公司 | 15 127.60 |
| 36 | 北京清华科技园发展中心 | 14 880.60 |
| 37 | 北方交通大学 | 14 215.00 |
| 38 | 厦门中科大辰信通讯产业有限公司 | 14 161.20 |
| 39 | 海南鑫生实业股份有限公司 | 13 182.00 |
| 40 | 山东山大华天科技股份有限公司 | 12 415.30 |
| 41 | 重庆重大高科技股份有限公司 | 12 047.70 |
| 42 | 云南地矿资源股份有限公司 | 11 893.50 |
| 43 | 北京北大维信生物科技有限公司 | 11 361.70 |

**续附表 21**

| 序号 | 企业名称 | 高校校办产业收入总额 |
| --- | --- | --- |
| 44 | 北京精电蓬远显示技术有限公司 | 10 741.50 |
| 45 | 南大科技园股份有限公司 | 10 547.00 |
| 46 | 云大科技有限股份有限公司 | 10 385.90 |
| 47 | 上海同济城市规划设计研究院 | 10 319.40 |
| 48 | 中山大学达安基因股份有限公司 | 10 215.50 |
| 49 | 福建凯特发展有限公司 | 10 144.30 |
| 50 | 南京欣网视讯科技股份有限公司 | 10 048.00 |
| 51 | 武汉南华高速船舶工程有限公司 | 9 745.70 |
| 52 | 天津理工产业股份有限公司 | 9 255.70 |
| 53 | 新疆新能源股份有限公司 | 8 888.30 |
| 54 | 北京泽华化学工程有限公司 | 8 886.30 |
| 55 | 北京公达电子有限责任公司 | 8 616.10 |
| 56 | 上海交大慧谷信息产业股份有限公司 | 8 039.70 |
| 57 | 华南理工大学建筑设计研究院 | 7 918.00 |
| 58 | 南京康尼机电新技术公司 | 7 492.50 |
| 59 | 浙江大学建筑设计研究院 | 7 463.20 |
| 60 | 北京市立德电力数据设备公司 | 7 435.80 |
| 61 | 北京协和制药二厂 | 7 353.90 |
| 62 | 南京航大意航科技股份有限公司 | 7 086.30 |
| 63 | 上海盈河新技术股份有限公司 | 7 025.10 |
| 64 | 上海交大产业投资管理(集团)有限公司 | 6 983.60 |
| 65 | 武汉天喻信息产业股份有限公司 | 6 961.10 |
| 66 | 华西医科大学制药厂 | 6 943.40 |
| 67 | 北京化大化新科技股份有限公司 | 6 814.30 |
| 68 | 北京超现代电子设备有限公司 | 6 780.50 |
| 69 | 科大创新股份有限公司 | 6 681.50 |
| 70 | 沈阳北方交通工程公司 | 6 622.60 |
| 71 | 上海奇普科技有限公司 | 6 464.40 |
| 72 | 北京协和药厂 | 6 439.60 |
| 73 | 黑龙江黑大同庆软件工程股份有限公司 | 6 260.00 |
| 74 | 上海复旦复华药业有限公司 | 6 247.20 |
| 75 | 湖南金农生物资源股份有限公司 | 6 134.00 |
| 76 | 上海集爱遗传与不育诊疗有限公司 | 6 042.20 |
| 77 | 中国高科集团股份有限公司 | 6 000.00 |

续附表 21

| 序号 | 企业名称 | 高校校办产业收入总额 |
| --- | --- | --- |
| 78 | 华中师范大学科技开发总公司 | 5 436.20 |
| 79 | 江苏省南京中医大药业有限公司 | 5 288.70 |
| 80 | 华东理工大学华昌聚合物有限公司 | 5 277.70 |
| 81 | 山大鲁能信息科技有限公司 | 5 250.70 |
| 82 | 上海华明高技术(集团)有限公司 | 5 020.60 |
| 83 | 中国药科大学制药有限公司 | 5 012.90 |
| 合计 | | 4454 027.90 |

**附表 22　全国高校利润总额过千万元的科技企业**

2002 年 12 月 31 日　　单位:万元

| 序号 | 企业名称 | 高校校办产业利润总额 |
| --- | --- | --- |
| 1 | 清华同方股份有限公司 | 25 414.90 |
| 2 | 北京北大方正集团公司 | 25 027.20 |
| 3 | 西安交通大学产业(集团)总公司 | 11 015.70 |
| 4 | 西安交通大学开元集团 | 8 426.00 |
| 5 | 武汉凯迪电力股份有限公司 | 7 803.60 |
| 6 | 浙江浙大网新信息控股有限公司 | 6 885.40 |
| 7 | 江西江中药业股份有限公司 | 6 695.20 |
| 8 | 诚志股份有限公司 | 6 433.00 |
| 9 | 东软集团有限公司 | 6 223.00 |
| 10 | 上海交大昂立股份有限公司 | 5 680.60 |
| 11 | 上海同济科技实业股份有限公司 | 5 652.70 |
| 12 | 河南思达高科技股份有限公司 | 5 159.00 |
| 13 | 华工科技产业股份有限公司 | 4 867.80 |
| 14 | 天津南开戈德集团有限公司 | 4 684.10 |
| 15 | 华中科技大产业集团有限公司 | 4 392.50 |
| 16 | 天津天大天财股份有限公司 | 4 294.00 |
| 17 | 南京康尼机电新技术公司 | 3 469.10 |
| 18 | 云大科技有限股份有限公司 | 3 367.60 |
| 19 | 太原理工天成科技股份有限公司 | 3 096.80 |
| 20 | 北方交通大学 | 2 848.00 |
| 21 | 北京清华阳光能源开发有限公司 | 2 823.00 |
| 22 | 哈尔滨工大高新技术产业开发股份有限公司 | 2 752.80 |

续附表 22

| 序号 | 企业名称 | 高校校办产业利润总额 |
|---|---|---|
| 23 | 山东石大科技有限公司 | 2 663.80 |
| 24 | 云南地矿资源股份有限公司 | 2 530.10 |
| 25 | 西南交通大学新技术开发公司 | 2 372.00 |
| 26 | 浙江大学建筑设计研究院 | 2 371.70 |
| 27 | 中山大学达安基因股份有限公司 | 2 201.60 |
| 28 | 上海集爱遗传与不育诊疗有限公司 | 2 125.60 |
| 29 | 成都国星通信有限公司 | 2 092.40 |
| 30 | 天津理工产业股份有限公司 | 2 064.50 |
| 31 | 北京北大维信生物科技有限公司 | 2 017.90 |
| 32 | 上海交大产业投资管理(集团)有限公司 | 2 011.20 |
| 33 | 南京航空航天大学 | 2 009.00 |
| 34 | 同济大学建筑设计研究院 | 1 898.00 |
| 35 | 秦皇岛燕大汽车附件厂 | 1 891.70 |
| 36 | 江苏东大金智软件股份有限公司 | 1 877.40 |
| 37 | 上海复旦光华信息科技股份有限公司 | 1 872.40 |
| 38 | 上海复旦科技园股份有限公司 | 1 771.10 |
| 39 | 北京精电蓬远显示技术有限公司 | 1 770.10 |
| 40 | 江苏南大苏富特软件股份有限公司 | 1 694.90 |
| 41 | 南京欣网视讯科技股份有限公司 | 1 685.00 |
| 42 | 北京协和药厂 | 1 620.60 |
| 43 | 华西医科大学制药厂 | 1 410.70 |
| 44 | 北京协和制药二厂 | 1 398.90 |
| 45 | 浙江浙大海纳科技股份有限公司 | 1 379.80 |
| 46 | 浙江大学医学仪器厂 | 1 295.20 |
| 47 | 哈尔滨博实自动化设备有限责任公司 | 1 292.80 |
| 48 | 北京天乐伟业科贸有限责任公司 | 1 206.80 |
| 49 | 吉大正元信息技术股份有限公司 | 1 203.80 |
| 50 | 上海复旦复华药业有限公司 | 1 188.20 |
| 51 | 北京中医药大学药厂 | 1 104.20 |
| 52 | 上海交通大学教育(集团)有限公司 | 1 058.20 |
| 53 | 上海复旦申花净化技术股份有限公司 | 1 025.50 |
| 54 | 四川川大智胜软件股份有限公司 | 1 007.00 |
| 合　　计 | | 212 124.10 |

**附表 23　全国高校收入总额过五千万元的非科技企业**

2002 年 12 月 31 日　　　　单位:万元

| 序号 | 企业名称 | 高校校办产业收入总额 |
|---|---|---|
| 1 | 广州中山医医药有限公司 | 75 157.00 |
| 2 | 哈工大首创科技股份有限公司 | 61 493.90 |
| 3 | 深圳市清华创业投资有限公司 | 48 439.00 |
| 4 | 上海华山康健医疗有限公司 | 45 117.60 |
| 5 | 石油大学(华东)隆达实业公司 | 40 862.90 |
| 6 | 清华大学出版社 | 40 857.00 |
| 7 | 外语教学与研究出版社 | 38 295.30 |
| 8 | 上海交大南洋股份有限公司 | 37 233.90 |
| 9 | 沈阳农业大学实验厂种子服务公司 | 25 504.30 |
| 10 | 上海外语教育出版社 | 23 247.90 |
| 11 | 北京师范大学出版社 | 23 075.50 |
| 12 | 山东潍坊天宇集团 | 17 353.50 |
| 13 | 厦门大学建筑工程公司 | 17 105.50 |
| 14 | 上海华大房地产开发公司 | 16 428.50 |
| 15 | 陕西师范大学出版社 | 16 184.60 |
| 16 | 中国人民大学出版社 | 15 694.00 |
| 17 | 广西师范大学出版社 | 15 301.00 |
| 18 | 清华大学后勤企业 | 14 970.60 |
| 19 | 北京大学出版社 | 14 779.60 |
| 20 | 广东省集美设计工程公司 | 14 732.50 |
| 21 | 西安交通大学后勤产业集团 | 12 764.00 |
| 22 | 厦门建南集团公司 | 12 652.70 |
| 23 | 河南海润实业总公司 | 12 516.90 |
| 24 | 华东师范大学出版社 | 11 275.50 |
| 25 | 北京北科麦思科自动化工程技术有限公司 | 10 298.80 |
| 26 | 北京协和医学科学技术开发公司 | 10 017.20 |
| 27 | 江苏药大医药有限公司 | 10 003.30 |
| 28 | 浙江大学对外技术贸易公司 | 9 804.70 |
| 29 | 复旦大学出版社 | 9 752.90 |
| 30 | 东北师范大学出版社 | 9 610.70 |
| 31 | 英语周报 | 9 522.90 |
| 32 | 苏州大学特种化学试剂实业公司 | 9 081.60 |
| 33 | 石油大学(华东)新地实业公司 | 8 031.40 |

**续附表 23**

| 序号 | 企业名称 | 高校校办产业收入总额 |
| --- | --- | --- |
| 34 | 北京北大科技园建设开发有限公司 | 8 000.00 |
| 35 | 南京东大科技实业(集团)总公司 | 7 967.60 |
| 36 | 南京大学出版社 | 7 653.00 |
| 37 | 江苏大学实业总公司 | 7 514.70 |
| 38 | 北京外语音像出版社 | 6 858.30 |
| 39 | 湘西荣昌建筑安装发展有限公司 | 6 821.40 |
| 40 | 湖南铁道职业技术学院校办企业总公司 | 6 793.38 |
| 41 | 东南大学建筑设计研究院 | 6 611.30 |
| 42 | 天津天高国际经济发展公司 | 6 592.00 |
| 43 | 张家港华杰电子有限公司 | 6 565.00 |
| 44 | 扬州大学东风汽车技术服务站 | 6 504.30 |
| 45 | 四川畜牧兽医学院药械经营部 | 6 500.00 |
| 46 | 广东华工大建筑工程有限公司 | 6 294.60 |
| 47 | 哈尔滨工业大学建筑设计研究院 | 6 086.80 |
| 46 | 西南交通大学后勤集团 | 6 030.10 |
| 48 | 吉林大学建筑工程公司 | 5 945.10 |
| 49 | 语文报社 | 5 771.50 |
| 50 | 西南师范大学出版社 | 5 751.90 |
| 51 | 清华大学建筑设计研究院 | 5 845.70 |
| 52 | 北京清华通力机电设备有限公司 | 5 818.00 |
| 53 | 镇江市船院空调有限公司 | 5 814.00 |
| 54 | 东华国际旅行社 | 5 636.70 |
| 55 | 上海交大后勤发展有限公司 | 5 597.50 |
| 56 | 大连理工大学出版社 | 5 574.10 |
| 57 | 哈尔滨市学府书店 | 5 455.00 |
| 58 | 南京师范大学出版社 | 5 160.50 |
| 59 | 浙江大学新宇物业发展有限公司 | 5 149.90 |
| 60 | 西北农林科技大学后勤(集团)有限公司 | 5 007.40 |
| 合　　计 | | 1855 253.58 |

## 附表 24　全国高校利润总额过千万元的非科技企业

2002 年 12 月 31 日　　单位:万元

| 序号 | 企业名称 | 高校校办产业利润总额 |
|---|---|---|
| 1 | 清华大学出版社 | 19 058.00 |
| 2 | 外语教学与研究出版社 | 13 320.40 |
| 3 | 深圳市清华创业投资有限公司 | 11 023.30 |
| 4 | 上海外语教育出版社 | 10 021.10 |
| 5 | 北京师范大学出版社 | 9 875.00 |
| 6 | 北京理工大学出版社 | 8 601.00 |
| 7 | 陕西师范大学出版社 | 7 815.40 |
| 8 | 上海轻工试验厂 | 5 358.40 |
| 9 | 沈阳农业大学实验厂种子服务公司 | 5 269.00 |
| 10 | 中国人民大学出版社 | 4 959.60 |
| 11 | 东北师范大学出版社 | 3 956.00 |
| 12 | 东南大学建筑设计研究院 | 3 775.80 |
| 13 | 上海华山康健医疗有限公司 | 3 691.90 |
| 14 | 广西师范大学出版社 | 3 675.50 |
| 15 | 英语周报 | 3 392.60 |
| 16 | 北京外语音像出版社 | 2 711.80 |
| 17 | 哈工大首创科技股份有限公司 | 2 441.00 |
| 18 | 北京大学出版社 | 2 387.60 |
| 19 | 复旦大学出版社 | 2 291.20 |
| 20 | 上海交大南洋股份有限公司 | 2 081.60 |
| 21 | 浙江大学新宇物业发展有限公司 | 2 070.80 |
| 22 | 东北财经大学出版社 | 2 051.20 |
| 23 | 中国政法大学出版社 | 2 046.20 |
| 24 | 华东师范大学出版社 | 1 965.30 |
| 25 | 语文报社 | 1 916.20 |
| 26 | 华中师范大学出版社 | 1 779.60 |
| 27 | 大连理工大学出版社 | 1 688.30 |
| 28 | 华南农业大学大学实验兽药厂 | 1 624.80 |
| 29 | 西南师范大学出版社 | 1 501.40 |
| 30 | 南京东南大学出版社 | 1 335.70 |
| 31 | 清华大学建筑设计研究院 | 1 306.80 |
| 32 | 河北大学出版社 | 1 199.20 |
| 33 | 北京大学医学出版社 | 1 188.30 |

**续附表 24**

| 序号 | 企业名称 | 高校校办产业利润总额 |
|---|---|---|
| 34 | 广州中山医医药有限公司 | 1 156.80 |
| 35 | 南开大学出版社 | 1 121.80 |
| 36 | 中国人民大学书报资料中心 | 1 105.70 |
| 37 | 上海交大企业管理中心 | 1 104.30 |
| 38 | 北京鸿雁电器厂 | 1 041.60 |
| 合　　计 | | 152 910.20 |

**附表 25　全国高校校办产业按资产总额百强排名**

2002 年 12 月 31 日　　单位:万元

| 序号 | 学校名称 | 高校校办产业资产总额 |
|---|---|---|
| 1 | 北京大学 | 1863 335.20 |
| 2 | 清华大学 | 1573 433.50 |
| 3 | 南开大学 | 561 787.60 |
| 4 | 西安交通大学 | 504 019.80 |
| 5 | 上海交通大学 | 426 805.10 |
| 6 | 东北大学 | 397 700.20 |
| 7 | 浙江大学 | 361 250.20 |
| 8 | 复旦大学 | 299 948.30 |
| 9 | 天津大学 | 248 193.90 |
| 10 | 同济大学 | 216 232.20 |
| 11 | 华中科技大学 | 210 063.50 |
| 12 | 云南大学 | 188 223.80 |
| 13 | 哈尔滨工业大学 | 186 860.30 |
| 14 | 山东大学 | 119 037.30 |
| 15 | 武汉大学 | 115 589.30 |
| 16 | 郑州大学 | 99 112.50 |
| 17 | 中国科学技术大学 | 96 878.70 |
| 18 | 南京大学 | 93 995.80 |
| 19 | 重庆大学 | 88 790.30 |
| 20 | 四川大学 | 80 664.50 |
| 21 | 江西中医学院 | 68 114.30 |
| 22 | 成都中医药大学 | 67 799.40 |
| 23 | 西南交通大学 | 56 698.80 |

续附表 25

| 序号 | 学校名称 | 高校校办产业资产总额 |
| --- | --- | --- |
| 24 | 北京航空航天大学 | 53 406.60 |
| 25 | 中国地质大学 | 48 358.90 |
| 26 | 北京邮电大学 | 44 698.70 |
| 27 | 电子科技大学 | 43 363.30 |
| 28 | 哈尔滨工程大学 | 42 375.20 |
| 29 | 吉林大学 | 40 259.30 |
| 30 | 武汉理工大学 | 36 340.30 |
| 31 | 中南大学 | 36 086.40 |
| 32 | 石油大学(华东) | 34 535.30 |
| 33 | 华南理工大学 | 32 038.20 |
| 34 | 湖南大学 | 31 185.40 |
| 35 | 中山大学 | 25 429.90 |
| 36 | 西北工业大学 | 24 515.90 |
| 37 | 华东理工大学 | 24 212.60 |
| 38 | 燕山大学 | 23 116.50 |
| 39 | 南京理工大学 | 23 005.00 |
| 40 | 大连理工大学 | 22 508.80 |
| 41 | 中国协和医科大学 | 21 442.10 |
| 42 | 南昌大学 | 19 076.40 |
| 43 | 中国农业大学 | 18 600.50 |
| 44 | 湖南农业大学 | 18 068.10 |
| 45 | 北方交通大学 | 17 273.00 |
| 46 | 太原理工大学 | 16 946.30 |
| 47 | 南京工程学院 | 16 479.60 |
| 48 | 北京化工大学 | 15 381.30 |
| 49 | 天津理工学院 | 14 937.10 |
| 50 | 北京理工大学 | 14 723.60 |
| 51 | 华北电力大学 | 13 884.30 |
| 52 | 南京工业大学 | 13 843.60 |
| 53 | 南京农业大学 | 13 357.50 |
| 54 | 东华大学 | 13 154.20 |
| 55 | 中国药科大学 | 13 070.70 |
| 56 | 上海师范大学 | 12 926.30 |
| 57 | 上海大学 | 12 828.50 |

**续附表 25**

| 序号 | 学校名称 | 高校校办产业资产总额 |
|---|---|---|
| 58 | 苏州大学 | 12 566.60 |
| 59 | 吉首大学 | 12 561.90 |
| 60 | 东南大学 | 12 377.20 |
| 61 | 河北医科大学 | 12 333.60 |
| 62 | 西南石油学院 | 11 824.60 |
| 63 | 北京工业大学 | 11 485.10 |
| 64 | 黑龙江大学 | 11 205.40 |
| 65 | 北京中医药大学 | 10 148.60 |
| 66 | 南京航空航天大学 | 9 986.80 |
| 67 | 山西师范大学 | 9 924.80 |
| 68 | 青岛科技大学 | 9 861.20 |
| 69 | 广西中医学院 | 9 599.00 |
| 70 | 山东建筑工程学院 | 9 313.00 |
| 71 | 华东师范大学 | 9 236.10 |
| 72 | 河北大学 | 8 977.90 |
| 73 | 合肥工业大学 | 8 939.60 |
| 74 | 江南大学 | 8 766.20 |
| 75 | 四川农业大学 | 8 681.60 |
| 76 | 重庆医科大学 | 8 118.40 |
| 77 | 锦州医学院 | 8 105.10 |
| 78 | 华南热带农业大学 | 8 028.00 |
| 79 | 西北农林科技大学 | 7 879.50 |
| 80 | 长沙交通学院 | 7 172.60 |
| 81 | 中国矿业大学 | 7 141.30 |
| 82 | 南京中医药大学 | 6 812.70 |
| 83 | 武汉科技学院 | 6 651.50 |
| 84 | 深圳大学 | 6 132.00 |
| 85 | 上海理工大学 | 5 853.90 |
| 86 | 西南财经大学 | 5 773.70 |
| 87 | 扬州大学 | 5 734.30 |
| 88 | 安徽工业大学 | 5 729.70 |
| 89 | 河海大学 | 5 696.00 |
| 90 | 沈阳航空工业学院 | 5 647.80 |
| 91 | 天津工业大学 | 5 624.80 |

续附表 25

| 序号 | 学校名称 | 高校校办产业资产总额 |
|---|---|---|
| 92 | 沈阳工业大学 | 5 589.00 |
| 93 | 华南农业大学 | 5 588.50 |
| 94 | 福州大学 | 5 579.10 |
| 95 | 广西大学 | 5 578.30 |
| 96 | 河北工业大学 | 5 526.90 |
| 97 | 浙江工业大学 | 5 08.00 |
| 98 | 西安建筑科技大学 | 5 490.80 |
| 99 | 广西师范大学 | 5 474.20 |
| 100 | 西安科技学院 | 5 333.68 |

**附表 26　全国高校校办产业按净资产总额百强排名**

2002 年 12 月 31 日　　单位:万元

| 序号 | 学校名称 | 高校校办产业净资产总额 |
|---|---|---|
| 1 | 清华大学 | 227 057.60 |
| 2 | 北京大学 | 148 720.10 |
| 3 | 西安交通大学 | 86 987.80 |
| 4 | 东北大学 | 67 552.70 |
| 5 | 哈尔滨工业大学 | 66 919.70 |
| 6 | 天津大学 | 61 374.80 |
| 7 | 浙江大学 | 58 308.20 |
| 8 | 西南交通大学 | 53 340.10 |
| 9 | 复旦大学 | 42 246.60 |
| 10 | 上海交通大学 | 40 261.40 |
| 11 | 南开大学 | 39 447.70 |
| 12 | 华中科技大学 | 35 689.20 |
| 13 | 郑州大学 | 21 145.20 |
| 14 | 同济大学 | 18 757.60 |
| 15 | 山东大学 | 18 625.30 |
| 16 | 中国地质大学 | 15 108.00 |
| 17 | 中国科学技术大学 | 14 714.40 |
| 18 | 中山大学 | 14 115.20 |
| 19 | 中南大学 | 11 198.50 |
| 20 | 石油大学(华东) | 10 979.40 |

**续附表 26**

| 序号 | 学校名称 | 高校校办产业净资产总额 |
| --- | --- | --- |
| 21 | 南京大学 | 10 665.70 |
| 22 | 北京航空航天大学 | 10 319.00 |
| 23 | 四川大学 | 9 405.80 |
| 24 | 湖南大学 | 8 719.10 |
| 25 | 广西师范大学 | 8 548.90 |
| 26 | 吉林大学 | 7 941.50 |
| 27 | 成都体育学院 | 7 763.00 |
| 28 | 东南大学 | 7 548.00 |
| 29 | 重庆大学 | 7 127.40 |
| 30 | 华南理工大学 | 7 034.80 |
| 31 | 华东师范大学 | 7 032.60 |
| 32 | 西北工业大学 | 6 889.20 |
| 33 | 中国药科大学 | 6 808.70 |
| 34 | 中国民用航空飞行学院 | 6 697.70 |
| 35 | 深圳大学 | 6 443.80 |
| 36 | 大连海事大学 | 6 386.80 |
| 37 | 武汉大学 | 6 346.50 |
| 38 | 北京化工大学 | 6 069.60 |
| 39 | 苏州大学 | 5 976.10 |
| 40 | 中国农业大学 | 5 917.90 |
| 41 | 云南大学 | 5 650.50 |
| 42 | 石家庄铁道学院 | 5 381.50 |
| 43 | 上海海运学院 | 4 674.60 |
| 44 | 陕西师范大学 | 4 632.30 |
| 45 | 黑龙江大学 | 4 605.20 |
| 46 | 江西农业大学 | 4 449.50 |
| 47 | 南昌大学 | 4 352.70 |
| 48 | 燕山大学 | 4 272.60 |
| 49 | 中国协和医科大学 | 4 259.10 |
| 50 | 华东理工大学 | 4 227.70 |
| 51 | 大连理工大学 | 4 222.70 |
| 52 | 北京外国语大学 | 4 173.70 |
| 53 | 吉首大学 | 4 102.10 |
| 54 | 锦州医学院 | 4 101.10 |

**续附表 26**

| 序号 | 学校名称 | 高校校办产业净资产总额 |
|---|---|---|
| 55 | 浙江师范大学 | 4 096.50 |
| 56 | 南京工程学院 | 4 088.30 |
| 57 | 电子科技大学 | 4 080.50 |
| 58 | 天津理工学院 | 3 892.70 |
| 59 | 武汉理工大学 | 3 740.70 |
| 60 | 南京工业大学 | 3 645.40 |
| 61 | 北京中医药大学 | 3 549.00 |
| 62 | 西北农林科技大学 | 3 468.10 |
| 63 | 华南农业大学 | 3 460.40 |
| 64 | 东北师范大学 | 3 449.90 |
| 65 | 北京师范大学 | 3 447.40 |
| 66 | 中国地质大学(北京) | 3 370.10 |
| 67 | 江西财经大学 | 3 367.70 |
| 68 | 华南热带农业大学 | 3 312.00 |
| 69 | 东北林业大学 | 3 297.60 |
| 70 | 河北大学 | 3 270.60 |
| 71 | 合肥工业大学 | 3 171.90 |
| 72 | 北方交通大学 | 3 119.00 |
| 73 | 南京理工大学 | 2 986.90 |
| 74 | 上海外国语大学 | 2 930.60 |
| 75 | 南京中医药大学 | 2 892.70 |
| 76 | 南京林业大学 | 2 820.30 |
| 77 | 聊城职业技术学院 | 2 800.40 |
| 78 | 河北医科大学 | 2 738.30 |
| 79 | 延边大学 | 2 709.30 |
| 80 | 太原理工大学 | 2 645.00 |
| 81 | 沈阳建筑工程学院 | 2 566.80 |
| 82 | 沈阳农业大学 | 2 546.20 |
| 83 | 兰州铁道学院 | 2 538.30 |
| 84 | 暨南大学 | 2 537.20 |
| 85 | 大连铁道学院 | 2 495.60 |
| 86 | 北京邮电大学 | 2 488.90 |
| 87 | 南京航空航天大学 | 2 422.80 |
| 88 | 长安大学 | 2 375.40 |

**续附表 26**

| 序号 | 学校名称 | 高校校办产业净资产总额 |
|---|---|---|
| 89 | 西昌农业高等专科学校 | 2 317.08 |
| 90 | 哈尔滨医科大学 | 2 212.90 |
| 91 | 集美大学 | 2 137.50 |
| 92 | 西南民族学院 | 2 099.70 |
| 93 | 华中师范大学 | 2 084.50 |
| 94 | 上海理工大学 | 2 065.50 |
| 95 | 青岛大学 | 2 059.80 |
| 96 | 天津现代职业技术学院 | 2 054.10 |
| 97 | 江苏大学 | 2 048.00 |
| 98 | 对外经济贸易大学 | 2 041.90 |
| 99 | 荆门职业技术学院 | 2 041.80 |
| 100 | 西南农业大学 | 2 003.80 |

# 二、2002 年度教育部直属高校校办产业统计分析

## 1.教育部直属高校校办产业概况

(1)2002 年度教育部直属 71 所(其中中央财经大学、中央美术学院、北京林业大学、石油大学(北京)未上报数据)高等学校的 1754 个企业参加了全国高校校办产业统计工作。其中科技型企业(北京语言文化大学、中央音乐学院、中央戏剧学院、中国政法大学、上海外国语大学、中南财经政法大学未填报科技型企业)922 个,占直属高校上报企业数的 52.57%;其他类型企业 832 个,占上报企业数的 47.43%。如图 2-1 所示。

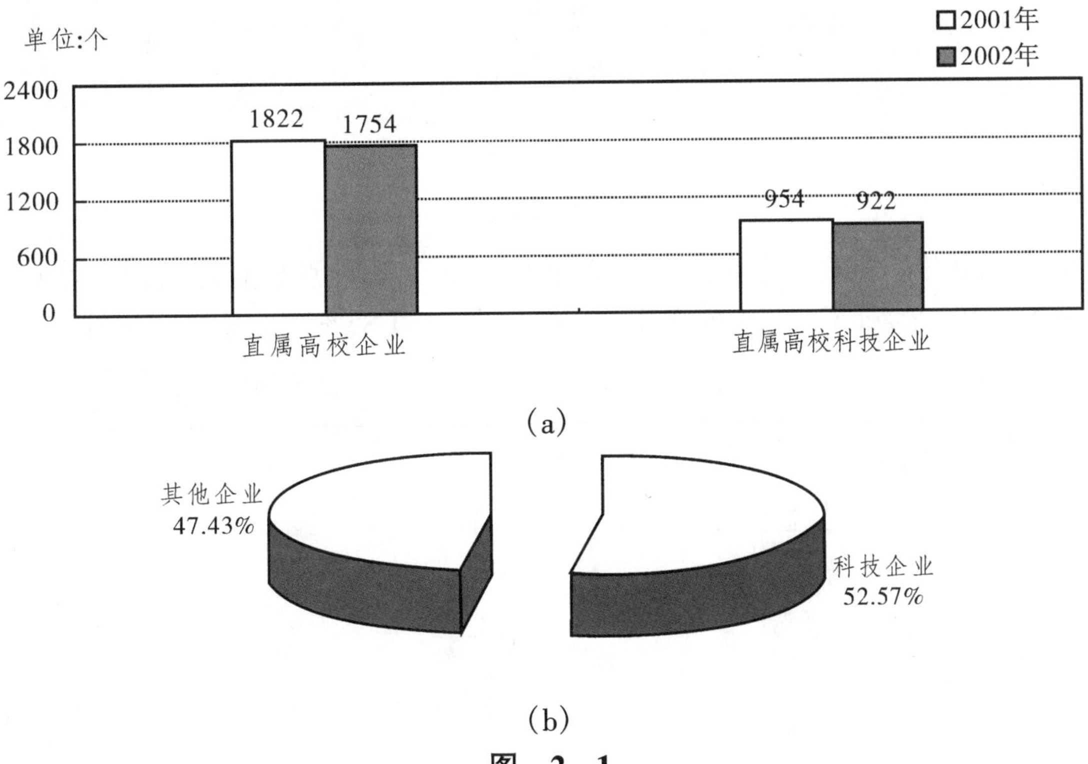


**图 2-1**

(2)从经营性质来看,从事工业生产的企业为 802 个,占 45.72%;从事商贸的企业 179 个,占 10.21%;从事其他经营方式的企业 773 个,占 44.07%。如图 2-2 所示。

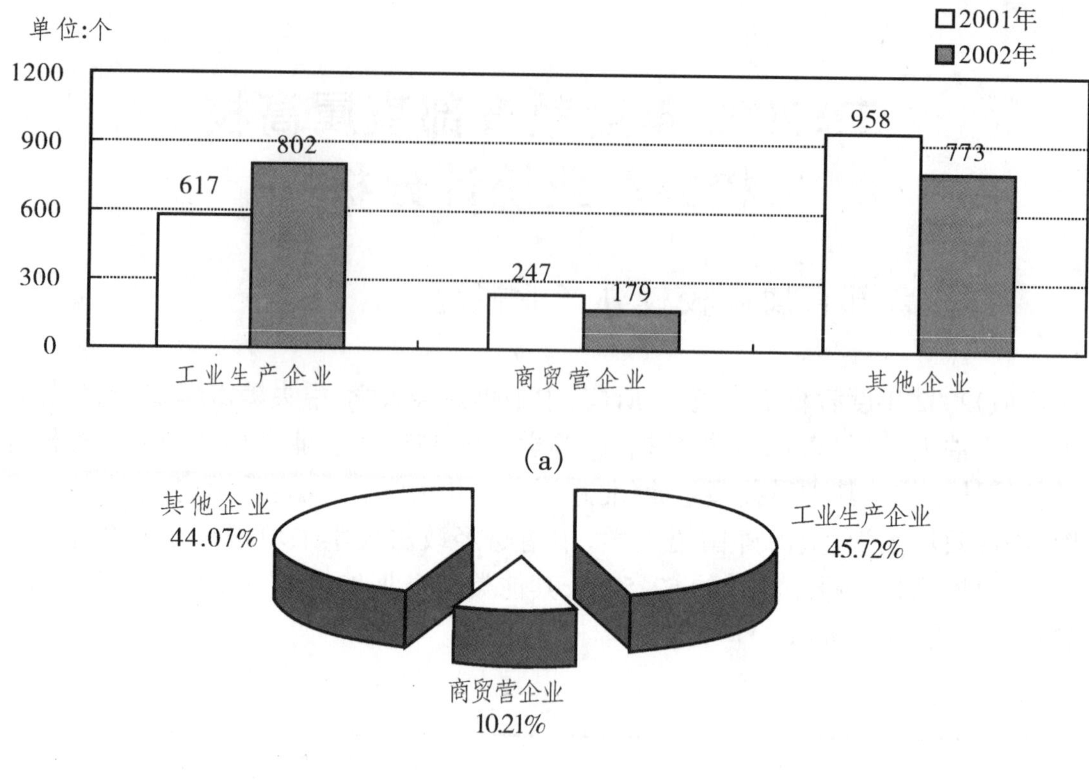


**图 2-2**

(3)从投资性质来看,学校独资企业1152个,占企业总数的65.68%;国内联营企业587个,占33.47%;外资合营企业15个,占0.85%。如图2-3所示。

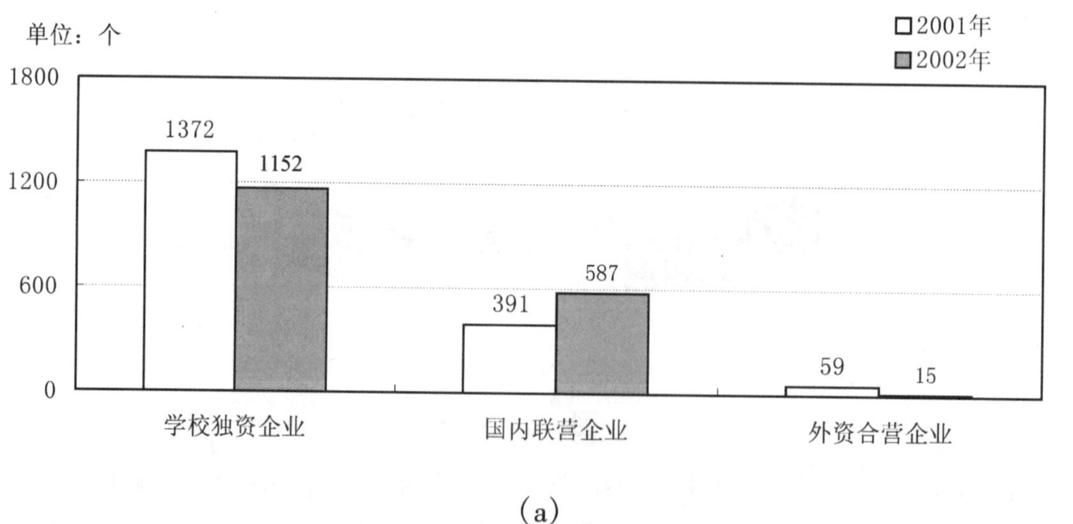


(a)

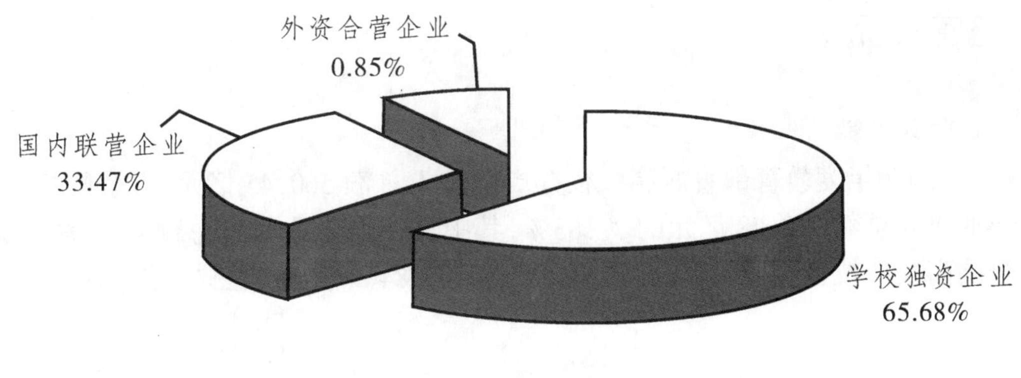


(b)

**图 2-3**

(4)从对企业隶属管理关系上看,由学校管理的企业为1467个,占83.64%;由校内院、系、所管理的企业287个,占16.36%。如图2-4所示。

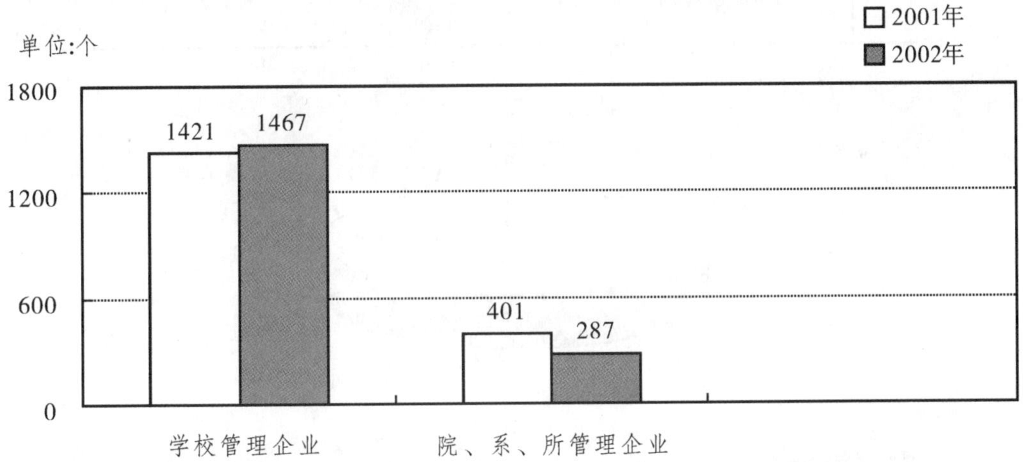

(a)

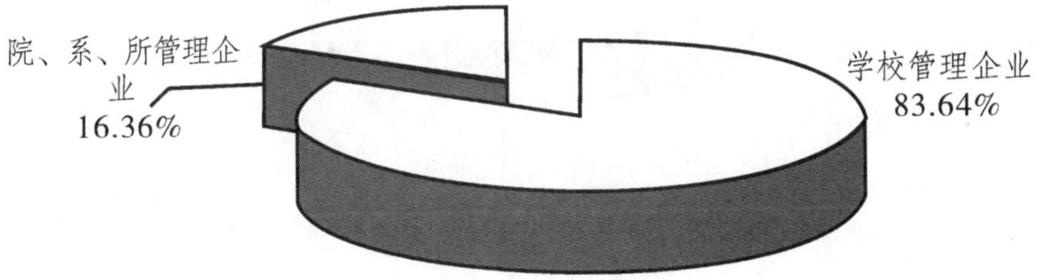

(b)

**图 2-4**

## 2.经营状况

### 1)收入总额

(1)2002年度教育部直属高校校办产业收入总额560.45亿元,占全国高校校办产业收入总额720.08亿元的77.83%,其中科技型企业收入总额458.08亿元,占全国高校科技型企业收入总额539.08亿元的84.97%。如图2-5所示。

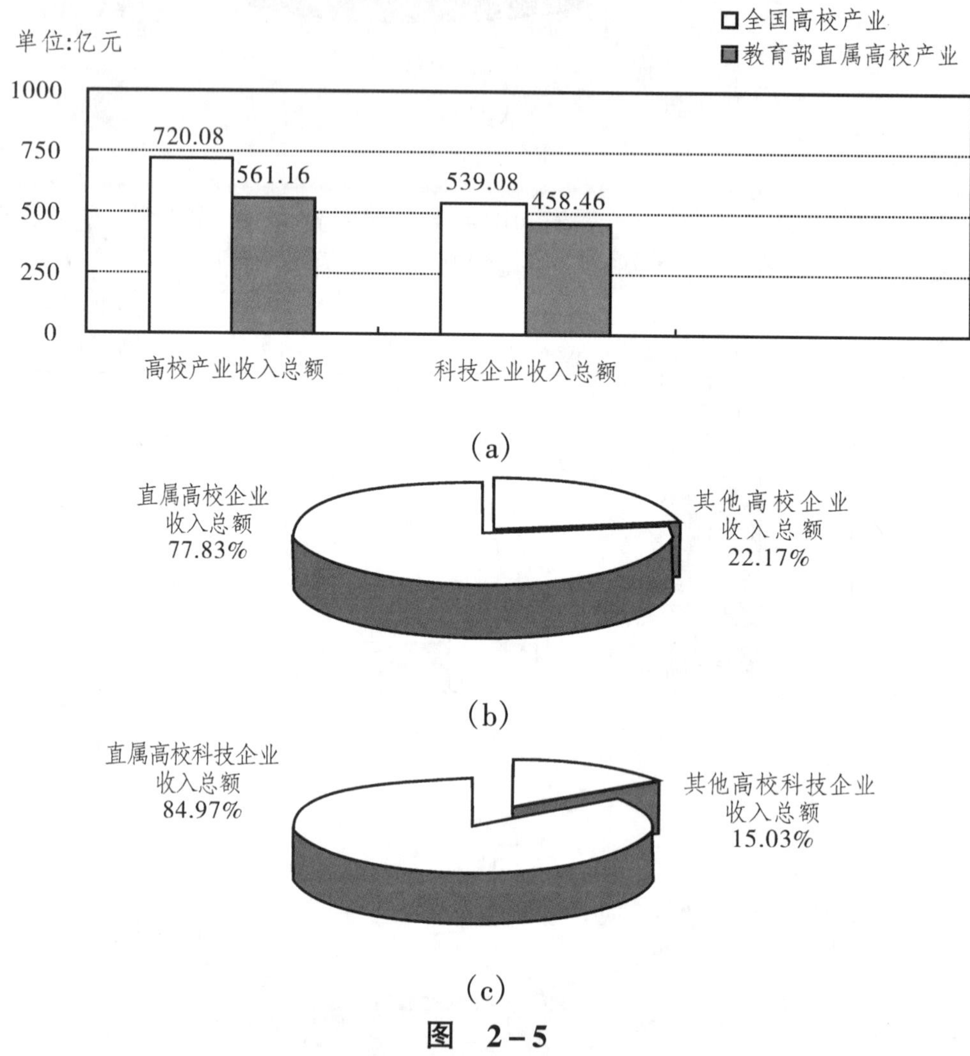


**图 2-5**

(2)教育部直属高校产业收入总额超过亿元的学校有48所,其中有12所学校收入总额过10亿元,他们分别是北京大学、清华大学、浙江大学、东北大学、同济大学、西安交通大学、上海交通大学、复旦大学、天津大学、石油大学(华东)、山东大学、中山大学。以上高校所属企业收入总额为450.96亿元,占直属高校企业收入总额的80.46%,占全国高校产业收入总额的62.63%。这12所学校科技型企业收入总额为397.14亿元,占直属高校科技企业收入总额的86.70%,占全国高校科技企业收入总额的 73.67%。如图 2-6 所示。

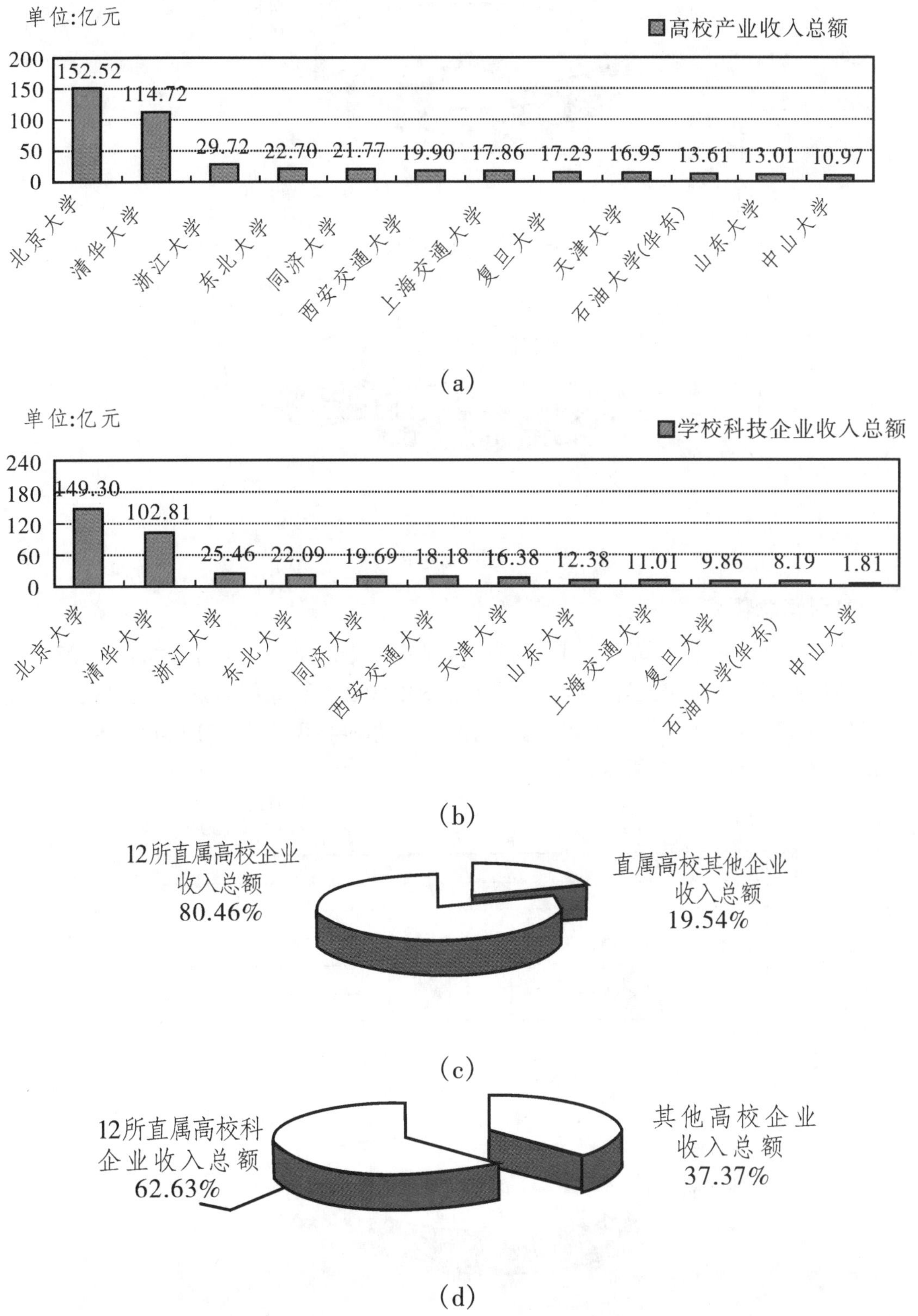

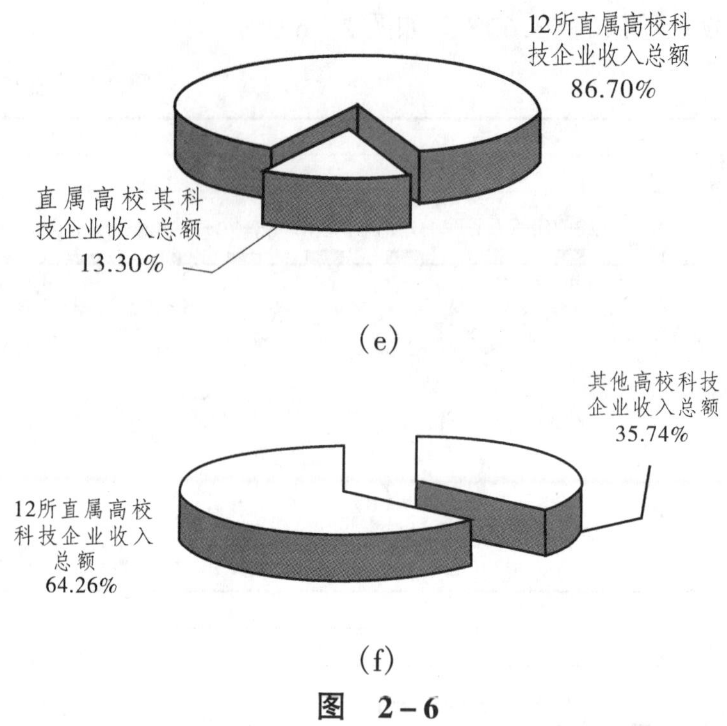


(e)

(f)

**图 2-6**

**2)利润总额**

(1) 2002年度教育部直属高校校办产业共实现利润32.19亿元,占2002年度全国高校校办产业利润总额45.93亿元的70.08%。教育部直属高校科技型企业实现利润17.73亿元,占2002年度全国高校校办科技型企业实现利润25.37亿元的69.89%。如图2-7所示。

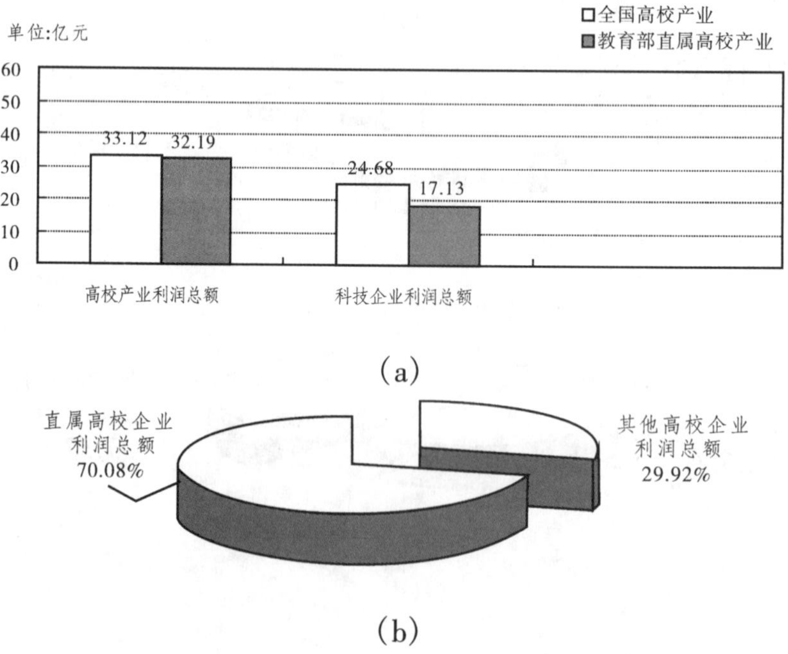


(a)

(b)

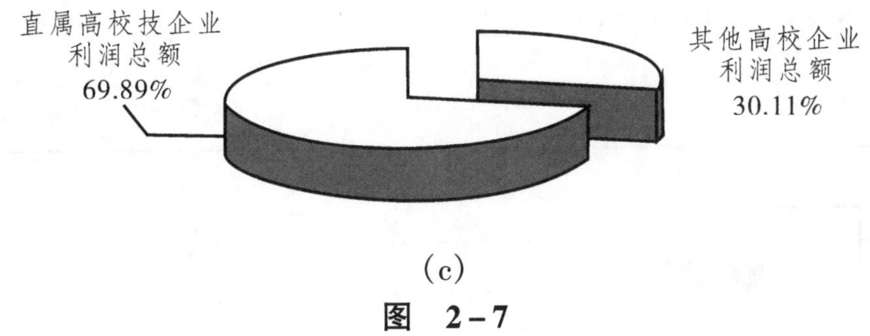


(c)

图 2-7

(2)教育部直属高校校办产业利润总额超过亿元的学校有 10 所,它们分别是:清华大学、西安交通大学、北京外国语大学、上海交通大学、复旦大学、浙江大学、上海外国语大学、北京师范大学、同济大学、华中科技大学。如图 2-8 所示。

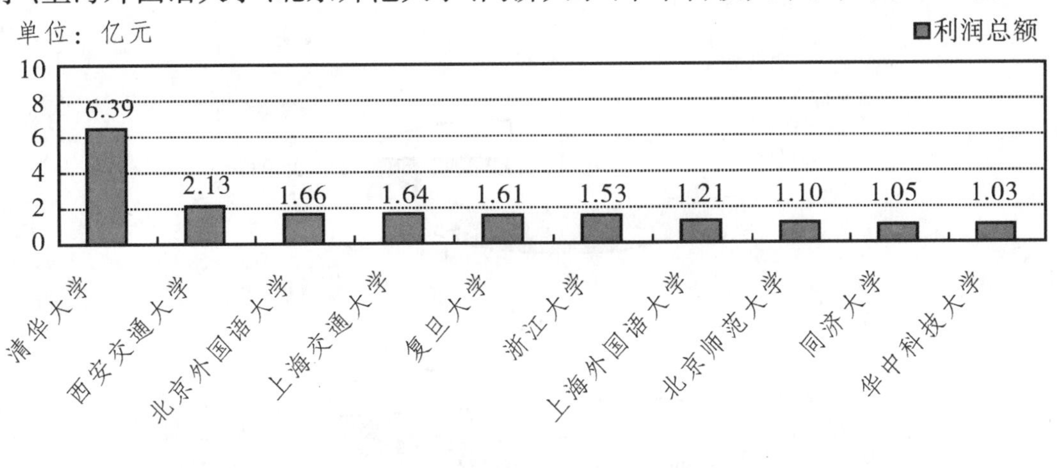


图 2-8

(3)教育部直属高校科技产业利润总额超过亿元的学校有 3 所,它们分别是:清华大学、西安交通大学和浙江大学。如图 2-9 所示。

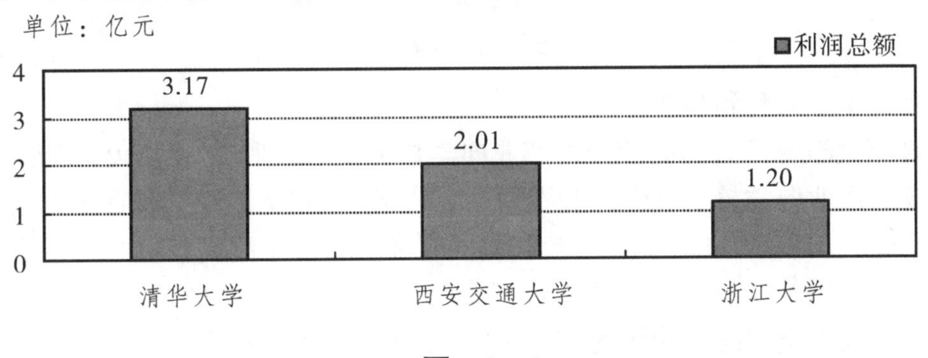


图 2-9

(4)2002 年度教育部直属高校校办产业共实现净利润 26.17 亿元,占 2002 年度全国高校校办企业实现净利润 35.33 亿元的 74.07%。2002 年度教育部直属高校科技型企业实现净利润 12.86 亿元,占 2002 年度全国高校校办科技型企业实现净利润 18.63 亿元的 69.03% 。如图 2-10 所示。

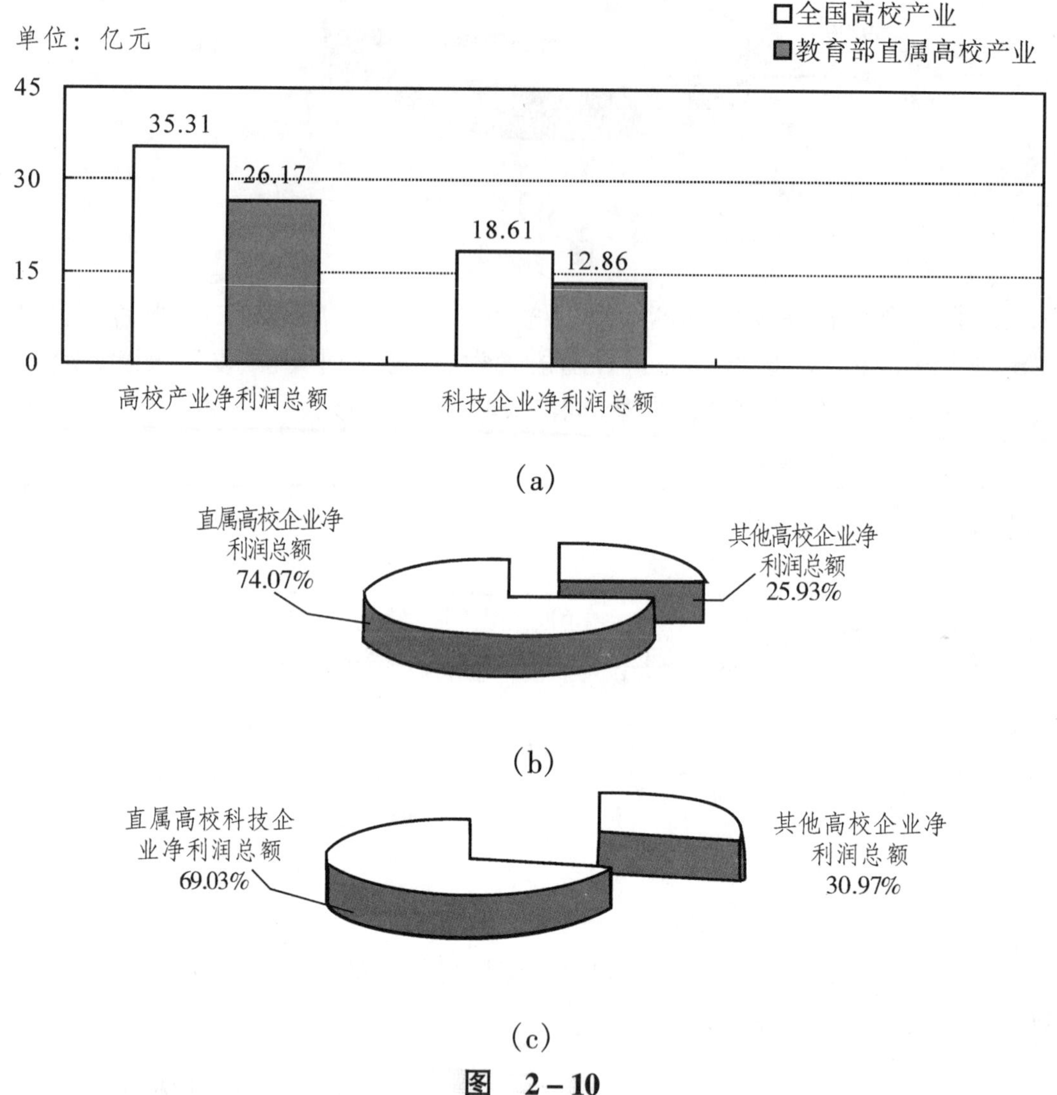


**图 2-10**

**3)上交学校的利润和费用**

2002 年度教育部直属高校校办产业向学校上交利润和费用 10.21 亿元，占全国高校校办产业向学校上交利润和费用 17.24 亿元的 59.22%。在直属高校企业向学校上交利润和费用中，上交学校利润 6.53 亿元，占全国高校校办产业向学校上交利润和费用的 37.88%；返还学校工资等各种费用 3.69 亿元，占全国高校校办产业向学校上交利润和费用的 21.40%。如图 2-11 所示。

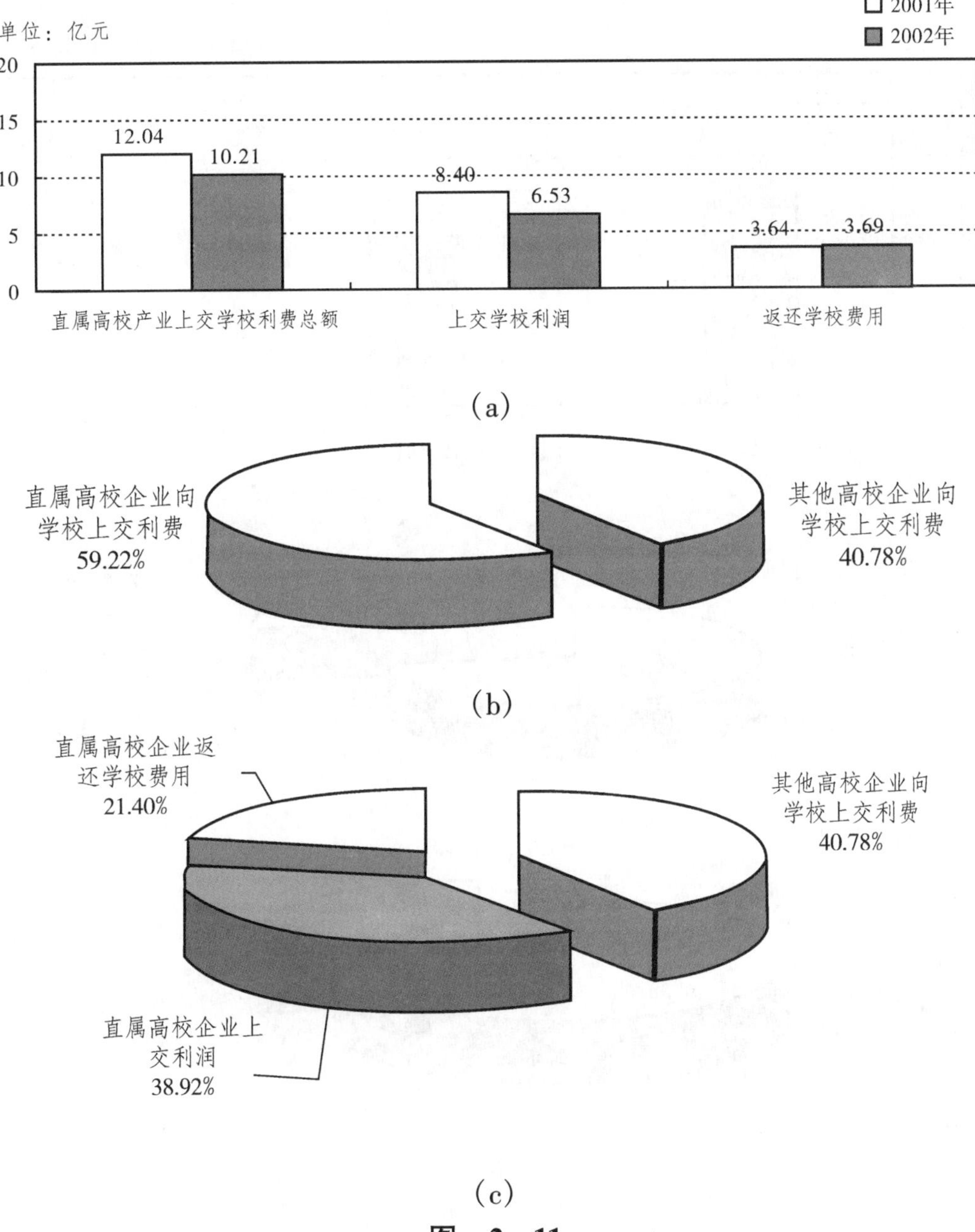


**图 2-11**

**4)上交税金**

2002 年度教育部直属高校校办产业向国家交纳各种税金 26.58 亿元，占全国高校校办产业纳税总额 36.28 亿元的 73.26%。其中直属高校科技型企业纳税 20.47 亿元，占教育部直属高校校办产业纳税总额的 77.01%。如图 2-12 所示。

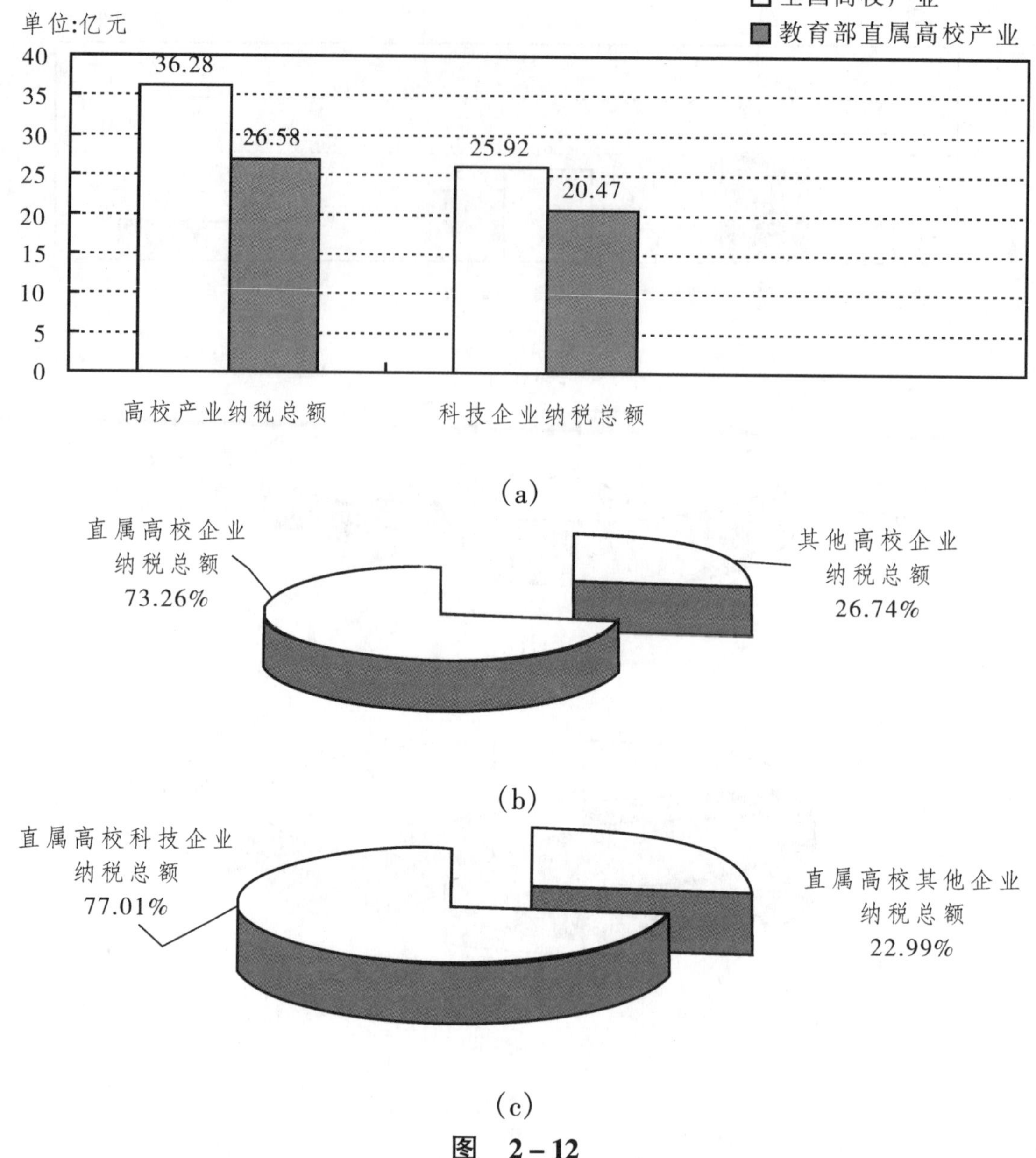


**图 2-12**

### 5)对社会的回报

2002年度教育部直属高校校办产业为社会创造的净利润和交纳的各种税费总计为52.75亿元,占全国高校校办产业为社会创造的净利润和交纳的各种税费71.61亿元的73.66%。其中直属高校科技型企业创造净利润和交纳的各种税费共计33.33亿元,占直属高校校办企业对社会回报总额的63.18%。如图2-13所示。

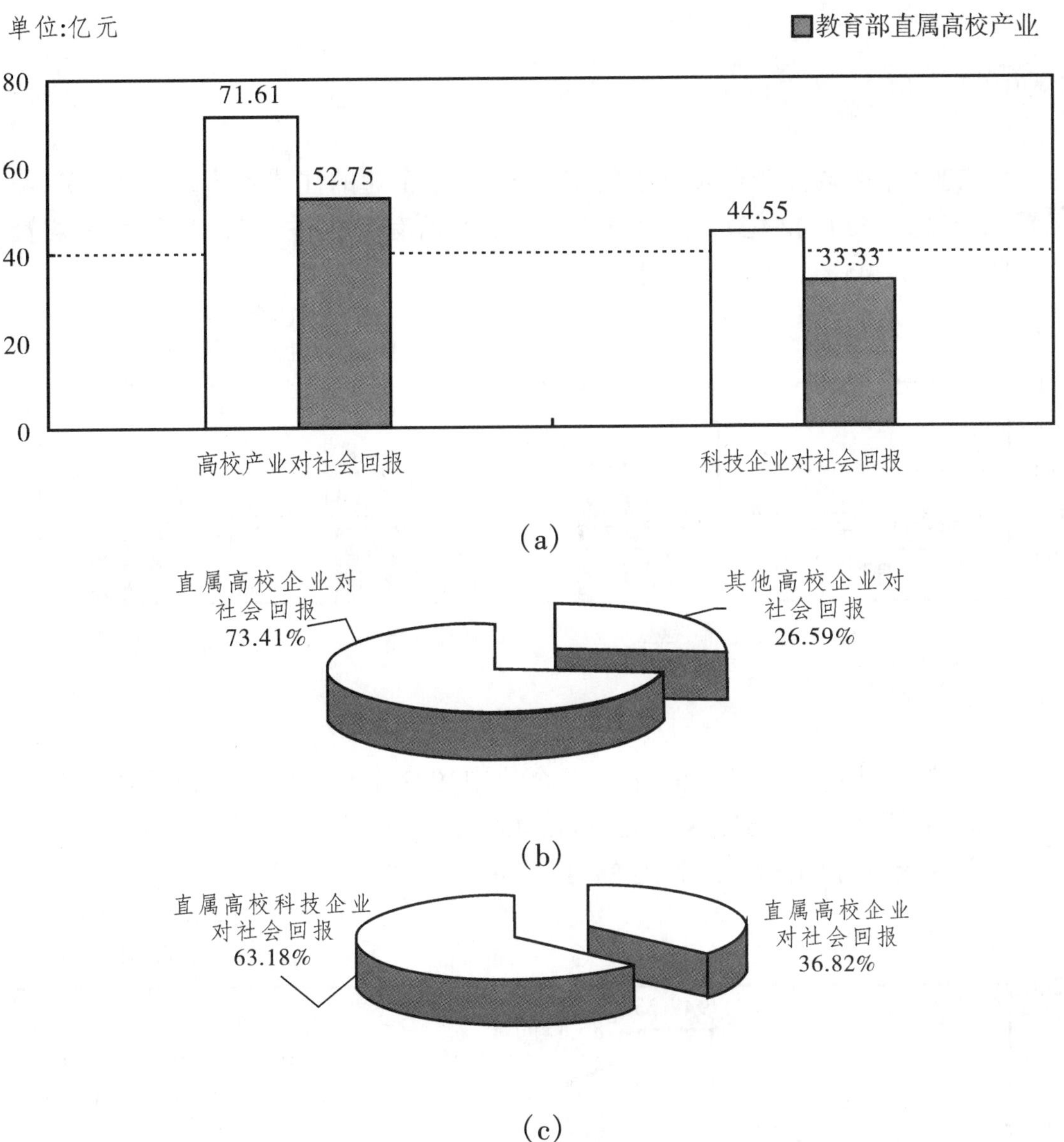


**图 2-13**

## 3.人员状况

(1)2002 年末直属高校产业在册职工人数共计 12.70 万人,其中有科技人员 4.87 万人(具有高级职称的人数为 10974 人、具有中级职称的人数为 20339 人)。全年职工工资总额 34.05 亿元(人均月工资为 2234.33 元)。

(2)2002 年度直属高校校办企业接纳学生实习达 9.80 万人次,累计工时 760.16 万小时。此外,校办企业还参与了硕士生、博士生的培养工作。2002 年度参与培养博士生 605 名、硕士生 2559 名。

## 4.资产状况

(1)2002 年度教育部直属高校的 1754 个校办企业的注册资金总额为 257.43 亿元,资产总额 951.42 亿元,负债 518.04 亿元,所有者权益 433.38 亿元,平均资产负债率为 54.45%。如图 2-14 所示。

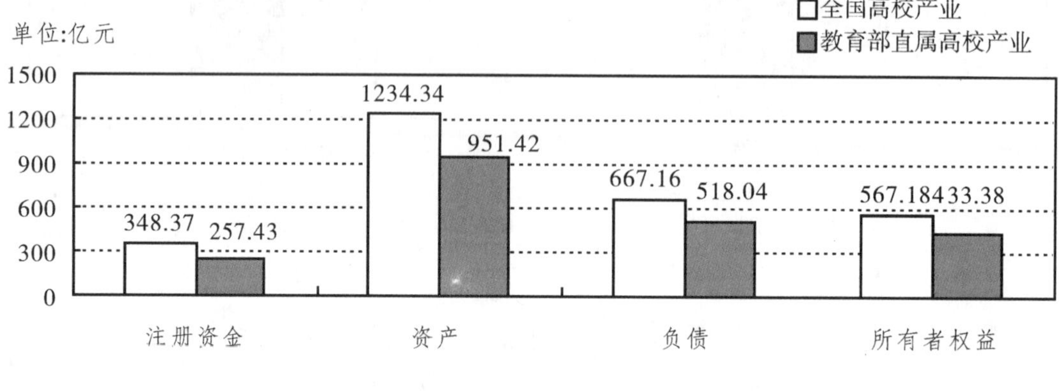


图 2-14

(2)在教育部直属高校 1754 个校办企业中,922 个科技型企业的注册资金为 165.22 亿元,资产总额 785.18 亿元,负债 438.65 亿元,所有者权益 346.53 亿元,平均资产负债率为 55.87%。如图 2-15 所示。

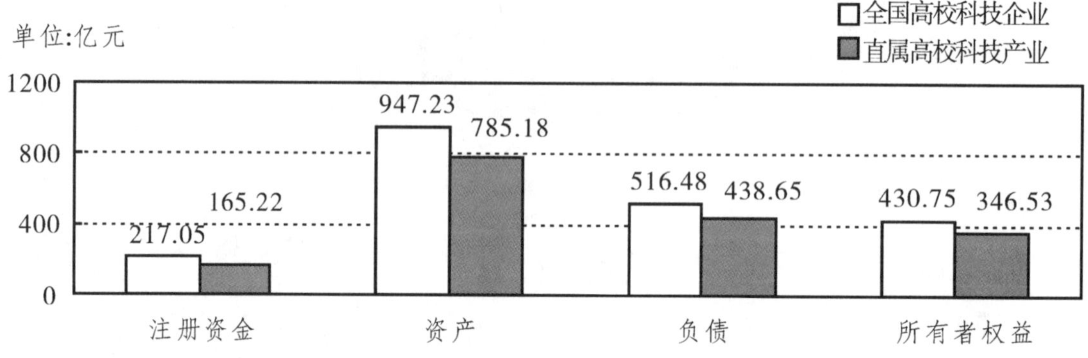


图 2-15

## 5.基本分析

### 1)人均销售额

(1)2002 年度教育部直属高校校办产业人均销售额为 45.17 万元,比全国高校校办产业人均销售额(28.22 万元)高 60.06%,如图 2-16 所示。

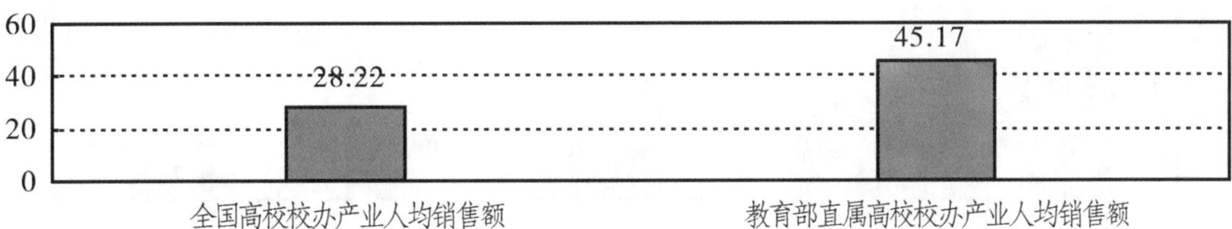


图　2-16

(2)人均销售额排在前五位的学校分别是:北京大学、石油大学(华东)、清华大学、中国地质大学、同济大学。如图 2-17 所示。

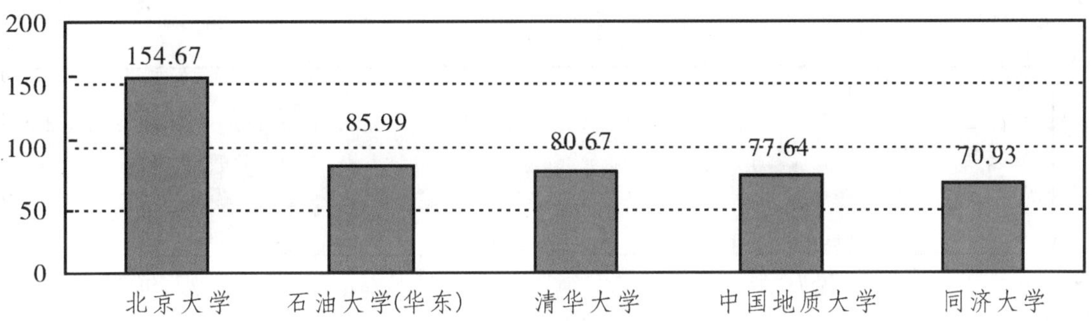


图　2-17

2)人均利润额

(1)2002 年度教育部直属高校校办产业人均利润额为 2.11 万元,比全国高校校办产业人均利润额(1.38 万元)高 52.90%,如图 2-18 所示。

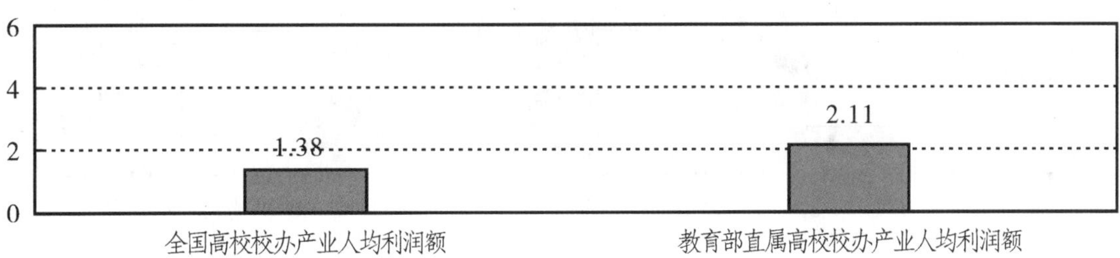


图　2-18

(2)人均利润额排在前五位的学校分别是:中南财经政法大学、中国政法大学、北京外国语大学、上海外国语大学、北京师范大学。如图 2-19 所示。

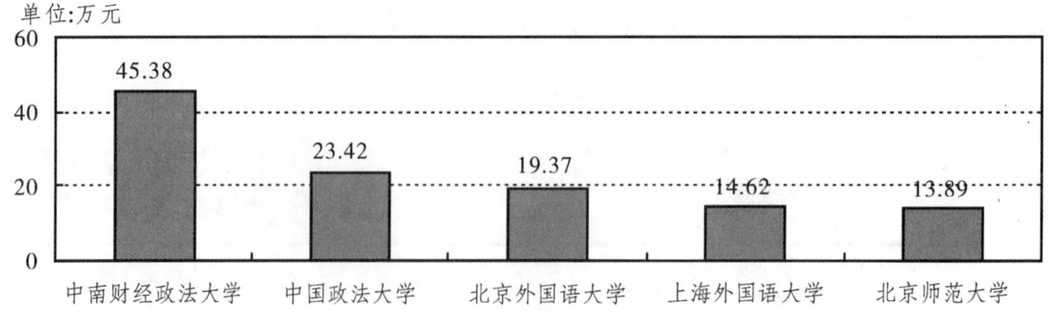


图 2-19

3)人均创税

(1)2002年度教育部直属高校校办产业人均创税为2.14万元,比全国高校校办产业人均创税(1.42万元)高50.70%,如图2-20所示。

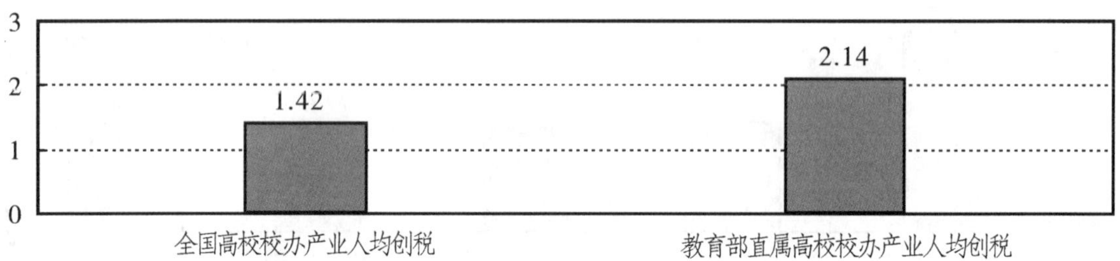


图 2-20

(2)人均创税排在前五位的学校分别是:北京外国语大学、北京师范大学、北京语言大学、陕西师范大学、中国政法大学。如图2-21所示。

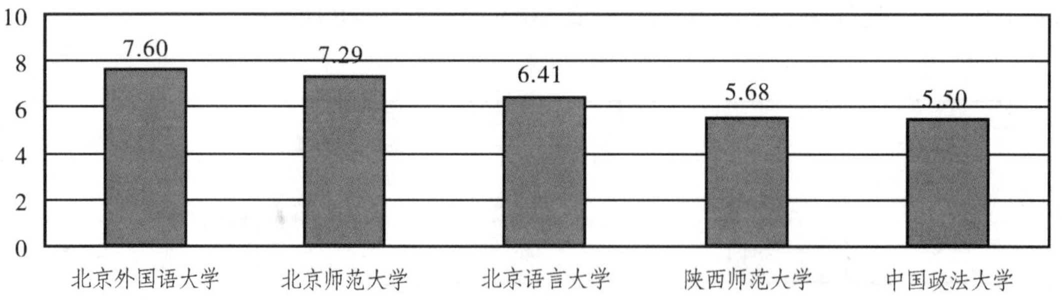


图 2-21

4)销售净利率

(1)2002年度教育部直属高校校办产业平均销售净利率为5.00%,与全国高校校办产业平均销售净利率(5.00%)相等,如图2-22所示。

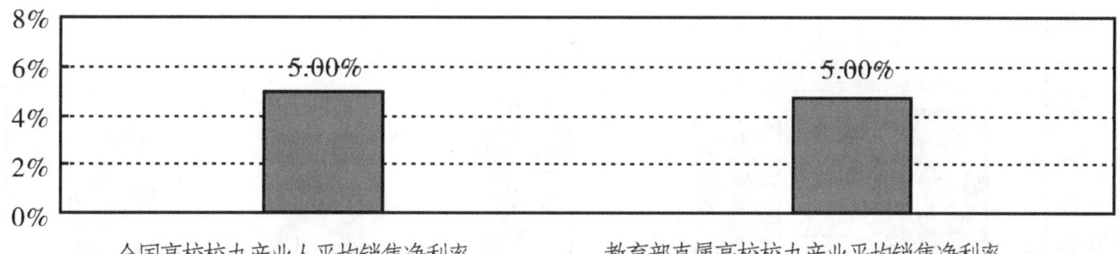


图 2-22

(2)销售净利率排在前五位的学校分别是:中南财经政法大学、北京广播学院、陕西师范大学、中国政法大学、上海外国语大学。如图2-23所示。

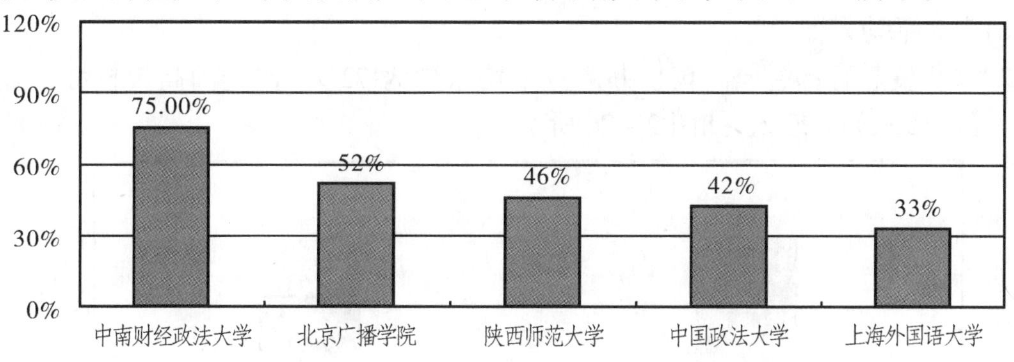


图 2-23

**5)净资产收益率**

(1)2002年度教育部直属高校校办产业平均净资产收益率为6.00%,与全国高校校办产业平均净资产收益率(6.00%)相等,如图2-24所示。

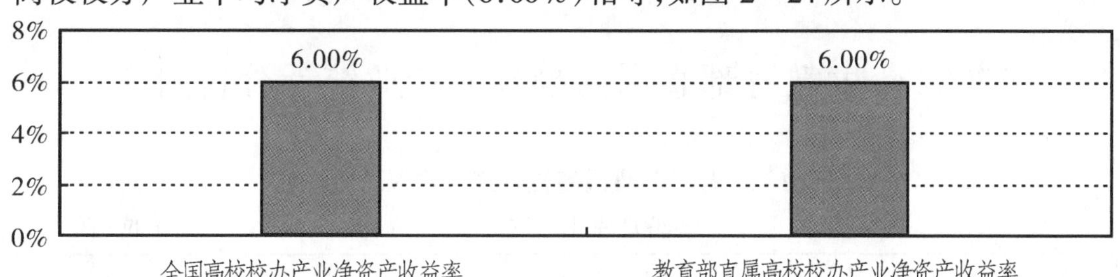


图 2-24

(2)净资产收益率排在前五位的学校分别是:北京外国语大学、陕西师范大学、中南财经政法大学、北京广播学院、华中农业大学。如图2-25所示。

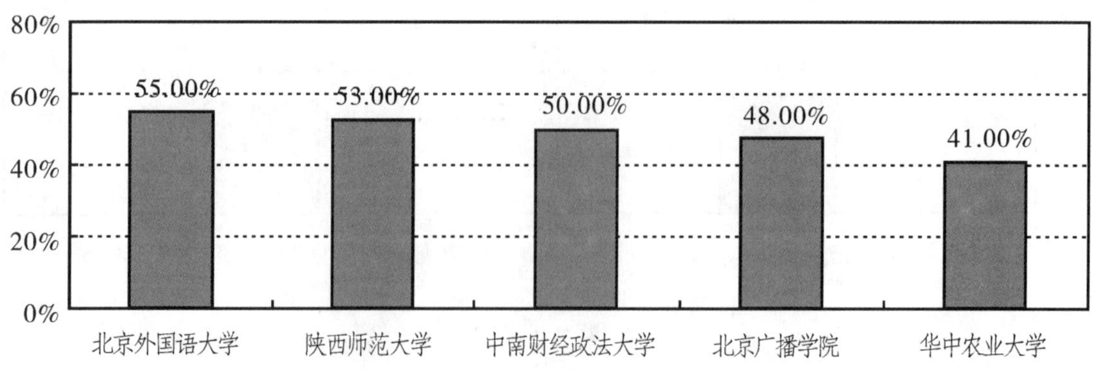


**图 2-25**

**6)企业平均人数**

2002年度教育部直属高校校办产业平均人数为72人,比全国高校校办产业平均人数(52人)多20人,如图2-26所示。

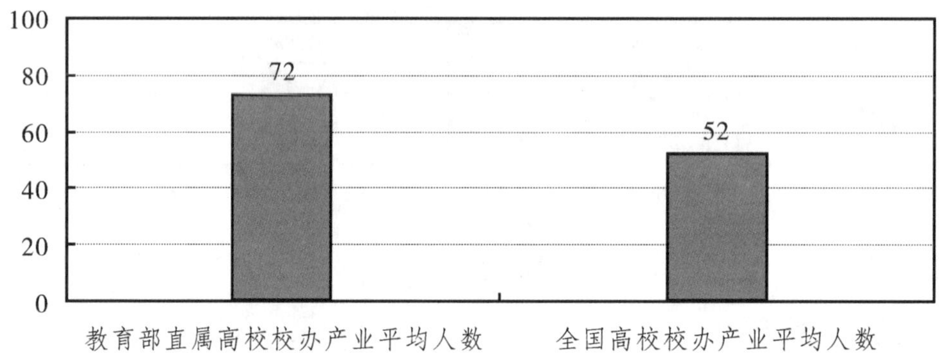


**图 2-26**

# 6.2002年度教育部直属高校校办产业统计分析附表

**附表1　教育部直属高校按产业收入总额排名**

2002年12月31日　　单位:万元

| 序号 | 学校名称 | 收入总额 |
|---|---|---|
| 1 | 北京大学 | 1525 212.40 |
| 2 | 清华大学 | 1147 223.60 |
| 3 | 浙江大学 | 297 198.60 |
| 4 | 东北大学 | 226 968.40 |
| 5 | 同济大学 | 217 668.30 |
| 6 | 西安交通大学 | 199 030.60 |

续附表 1

| 序号 | 学校名称 | 收入总额 |
|---|---|---|
| 7 | 上海交通大学 | 178 566.80 |
| 8 | 复旦大学 | 172 281.00 |
| 9 | 天津大学 | 169 505.30 |
| 10 | 石油大学(华东) | 136 124.10 |
| 11 | 山东大学 | 130 146.20 |
| 12 | 中山大学 | 109 653.20 |
| 13 | 南京大学 | 76 082.60 |
| 14 | 华中科技大学 | 57 561.32 |
| 15 | 南开大学 | 54 847.30 |
| 16 | 武汉大学 | 53 105.20 |
| 17 | 北京外国语大学 | 50 637.10 |
| 18 | 东南大学 | 45 805.60 |
| 19 | 华东师范大学 | 40 905.80 |
| 20 | 西南交通大学 | 40 800.10 |
| 21 | 上海外国语大学 | 36 772.30 |
| 22 | 厦门大学 | 36 049.50 |
| 23 | 中国地质大学 | 34 548.30 |
| 24 | 北京师范大学 | 33 354.10 |
| 25 | 东华大学 | 32 631.50 |
| 26 | 四川大学 | 29 965.90 |
| 27 | 重庆大学 | 26 102.70 |
| 28 | 华南理工大学 | 25 621.10 |
| 29 | 吉林大学 | 22 920.90 |
| 30 | 中南大学 | 21 791.90 |
| 31 | 中国人民大学 | 21 523.50 |
| 32 | 华东理工大学 | 21 409.60 |
| 33 | 大连理工大学 | 19 462.70 |
| 34 | 东北师范大学 | 18 561.40 |
| 35 | 陕西师范大学 | 18 247.10 |
| 36 | 北京化工大学 | 17 965.80 |
| 37 | 武汉理工大学 | 16 312.90 |
| 38 | 北京科技大学 | 16 279.60 |
| 39 | 中国药科大学 | 15 896.90 |
| 40 | 中国农业大学 | 14 604.88 |

**续附表 1**

| 序号 | 学校名称 | 收入总额 |
|---|---|---|
| 41 | 北方交通大学 | 14 215.00 |
| 42 | 电子科技大学 | 14 214.10 |
| 43 | 华北电力大学 | 14 164.60 |
| 44 | 中国矿业大学 | 13 004.20 |
| 45 | 南京农业大学 | 10 774.70 |
| 46 | 湖南大学 | 10 511.70 |
| 47 | 北京邮电大学 | 10 067.55 |
| 48 | 合肥工业大学 | 10 017.40 |
| 49 | 河海大学 | 9 855.80 |
| 50 | 华中师范大学 | 9 776.20 |
| 51 | 西北农林科技大学 | 9 629.46 |
| 52 | 江南大学 | 9 393.80 |
| 53 | 西南师范大学 | 6 993.50 |
| 54 | 兰州大学 | 6 210.50 |
| 55 | 中国地质大学(北京) | 5 608.30 |
| 56 | 东北林业大学 | 5 249.50 |
| 57 | 中国政法大学 | 4 848.00 |
| 58 | 北京中医药大学 | 4 414.10 |
| 59 | 长安大学 | 4 396.50 |
| 60 | 西安电子科技大学 | 4 053.30 |
| 61 | 北京语言大学 | 3 821.30 |
| 62 | 上海财经大学 | 2 795.20 |
| 63 | 对外经济贸易大学 | 2 458.10 |
| 64 | 中央音乐学院 | 1 728.30 |
| 65 | 西南财经大学 | 1 671.70 |
| 66 | 中国海洋大学 | 1 543.70 |
| 67 | 北京广播学院 | 1 362.70 |
| 68 | 华中农业大学 | 878.70 |
| 69 | 中央戏剧学院 | 635.90 |
| 70 | 中国矿业大学(北京校区) | 518.90 |
| 71 | 中南财经政法大学 | 362.90 |
| 合计 | | 5604 521.71 |

### 附表 2　教育部直属高校按产业实现利润总额排名

2002 年 12 月 31 日　　单位:万元

| 序号 | 学校名称 | 利润总额 |
|---|---|---|
| 1 | 清华大学 | 63 929.80 |
| 2 | 西安交通大学 | 21 272.80 |
| 3 | 北京外国语大学 | 16 596.90 |
| 4 | 上海交通大学 | 16 376.10 |
| 5 | 复旦大学 | 16 107.50 |
| 6 | 浙江大学 | 15 269.70 |
| 7 | 上海外国语大学 | 12 069.90 |
| 8 | 北京师范大学 | 10 989.20 |
| 9 | 同济大学 | 10 497.00 |
| 10 | 华中科技大学 | 10 268.30 |
| 11 | 北京大学 | 9 983.60 |
| 12 | 陕西师范大学 | 8 479.70 |
| 13 | 东南大学 | 7 503.30 |
| 14 | 东北大学 | 7 047.60 |
| 15 | 武汉大学 | 7 035.70 |
| 16 | 南京大学 | 6 652.20 |
| 17 | 中国人民大学 | 5 909.40 |
| 18 | 南开大学 | 5 667.90 |
| 19 | 中山大学 | 4 938.90 |
| 20 | 天津大学 | 4 924.00 |
| 21 | 东北师范大学 | 4 091.90 |
| 22 | 四川大学 | 3 710.81 |
| 23 | 大连理工大学 | 3 009.50 |
| 24 | 中国地质大学 | 2 963.50 |
| 25 | 北方交通大学 | 2 848.00 |
| 26 | 吉林大学 | 2 846.00 |
| 27 | 电子科技大学 | 2 776.20 |
| 28 | 华东师范大学 | 2 729.50 |
| 29 | 石油大学(华东) | 2 710.90 |
| 30 | 西南交通大学 | 2 594.40 |
| 31 | 山东大学 | 2 569.80 |
| 32 | 重庆大学 | 2 278.80 |
| 33 | 中国政法大学 | 2 037.40 |

**续附表 2**

| 序号 | 学校名称 | 企业利润总额 |
| --- | --- | --- |
| 34 | 华中师范大学 | 1 713.80 |
| 35 | 华南理工大学 | 1 701.50 |
| 36 | 西南师范大学 | 1 612.10 |
| 37 | 华东理工大学 | 1 420.50 |
| 38 | 中南大学 | 1 252.20 |
| 39 | 中国农业大学 | 1 186.18 |
| 40 | 南京农业大学 | 1 157.20 |
| 41 | 北京中医药大学 | 1 062.10 |
| 42 | 华北电力大学 | 1 052.60 |
| 43 | 中国矿业大学 | 948.90 |
| 44 | 北京语言大学 | 912.30 |
| 45 | 北京科技大学 | 910.60 |
| 46 | 武汉理工大学 | 907.90 |
| 47 | 西安电子科技大学 | 795.70 |
| 48 | 西北农林科技大学 | 764.44 |
| 49 | 河海大学 | 738.60 |
| 50 | 北京广播学院 | 716.20 |
| 51 | 东华大学 | 656.10 |
| 52 | 上海财经大学 | 626.80 |
| 53 | 北京化工大学 | 542.20 |
| 54 | 厦门大学 | 525.30 |
| 55 | 中国海洋大学 | 314.30 |
| 56 | 湖南大学 | 299.00 |
| 57 | 对外经济贸易大学 | 290.60 |
| 58 | 中南财经政法大学 | 272.40 |
| 59 | 西南财经大学 | 233.50 |
| 60 | 兰州大学 | 224.70 |
| 61 | 中国地质大学(北京) | 214.60 |
| 62 | 合肥工业大学 | 197.70 |
| 63 | 江南大学 | 152.30 |
| 64 | 华中农业大学 | 139.80 |
| 65 | 中国药科大学 | 110.90 |
| 66 | 长安大学 | 43.50 |
| 67 | 中央戏剧学院 | 22.10 |

**续附表 2**

| 序号 | 学校名称 | 企业利润总额 |
|---|---|---|
| 68 | 东北林业大学 | -1.20 |
| 69 | 中国矿业大学(北京校区) | -12.70 |
| 70 | 中央音乐学院 | -51.80 |
| 71 | 北京邮电大学 | -408.00 |
| 合　　计 | | 321 931.13 |

**附表 3　教育部直属高校按科技企业收入总额排名**

2002 年 12 月 31 日　　单位:万元

| 序号 | 学校名称 | 收入总额 |
|---|---|---|
| 1 | 北京大学 | 1493 002.80 |
| 2 | 清华大学 | 1028 146.10 |
| 3 | 浙江大学 | 254 556.30 |
| 4 | 东北大学 | 220 866.40 |
| 5 | 同济大学 | 196 947.60 |
| 6 | 西安交通大学 | 181 750.90 |
| 7 | 天津大学 | 163 754.00 |
| 8 | 山东大学 | 123 804.50 |
| 9 | 上海交通大学 | 110 061.90 |
| 10 | 复旦大学 | 98 554.20 |
| 11 | 石油大学(华东) | 81 854.10 |
| 12 | 南京大学 | 65 418.90 |
| 13 | 华中科技大学 | 49 253.40 |
| 14 | 武汉大学 | 48 074.00 |
| 15 | 南开大学 | 44 174.40 |
| 16 | 中国地质大学 | 34 548.30 |
| 17 | 西南交通大学 | 32 228.90 |
| 18 | 东华大学 | 30 343.60 |
| 19 | 重庆大学 | 26 102.70 |
| 20 | 四川大学 | 24 275.20 |
| 21 | 东南大学 | 19 267.00 |
| 22 | 中山大学 | 18 101.50 |
| 23 | 华东理工大学 | 17 318.80 |
| 24 | 中南大学 | 15 108.90 |

**续附表 3**

| 序号 | 学校名称 | 收入总额 |
|---|---|---|
| 25 | 武汉理工大学 | 15 093.00 |
| 26 | 北京化工大学 | 14 963.80 |
| 27 | 华南理工大学 | 14 576.00 |
| 28 | 北方交通大学 | 14 215.00 |
| 29 | 电子科技大学 | 14 195.90 |
| 30 | 华北电力大学 | 13 931.20 |
| 31 | 吉林大学 | 11 064.40 |
| 32 | 中国农业大学 | 9 441.30 |
| 33 | 中国矿业大学 | 9 085.70 |
| 34 | 南京农业大学 | 7 420.30 |
| 35 | 大连理工大学 | 7 373.00 |
| 36 | 北京邮电大学 | 6 924.05 |
| 37 | 湖南大学 | 6 499.20 |
| 38 | 西南师范大学 | 6 470.20 |
| 39 | 华东师范大学 | 6 151.10 |
| 40 | 中国药科大学 | 5 769.60 |
| 41 | 华中师范大学 | 5 453.50 |
| 42 | 合肥工业大学 | 4 513.80 |
| 43 | 北京中医药大学 | 4 414.10 |
| 44 | 河海大学 | 3 967.40 |
| 45 | 北京科技大学 | 3 525.00 |
| 46 | 西北农林科技大学 | 3 327.30 |
| 47 | 兰州大学 | 3 300.00 |
| 48 | 江南大学 | 1 944.80 |
| 49 | 西南财经大学 | 1 444.30 |
| 50 | 北京师范大学 | 1 404.60 |
| 51 | 北京广播学院 | 1 142.10 |
| 52 | 长安大学 | 1 095.10 |
| 53 | 中国海洋大学 | 1 030.40 |
| 54 | 北京外国语大学 | 734.00 |
| 55 | 华中农业大学 | 645.10 |
| 56 | 厦门大学 | 500.30 |
| 57 | 西安电子科技大学 | 387.80 |
| 58 | 上海财经大学 | 297.90 |

**续附表 3**

| 序号 | 学校名称 | 收入总额 |
|---|---|---|
| 59 | 中国地质大学(北京) | 291.30 |
| 60 | 东北林业大学 | 231.00 |
| 61 | 中国人民大学 | 184.40 |
| 62 | 东北师范大学 | 137.20 |
| 63 | 中国矿业大学(北京校区) | 82.20 |
| 64 | 陕西师范大学 | 39.30 |
| 65 | 对外经济贸易大学 | 36.80 |
| 合　　计 | | 4580 817.85 |

**附表 4　教育部直属高校按科技企业实现利润总额排名**

2002 年 12 月 31 日　　单位:万元

| 序号 | 学校名称 | 利润总额 |
|---|---|---|
| 1 | 清华大学 | 31 702.20 |
| 2 | 西安交通大学 | 20 064.30 |
| 3 | 浙江大学 | 11 991.00 |
| 4 | 上海交通大学 | 9 971.80 |
| 5 | 华中科技大学 | 9 661.90 |
| 6 | 同济大学 | 9 324.70 |
| 7 | 复旦大学 | 9 075.80 |
| 8 | 武汉大学 | 7 568.40 |
| 9 | 东北大学 | 6 803.40 |
| 10 | 北京大学 | 5 313.90 |
| 11 | 南京大学 | 5 235.50 |
| 12 | 南开大学 | 4 554.20 |
| 13 | 天津大学 | 4 414.30 |
| 14 | 四川大学 | 3 196.47 |
| 15 | 中国地质大学 | 2 963.50 |
| 16 | 中山大学 | 2 850.80 |
| 17 | 北方交通大学 | 2 848.00 |
| 18 | 电子科技大学 | 2 776.60 |
| 19 | 山东大学 | 2 736.80 |
| 20 | 石油大学(华东) | 2 682.10 |
| 21 | 重庆大学 | 2 278.80 |

续附表 4

| 序号 | 学校名称 | 利润总额 |
| --- | --- | --- |
| 22 | 西南交通大学 | 2 136.20 |
| 23 | 吉林大学 | 2 109.30 |
| 24 | 东南大学 | 1 897.90 |
| 25 | 西南师范大学 | 1 597.50 |
| 26 | 华南理工大学 | 1 422.00 |
| 27 | 华东理工大学 | 1 334.40 |
| 28 | 中南大学 | 1 273.40 |
| 29 | 北京中医药大学 | 1 062.60 |
| 30 | 华北电力大学 | 1 019.60 |
| 31 | 武汉理工大学 | 794.20 |
| 32 | 中国农业大学 | 786.30 |
| 33 | 中国矿业大学 | 755.90 |
| 34 | 北京广播学院 | 705.60 |
| 35 | 南京农业大学 | 667.80 |
| 36 | 东华大学 | 527.40 |
| 37 | 北京化工大学 | 482.50 |
| 38 | 合肥工业大学 | 386.70 |
| 39 | 华东师范大学 | 364.00 |
| 40 | 中国海洋大学 | 295.80 |
| 41 | 西北农林科技大学 | 287.70 |
| 42 | 北京师范大学 | 197.10 |
| 43 | 兰州大学 | 190.20 |
| 44 | 北京科技大学 | 153.20 |
| 45 | 西南财经大学 | 146.70 |
| 46 | 华中农业大学 | 136.60 |
| 47 | 中国药科大学 | 122.10 |
| 48 | 大连理工大学 | 98.40 |
| 49 | 华中师范大学 | 78.90 |
| 50 | 北京外国语大学 | 75.30 |
| 51 | 河海大学 | 68.40 |
| 52 | 陕西师范大学 | 10.10 |
| 53 | 长安大学 | 5.00 |
| 54 | 上海财经大学 | 3.20 |
| 55 | 中国地质大学(北京) | 1.30 |

**续附表 4**

| 序号 | 学校名称 | 利润总额 |
|---|---|---|
| 56 | 对外经济贸易大学 | 0.80 |
| 57 | 东北师范大学 | 0.50 |
| 58 | 中国矿业大学(北京校区) | -10.30 |
| 59 | 江南大学 | -25.60 |
| 60 | 湖南大学 | -56.20 |
| 61 | 东北林业大学 | -74.20 |
| 62 | 厦门大学 | -87.40 |
| 63 | 中国人民大学 | -109.80 |
| 64 | 西安电子科技大学 | -150.30 |
| 65 | 北京邮电大学 | -1414.60 |
| 合　计 | | 177 280.67 |

**附表 5　教育部直属高校企业与科技企业收入总额各地区情况一览表**

2002 年 12 月 31 日　　单位:万元

| 序号 | 省、自治区、直辖市 | 收入总额 | 其中科技企业收入总额 | 所占比例 | 其他企业收入总额 | 所占比例 |
|---|---|---|---|---|---|---|
| 1 | 北京市 | 2876 479.13 | 2578 507.55 | 89.64% | 297 971.58 | 10.36% |
| 2 | 上海市 | 703 030.50 | 459 675.10 | 65.38% | 243 355.40 | 34.62% |
| 3 | 浙江省 | 297 198.60 | 254 556.30 | 85.65% | 42 642.30 | 14.35% |
| 4 | 山东省 | 267 814.00 | 206 689.00 | 77.18% | 61 125.00 | 22.82% |
| 5 | 辽宁省 | 246 431.10 | 228 239.40 | 92.62% | 18 191.70 | 7.38% |
| 6 | 陕西省 | 235 356.96 | 186 600.40 | 79.28% | 48 756.56 | 20.72% |
| 7 | 天津市 | 224 352.60 | 207 928.40 | 92.68% | 16 424.20 | 7.32% |
| 8 | 湖北省 | 172 545.52 | 153 067.30 | 88.71% | 19 478.22 | 11.29% |
| 9 | 江苏省 | 180 813.60 | 112 873.70 | 62.43% | 67 939.90 | 37.57% |
| 10 | 四川省 | 86 651.80 | 72 144.30 | 83.26% | 14 507.50 | 16.74% |
| 11 | 广东省 | 135 274.30 | 32 677.50 | 24.16% | 102 596.80 | 75.84% |
| 12 | 重庆市 | 33 096.20 | 32 572.90 | 98.42% | 523.30 | 1.58% |
| 13 | 湖南省 | 32 303.60 | 21 608.10 | 66.89% | 10 695.50 | 33.11% |
| 14 | 河北省 | 14 164.60 | 13 931.20 | 98.35% | 233.40 | 1.65% |
| 15 | 吉林省 | 41 482.30 | 11 201.60 | 27.00% | 30 280.70 | 73.00% |
| 16 | 安徽省 | 10 017.40 | 4 513.80 | 45.06% | 5 503.60 | 54.94% |
| 17 | 甘肃省 | 6 210.50 | 3 300.00 | 53.14% | 2 910.50 | 46.86% |

续附表 5

| 序号 | 省、自治区、直辖市 | 收入总额 | 其中科技企业收入总额 | 所占比例 | 其他企业收入总额 | 所占比例 |
|---|---|---|---|---|---|---|
| 18 | 福建省 | 36 049.50 | 500.30 | 1.39% | 35 549.20 | 98.61% |
| 19 | 黑龙江省 | 5 249.50 | 231.00 | 4.40% | 5 018.50 | 95.60% |
| 合　　计 | | 5604 521.71 | 4580 817.58 | 81.73% | 1023 704.13 | 18.27% |

附表 6　　教育部直属高校企业与科技企业实现利润总额各地区情况一览表

2002 年 12 月 31 日　　单位:万元

| 序号 | 省、自治区、直辖市 | 利润总额 | 其中科技企业利润总额 | 所占比例 | 其他企业利润总额 | 所占比例 |
|---|---|---|---|---|---|---|
| 1 | 北京市 | 117 678.68 | 41 794.10 | 35.52% | 75 884.58 | 64.48% |
| 2 | 上海市 | 60 483.40 | 30 601.30 | 50.59% | 29 882.10 | 49.41% |
| 3 | 陕西省 | 31 356.14 | 20 216.80 | 64.47% | 11 139.34 | 35.53% |
| 4 | 湖北省 | 23 301.40 | 21 203.50 | 11.00% | 2 097.90 | 9.00% |
| 5 | 江苏省 | 17 263.40 | 8 722.00 | 50.52% | 8 541.40 | 49.48% |
| 6 | 浙江省 | 15 269.70 | 11 991.00 | 78.53% | 3 278.70 | 21.47% |
| 7 | 天津市 | 10 591.90 | 8 968.50 | 84.67% | 1 623.40 | 15.33% |
| 8 | 辽宁省 | 10 057.10 | 6 901.80 | 68.63% | 3 155.30 | 31.37% |
| 9 | 四川省 | 9 314.91 | 8 255.97 | 88.63% | 1 058.94 | 11.37% |
| 10 | 吉林省 | 6 937.90 | 2 109.80 | 30.41% | 4 828.10 | 69.59% |
| 11 | 广东省 | 6 640.40 | 4 272.80 | 64.35% | 2 367.60 | 35.65% |
| 12 | 山东省 | 5 595.00 | 5 714.70 | 102.14% | -119.70 | -2.14% |
| 13 | 河北省 | 1 052.60 | 1 019.60 | 96.86% | 33.00 | 3.14% |
| 14 | 重庆市 | 3 890.90 | 3 876.30 | 99.62% | 14.60 | 0.38% |
| 15 | 湖南省 | 1 551.20 | 1 217.20 | 78.47% | 334.00 | 21.53% |
| 16 | 福建省 | 525.30 | -87.40 | -16.64% | 612.70 | 116.64% |
| 17 | 甘肃省 | 224.70 | 190.20 | 84.65% | 34.50 | 15.35% |
| 18 | 安徽省 | 197.70 | 386.70 | 195.60% | -189.00 | -95.60% |
| 19 | 黑龙江省 | -1.20 | -74.20 | 6183.33% | 73.00 | -6083.33% |
| 合　　计 | | 321 931.13 | 177 280.67 | 55.07% | 144 650.46 | 44.93% |

附表 7　　教育部直属高校校办产业人员地区分布状况一览表

2002 年 12 月 31 日　　单位:个

| 序号 | 省、自治区、直辖市 | 年末职工人数 | 其中科技人员数 | 所占比例 | 高级职称人数 | 所占比例 | 中级职称人数 | 所占比例 |
|---|---|---|---|---|---|---|---|---|
| 1 | 北京市 | 31267 | 12756 | 40.80% | 2489 | 7.96% | 4931 | 15.77% |
| 2 | 上海市 | 18687 | 7191 | 38.48% | 1984 | 10.62% | 3272 | 17.51% |
| 3 | 陕西省 | 14473 | 4068 | 28.11% | 809 | 5.59% | 1920 | 13.27% |
| 4 | 辽宁省 | 9222 | 9222 | 53.93% | 572 | 6.20% | 2189 | 23.74% |
| 5 | 湖北省 | 7040 | 2533 | 35.98% | 729 | 10.36% | 1105 | 15.70% |
| 6 | 天津市 | 5561 | 1876 | 33.73% | 413 | 7.43% | 837 | 15.05% |
| 7 | 江苏省 | 7543 | 3878 | 51.41% | 960 | 12.73% | 1360 | 18.03% |
| 8 | 四川省 | 5655 | 2000 | 35.37% | 514 | 9.09% | 801 | 14.16% |
| 9 | 山东省 | 4362 | 1209 | 27.72% | 253 | 5.80% | 459 | 10.52% |
| 10 | 浙江省 | 5198 | 2030 | 39.05% | 508 | 9.77% | 876 | 16.85% |
| 11 | 湖南省 | 3175 | 1421 | 44.76% | 529 | 16.66% | 643 | 20.25% |
| 12 | 广东省 | 3778 | 1307 | 34.60% | 279 | 7.38% | 467 | 12.36% |
| 13 | 吉林省 | 4196 | 1378 | 32.84% | 342 | 8.15% | 588 | 14.01% |
| 14 | 重庆市 | 1320 | 583 | 44.17% | 150 | 11.36% | 249 | 18.86% |
| 15 | 安徽省 | 1614 | 523 | 32.40% | 223 | 13.82% | 204 | 12.64% |
| 16 | 甘肃省 | 712 | 148 | 20.79% | 36 | 5.06% | 101 | 14.19% |
| 17 | 河北省 | 560 | 333 | 59.46% | 91 | 16.25% | 141 | 25.18% |
| 18 | 福建省 | 864 | 272 | 31.48% | 47 | 5.44% | 104 | 12.04% |
| 19 | 黑龙江省 | 1790 | 217 | 12.12% | 46 | 2.57% | 92 | 5.14% |
| 合　计 | | 127017 | 48696 | 38.34% | 10974 | 8.64% | 20339 | 16.01% |

附表 8　　教育部直属高校企业与科技企业收入总额情况一览表

2002 年 12 月 31 日　　单位:万元

| 序号 | 学校名称 | 收入总额 | 其中科技企业收入总额 | 所占比例 | 其他企业收入总额 | 所占比例 |
|---|---|---|---|---|---|---|
| 1 | 北京大学 | 1525 212.40 | 1493 002.80 | 97.89% | 32 209.6 | 2.11% |
| 2 | 清华大学 | 1147 223.60 | 1028 146.10 | 89.62% | 119 077.50 | 10.38% |
| 3 | 浙江大学 | 297 198.60 | 254 556.30 | 85.65% | 42 642.30 | 14.35% |
| 4 | 东北大学 | 226 968.40 | 220 866.40 | 97.31% | 6 102.00 | 2.69% |
| 5 | 同济大学 | 217 668.30 | 196 947.60 | 90.48% | 20 720.70 | 9.52% |
| 6 | 西安交通大学 | 199 030.60 | 181 750.90 | 91.32% | 17 279.70 | 8.68% |

**续附表 8**

| 序号 | 学校名称 | 收入总额 | 其中科技企业收入总额 | 所占比例 | 其他企业收入总额 | 所占比例 |
|---|---|---|---|---|---|---|
| 7 | 上海交通大学 | 178 566.80 | 110 061.90 | 61.64% | 68 504.90 | 38.36% |
| 8 | 复旦大学 | 172 281.00 | 98 554.20 | 57.21% | 73 726.80 | 42.79% |
| 9 | 天津大学 | 169 505.30 | 163 754.00 | 96.61% | 5 751.30 | 3.39% |
| 10 | 石油大学(华东) | 136 124.10 | 81 854.10 | 60.13% | 54 270.00 | 39.87% |
| 11 | 山东大学 | 130 146.20 | 123 804.50 | 95.13% | 6 341.70 | 4.87% |
| 12 | 中山大学 | 109 653.20 | 18 101.50 | 16.51% | 91 551.70 | 83.49% |
| 13 | 南京大学 | 76 082.60 | 65 418.90 | 85.98% | 10 663.70 | 14.02% |
| 14 | 华中科技大学 | 57 561.32 | 49 253.40 | 85.57% | 8 307.92 | 14.43% |
| 15 | 南开大学 | 54 847.30 | 44 174.40 | 80.54% | 10 672.90 | 19.46% |
| 16 | 武汉大学 | 53 105.20 | 48 074.00 | 90.53% | 5 031.20 | 9.47% |
| 17 | 北京外国语大学 | 50 637.10 | 734.00 | 1.45% | 49 903.10 | 98.55% |
| 18 | 东南大学 | 45 805.60 | 19 267.00 | 42.06% | 26 538.60 | 57.94% |
| 19 | 华东师范大学 | 40 905.80 | 6 151.10 | 15.04% | 34 754.70 | 84.96% |
| 20 | 西南交通大学 | 40 800.10 | 32 228.90 | 78.99% | 8 571.20 | 21.01% |
| 21 | 上海外国语大学 | 36 772.30 | 0.00 | 0.00% | 36 772.30 | 100.00% |
| 22 | 厦门大学 | 36 049.50 | 500.30 | 1.39% | 35 549.20 | 98.61% |
| 23 | 中国地质大学 | 34 548.30 | 34 548.30 | 100.00% | 0.00 | 0.00% |
| 24 | 北京师范大学 | 33 354.10 | 1 404.60 | 4.21% | 31 949.50 | 95.79% |
| 25 | 东华大学 | 32 631.50 | 30 343.60 | 92.99% | 2 287.90 | 7.01% |
| 26 | 四川大学 | 29 965.90 | 24 275.20 | 81.01% | 5 690.70 | 18.99% |
| 27 | 重庆大学 | 26 102.70 | 26 102.70 | 100.00% | 0.00 | 0.00% |
| 28 | 华南理工大学 | 25 621.10 | 14 576.00 | 56.89% | 11 045.10 | 43.11% |
| 29 | 吉林大学 | 22 920.90 | 11 064.40 | 48.27% | 11 856.50 | 51.73% |
| 30 | 中南大学 | 21 791.90 | 15 108.90 | 69.33% | 6 683.00 | 30.67% |
| 31 | 中国人民大学 | 21 523.50 | 184.40 | 0.86% | 21 339.10 | 99.14% |
| 32 | 华东理工大学 | 21 409.60 | 17 318.80 | 80.89% | 4 090.80 | 19.11% |
| 33 | 大连理工大学 | 19 462.70 | 7 373.00 | 37.88% | 12 089.70 | 62.12% |
| 34 | 东北师范大学 | 18 561.40 | 137.20 | 0.74% | 18 424.20 | 99.26% |
| 35 | 陕西师范大学 | 18 247.10 | 39.30 | 0.22% | 18 207.80 | 99.78% |
| 36 | 北京化工大学 | 17 965.80 | 14 963.80 | 83.29% | 3 002.00 | 16.71% |
| 37 | 武汉理工大学 | 16 312.90 | 15 093.00 | 92.52% | 1 219.90 | 7.48% |
| 38 | 北京科技大学 | 16 279.60 | 3 525.00 | 21.65% | 12 754.60 | 78.35% |
| 39 | 中国药科大学 | 15 896.90 | 5 769.60 | 36.29% | 10 127.30 | 63.71% |

**续附表 8**

| 序号 | 学校名称 | 收入总额 | 其中科技企业收入总额 | 所占比例 | 其他企业收入总额 | 所占比例 |
|---|---|---|---|---|---|---|
| 40 | 中国农业大学 | 14 604.88 | 9 441.30 | 64.64% | 5 163.58 | 35.36% |
| 41 | 北方交通大学 | 14 215.00 | 14 215.00 | 100.00% | 0.00 | 0.00% |
| 42 | 电子科技大学 | 14 214.10 | 14 195.90 | 99.87% | 18.20 | 0.13% |
| 43 | 中国矿业大学 | 13 004.20 | 9 085.70 | 69.87% | 3 918.50 | 30.13% |
| 44 | 南京农业大学 | 10 774.70 | 7 420.30 | 68.87% | 3 354.40 | 31.13% |
| 45 | 湖南大学 | 10 511.70 | 6 499.20 | 61.83% | 4 012.50 | 38.17% |
| 46 | 北京邮电大学 | 10 067.55 | 6 924.05 | 68.78% | 3 143.50 | 31.22% |
| 47 | 合肥工业大学 | 10 017.40 | 4 513.80 | 45.06% | 5 503.60 | 54.94% |
| 48 | 河海大学 | 9 855.80 | 3967.40 | 40.25% | 5 888.40 | 59.75% |
| 49 | 华中师范大学、 | 9 776.20 | 5 453.50 | 55.78% | 4 322.70 | 44.22% |
| 50 | 西北农林科技大学 | 9 629.46 | 3 327.30 | 34.55% | 6 302.16 | 65.45% |
| 51 | 江南大学 | 9 393.80 | 1 944.80 | 20.70% | 7 449.00 | 79.30% |
| 52 | 西南师范大学 | 6 993.50 | 6 470.20 | 92.52% | 523.30 | 7.48% |
| 53 | 兰州大学 | 6 210.50 | 3 300.00 | 53.14% | 2 910.50 | 46.86% |
| 54 | 中国地质大学(北京) | 5 608.30 | 291.30 | 5.19% | 5 317.00 | 94.81% |
| 55 | 东北林业大学 | 5 249.50 | 231.00 | 4.40% | 5 018.50 | 95.60% |
| 56 | 中国政法大学 | 4 848.00 | 0.00 | 0.00% | 4 848.00 | 100.00% |
| 57 | 北京中医药大学 | 4 414.10 | 4 414.10 | 100.00% | 0.00 | 0.00% |
| 58 | 长安大学 | 4 396.50 | 1 095.10 | 24.91% | 3 301.40 | 75.09% |
| 59 | 西安电子科技大学 | 4 053.30 | 387.80 | 9.57% | 3 665.50 | 90.43% |
| 60 | 北京语言大学 | 3 821.30 | 0.00 | 0.00% | 3 821.30 | 100.00% |
| 61 | 上海财经大学 | 2 795.20 | 297.90 | 10.66% | 2 497.30 | 89.34% |
| 62 | 对外经济贸易大学 | 2 458.10 | 36.80 | 1.50% | 2 421.30 | 98.50% |
| 63 | 中央音乐学院 | 1 728.30 | 0.00 | 0.00% | 1 728.30 | 100.00% |
| 64 | 西南财经大学 | 1 671.70 | 1 444.30 | 86.40% | 227.40 | 13.60% |
| 65 | 中国海洋大学 | 1 543.70 | 1 030.40 | 66.75% | 513.30 | 33.25% |
| 66 | 北京广播学院 | 1 362.70 | 1 142.10 | 83.81% | 220.60 | 16.19% |
| 67 | 华中农业大学 | 878.70 | 645.10 | 73.42% | 233.60 | 26.58% |
| 68 | 中央戏剧学院 | 635.90 | 0.00 | 0.00% | 635.90 | 100.00% |
| 69 | 中国矿业大学(北京校区) | 518.90 | 82.20 | 15.84% | 436.70 | 84.16% |
| 70 | 中南财经政法大学 | 362.90 | 0.00 | 0.00% | 362.90 | 100.00% |
| 合计 | | 7115 569.51 | 6059 889.45 | 85.16% | 1055 680.06 | 14.84% |

## 附表9　教育部直属高校产业与科技产业实现利润总额情况一览表

2002年12月31日　　单位:万元

| 序号 | 学校名称 | 利润总额 | 其中科技企业利润总额 | 所占比例 | 其他企业利润总额 | 所占比例 |
|---|---|---|---|---|---|---|
| 1 | 北方交通大学 | 28 480.00 | 28 480.00 | 100.00% | 0.00 | 0.00% |
| 2 | 北京大学 | 199 672.08 | 106 278.08 | 53.23% | 93 394.00 | 46.77% |
| 3 | 北京广播学院 | 7 162.00 | 7 056.00 | 98.52% | 106.00 | 1.48% |
| 4 | 北京化工大学 | 5 422.00 | 4 825.00 | 88.99% | 597.00 | 11.01% |
| 5 | 北京科技大学 | 9 106.00 | 1 532.00 | 16.82% | 7 574.00 | 83.18% |
| 6 | 北京师范大学 | 109 892.00 | 1 971.00 | 1.79% | 107 921.00 | 98.21% |
| 7 | 北京外国语大学 | 165 969.00 | 753.00 | 0.45% | 165 216.00 | 99.55% |
| 8 | 北京邮电大学 | -4080.00 | -14146.00 | 346.72% | 10 066.00 | -246.72% |
| 9 | 北京语言大学 | 9 123.00 | 0.00 | 0.00% | 9 123.00 | 100.00% |
| 10 | 北京中医药大学 | 10 621.00 | 10 626.00 | 100.05% | -5.00 | -0.05% |
| 1 | 长安大学 | 435.00 | 50.00 | 11.49% | 385.00 | 88.51% |
| 12 | 大连理工大学 | 30 095.00 | 984.00 | 3.27% | 29 111.00 | 96.73% |
| 13 | 电子科技大学 | 27 762.00 | 27 766.00 | 100.01% | -4.00 | -0.01% |
| 14 | 东北大学 | 70 476.00 | 68 034.00 | 96.53% | 2 442.00 | 3.47% |
| 15 | 东北林业大学 | -12.00 | -742.00 | 6183.33% | 730.00 | -6083.33% |
| 16 | 东北师范大学 | 40 919.00 | 5.00 | 0.01% | 40 914.00 | 99.99% |
| 17 | 东华大学 | 6 561.00 | 5 274.00 | 80.38% | 1 287.00 | 19.62% |
| 18 | 东南大学 | 75 033.00 | 18 979.00 | 25.29% | 56 054.00 | 74.71% |
| 19 | 对外经济贸易大学 | 2 906.00 | 8.00 | 0.28% | 2 898.00 | 99.72% |
| 20 | 复旦大学 | 161 075.00 | 90 758.00 | 56.35% | 70 317.00 | 43.65% |
| 21 | 合肥工业大学 | 1 977.00 | 3 867.00 | 195.60% | -1890.00 | -95.60% |
| 22 | 河海大学 | 7 386.00 | 684.00 | 9.26% | 6 702.00 | 90.74% |
| 23 | 湖南大学 | 2 990.00 | -562.00 | -18.80% | 3 552.00 | 118.80% |
| 24 | 华东理工大学 | 14 205.00 | 13 344.00 | 93.94% | 861.00 | 6.06% |
| 25 | 华东师范大学 | 27 295.00 | 3 640.00 | 13.34% | 23 655.00 | 86.66% |
| 26 | 华南理工大学 | 17 015.00 | 14 220.00 | 83.57% | 2 795.00 | 16.43% |
| 27 | 华中科技大学 | 102 683.04 | 96 619.00 | 94.09% | 6 064.04 | 5.91% |
| 28 | 华中农业大学 | 1 398.00 | 1 366.00 | 97.71% | 32.00 | 2.29% |
| 29 | 华中师范大学 | 17 138.00 | 789.00 | 4.60% | 16 349.00 | 95.40% |
| 30 | 吉林大学 | 28 460.00 | 21 093.00 | 74.11% | 7 367.00 | 25.89% |
| 31 | 江南大学 | 1 523.00 | -256.00 | -16.81% | 1 779.00 | 116.81% |
| 32 | 兰州大学 | 2 247.00 | 1 902.00 | 84.65% | 345.00 | 15.35% |

**续附表 9**

| 序号 | 学校名称 | 利润总额 | 其中科技企业利润总额 | 所占比例 | 其他企业利润总额 | 所占比例 |
|---|---|---|---|---|---|---|
| 33 | 南京大学 | 66 522.00 | 52 355.00 | 78.70% | 14 167.00 | 21.30% |
| 34 | 南京农业大学 | 11 572.00 | 6 678.00 | 57.71% | 4 894.00 | 42.29% |
| 35 | 南开大学 | 56 679.00 | 45 542.00 | 80.35% | 11 137.00 | 19.65% |
| 36 | 清华大学 | 639 298.00 | 317 022.00 | 49.59% | 322 276.00 | 50.41% |
| 37 | 山东大学 | 25 698.00 | 27 368.00 | 106.50% | －1670.00 | －6.50% |
| 38 | 陕西师范大学 | 84 797.00 | 101.00 | 0.12% | 84 696.00 | 99.88% |
| 39 | 上海财经大学 | 6 268.00 | 32.00 | 0.51% | 6 236.00 | 99.49% |
| 40 | 上海交通大学 | 163 761.00 | 99 718.00 | 60.89% | 64 043.00 | 39.11% |
| 41 | 上海外国语大学 | 120 699.00 | 0.00 | 0.00% | 120 699.00 | 100.00% |
| 42 | 石油大学(华东) | 27 109.00 | 26 821.00 | 98.94% | 288.00 | 1.06% |
| 43 | 四川大学 | 37 108.05 | 31 964.70 | 86.14% | 5 143.35 | 13.86% |
| 44 | 天津大学 | 49 240.00 | 44 143.00 | 89.65% | 5 097.00 | 10.35% |
| 45 | 同济大学 | 104 970.00 | 93 247.00 | 88.83% | 11 723.00 | 11.17% |
| 46 | 武汉大学 | 70 357.00 | 75 684.00 | 107.57% | －5327.00 | －7.57% |
| 47 | 武汉理工大学 | 9 079.00 | 7 942.00 | 87.48% | 1 137.00 | 12.52% |
| 48 | 西安电子科技大学 | 7 957.00 | －1503.00 | －18.89% | 9 460.00 | 118.89% |
| 49 | 西安交通大学 | 212 728.00 | 200 643.00 | 94.32% | 12 085.00 | 5.68% |
| 50 | 西北农林科技大学 | 7 644.41 | 2 877.00 | 37.64% | 4 767.41 | 62.36% |
| 51 | 西南财经大学 | 2 335.00 | 1 467.00 | 62.83% | 868.00 | 37.17% |
| 52 | 西南交通大学 | 25 944.00 | 21 362.00 | 82.34% | 4 582.00 | 17.66% |
| 53 | 西南师范大学 | 16 121.00 | 15 975.00 | 99.09% | 146.00 | 0.91% |
| 54 | 厦门大学 | 5 253.00 | －874.00 | －16.64% | 6 127.00 | 116.64% |
| 55 | 浙江大学 | 152 697.00 | 119 910.00 | 78.53% | 32 787.00 | 21.47% |
| 56 | 中国地质大学 | 29 635.00 | 29 635.00 | 100.00% | 0.00 | 0.00% |
| 57 | 中国地质大学(北京) | 2 146.00 | 13.00 | 0.61% | 2 133.00 | 99.39% |
| 58 | 中国海洋大学 | 3143.00 | 2 958.00 | 94.11% | 185.00 | 5.89% |
| 59 | 中国矿业大学 | 9 489.00 | 7 559.00 | 79.66% | 1 930.00 | 20.34% |
| 60 | 中国矿业大学(北京校区) | －127.00 | －103.00 | 81.10% | －24.00 | 18.90% |
| 61 | 中国农业大学 | 11 861.80 | 7 863.00 | 66.29% | 3 998.80 | 33.71% |
| 62 | 中国人民大学 | 59 094.00 | －1098.00 | －1.86% | 60 192.00 | 101.86% |
| 63 | 中国药科大学 | 1 109.00 | 1 221.00 | 110.10% | －112.00 | －10.10% |
| 64 | 中国政法大学 | 20 374.00 | 0.00 | 0.00% | 20 374.00 | 100.00% |
| 65 | 中南财经政法大学 | 2 724.00 | 0.00 | 0.00% | 2 724.00 | 100.00% |

续附表 9

| 序号 | 学校名称 | 利润总额 | 其中科技企业利润总额 | 所占比例 | 其他企业利润总额 | 所占比例 |
|---|---|---|---|---|---|---|
| 66 | 中南大学 | 12 522.00 | 12 734.00 | 101.69% | －212.00 | －1.69% |
| 67 | 中山大学 | 49 389.00 | 28 508.00 | 57.72% | 20 881.00 | 42.28% |
| 68 | 中央戏剧学院 | 221.00 | 0.00 | 0.00% | 221.00 | 100.00% |
| 69 | 中央音乐学院 | －518.00 | 0.00 | 0.00% | －518.00 | 100.00% |
| 70 | 重庆大学 | 22 788.00 | 22 788.00 | 100.00% | 0.00 | 0.00% |
| 合计 | | 3308 621.38 | 1815 749.78 | 54.88% | 1492 871.60 | 45.12% |

**附表 10　教育部直属高校校办产业人员状况一览表**

2002 年 12 月 31 日　　单位:个

| 序号 | 学校名称 | 年末职工人数 | 其中科技人员数 | 所占比例 | 高级职称人数 | 所占比例 | 中级职称人数 | 所占比例 |
|---|---|---|---|---|---|---|---|---|
| 1 | 清华大学 | 14435 | 4881 | 33.81% | 611 | 4.23% | 1307 | 9.05% |
| 2 | 西安交通大学 | 11041 | 2805 | 25.41% | 435 | 3.94% | 1265 | 11.46% |
| 3 | 北京大学 | 9755 | 5236 | 53.68% | 1193 | 12.23% | 2587 | 26.52% |
| 4 | 东北大学 | 7391 | 4219 | 57.08% | 368 | 4.98% | 1868 | 25.27% |
| 5 | 上海交通大学 | 5328 | 1932 | 36.26% | 493 | 9.25% | 788 | 14.79% |
| 6 | 浙江大学 | 5198 | 2030 | 39.05% | 508 | 9.77% | 876 | 16.85% |
| 7 | 复旦大学 | 4285 | 1405 | 32.79% | 291 | 6.79% | 530 | 12.37% |
| 8 | 同济大学 | 3604 | 2192 | 60.82% | 621 | 17.23% | 1219 | 33.82% |
| 9 | 华中科技大学 | 3448 | 1016 | 29.47% | 242 | 7.02% | 408 | 11.83% |
| 10 | 南开大学 | 3059 | 841 | 27.49% | 199 | 6.51% | 464 | 15.17% |
| 11 | 中山大学 | 2892 | 847 | 29.29% | 193 | 6.67% | 296 | 10.24% |
| 12 | 西南交通大学 | 2795 | 670 | 23.97% | 164 | 5.87% | 348 | 12.45% |
| 13 | 吉林大学 | 2661 | 1149 | 43.18% | 293 | 11.01% | 471 | 17.7% |
| 14 | 山东大学 | 2532 | 799 | 31.56% | 177 | 6.99% | 264 | 10.43% |
| 15 | 天津大学 | 2502 | 1035 | 41.37% | 214 | 8.55% | 373 | 14.91% |
| 16 | 华东师范大学 | 2449 | 537 | 21.93% | 207 | 8.45% | 215 | 8.78% |
| 17 | 东南大学 | 2394 | 1604 | 67.00% | 355 | 14.83% | 595 | 24.85% |
| 18 | 南京大学 | 2176 | 1243 | 57.12% | 278 | 12.78% | 298 | 13.69% |
| 19 | 四川大学 | 1999 | 864 | 43.22% | 330 | 16.51% | 405 | 20.26% |
| 20 | 中南大学 | 1885 | 702 | 37.24% | 270 | 14.32% | 280 | 14.85% |
| 21 | 大连理工大学 | 1831 | 754 | 41.18% | 204 | 11.14% | 321 | 17.53% |

**续附表 10**

| 序号 | 学校名称 | 年末职工人数 | 其中科技人员数 | 所占比例 | 高级职称人数 | 所占比例 | 中级职称人数 | 所占比例 |
|---|---|---|---|---|---|---|---|---|
| 22 | 东北林业大学 | 1790 | 217 | 12.12% | 46 | 2.57% | 92 | 5.14% |
| 23 | 石油大学(华东) | 1708 | 366 | 21.43% | 59 | 3.45% | 175 | 10.25% |
| 24 | 合肥工业大学 | 1614 | 523 | 32.40% | 223 | 13.82% | 204 | 12.64% |
| 25 | 东北师范大学 | 1535 | 229 | 14.92% | 49 | 3.19% | 117 | 7.62% |
| 26 | 长安大学 | 1502 | 632 | 42.08% | 176 | 11.72% | 352 | 23.44% |
| 27 | 武汉大学 | 1355 | 730 | 53.87% | 297 | 21.92% | 308 | 22.73% |
| 28 | 湖南大学 | 1290 | 719 | 55.74% | 259 | 20.08% | 363 | 28.14% |
| 29 | 华东理工大学 | 1210 | 492 | 40.66% | 147 | 12.15% | 242 | 20.00% |
| 30 | 武汉理工大学 | 1090 | 282 | 25.87% | 72 | 6.61% | 138 | 12.66% |
| 31 | 中国农业大学 | 1057 | 346 | 32.73% | 124 | 11.73% | 184 | 17.41% |
| 32 | 重庆大学 | 966 | 447 | 46.27% | 104 | 10.77% | 190 | 19.67% |
| 33 | 华南理工大学 | 886 | 460 | 51.92% | 86 | 9.71% | 171 | 19.3% |
| 34 | 中国人民大学 | 880 | 385 | 43.75% | 76 | 8.64% | 142 | 16.14% |
| 35 | 厦门大学 | 864 | 272 | 31.48% | 47 | 5.44% | 104 | 12.04% |
| 36 | 东华大学 | 852 | 363 | 42.61% | 185 | 21.71% | 122 | 14.32% |
| 37 | 上海外国语大学 | 849 | 199 | 23.44% | 26 | 3.06% | 119 | 14.02% |
| 38 | 北京外国语大学 | 841 | 413 | 49.11% | 43 | 5.11% | 78 | 9.27% |
| 39 | 北京化工大学 | 821 | 181 | 22.05% | 71 | 8.65% | 58 | 7.06% |
| 40 | 西北农林科技大学 | 797 | 215 | 26.98% | 64 | 8.03% | 82 | 10.29% |
| 41 | 河海大学 | 778 | 363 | 46.66% | 164 | 21.08% | 152 | 19.54% |
| 42 | 北京师范大学 | 773 | 260 | 33.64% | 93 | 12.03% | 144 | 18.63% |
| 43 | 电子科技大学 | 737 | 389 | 52.78% | 0 | 0.00% | 0 | 0. 00% |
| 44 | 中国矿业大学 | 734 | 278 | 37.87% | 72 | 9.81% | 141 | 19.21% |
| 45 | 兰州大学 | 712 | 148 | 20.79% | 36 | 5.06% | 101 | 14.19% |
| 46 | 陕西师范大学 | 700 | 205 | 29.29% | 48 | 6.86% | 108 | 15.43% |
| 47 | 华中师范大学 | 598 | 179 | 29.93% | 36 | 6.02% | 118 | 19.73% |
| 48 | 华北电力大学 | 560 | 333 | 59.46% | 91 | 16.25% | 141 | 25.18% |
| 49 | 江南大学 | 538 | 209 | 38.85% | 51 | 9.48% | 95 | 17.66% |
| 50 | 中国药科大学 | 507 | 101 | 19.92% | 18 | 3.55% | 43 | 8.48% |
| 51 | 中国地质大学 | 448 | 287 | 64.06% | 74 | 16.52% | 105 | 23.44% |
| 52 | 中国地质大学(北京) | 439 | 67 | 15.26% | 18 | 4.1% | 39 | 8.88% |
| 53 | 北方交通大学 | 435 | 170 | 39.08% | 64 | 14.71% | 92 | 21.15% |
| 54 | 西安电子科技大学 | 433 | 211 | 48.73% | 86 | 19.86% | 113 | 26.1% |

续附表 10

| 序号 | 学校名称 | 年末职工人数 | 其中科技人员数 | 所占比例 | 高级职称人数 | 所占比例 | 中级职称人数 | 所占比例 |
|---|---|---|---|---|---|---|---|---|
| 55 | 南京农业大学 | 416 | 80 | 19.23% | 22 | 5.29% | 36 | 8.65% |
| 56 | 北京邮电大学 | 416 | 273 | 65.63% | 75 | 18.03% | 64 | 15.38% |
| 57 | 北京科技大学 | 366 | 183 | 50.00% | 52 | 14.21% | 130 | 35.52% |
| 58 | 西南师范大学 | 354 | 136 | 38.42% | 46 | 12.99% | 59 | 16.67% |
| 59 | 北京中医药大学 | 329 | 97 | 29.48% | 13 | 3.95% | 45 | 13.68% |
| 60 | 对外经济贸易大学 | 164 | 44 | 26.83% | 21 | 12.8% | 22 | 13.41% |
| 61 | 北京广播学院 | 143 | 0 | 0.00% | 0 | 0.00% | 0 | 0.00% |
| 62 | 西南财经大学 | 124 | 77 | 62.1% | 20 | 16.13% | 48 | 38.71% |
| 63 | 中国海洋大学 | 122 | 44 | 36.07% | 17 | 13.93% | 20 | 16.39% |
| 64 | 中国矿业大学(北京校区) | 114 | 135 | 118.42% | 17 | 14.91% | 14 | 12.28% |
| 65 | 上海财经大学 | 110 | 71 | 64.55% | 14 | 12.73% | 37 | 33.64% |
| 66 | 中央音乐学院 | 103 | 31 | 30.1% | 4 | 3.88% | 7 | 6.8% |
| 67 | 华中农业大学 | 95 | 39 | 41.05% | 8 | 8.42% | 28 | 29.47% |
| 68 | 北京语言大学 | 90 | 33 | 36.67% | 11 | 12.22% | 14 | 15.56% |
| 69 | 中国政法大学 | 87 | 5 | 5.75% | 1 | 1.15% | 4 | 4.6% |
| 70 | 中央戏剧学院 | 19 | 16 | 84.21% | 2 | 10.53% | 0 | 0.00% |
| 71 | 中南财经政法大学 | 6 | 0 | 0.00% | 0 | 0.00% | 0 | 0.00% |
| 合计 | | 127017 | 48696 | 38.34% | 10974 | 8.64% | 20339 | 16.01% |

**附表 11　教育部直属高校校办产业人均销售额排名**

2002 年 12 月 31 日　　单位:万元

| 序号 | 学校名称 | 校办产业人均销售额 |
|---|---|---|
| 1 | 北京大学 | 156.35 |
| 2 | 石油大学(华东) | 79.70 |
| 3 | 清华大学 | 79.48 |
| 4 | 中国地质大学 | 77.12 |
| 5 | 天津大学 | 67.75 |
| 6 | 中南财经政法大学 | 60.48 |
| 7 | 同济大学 | 60.40 |
| 8 | 北京外国语大学 | 60.21 |
| 9 | 浙江大学 | 57.18 |
| 10 | 中国政法大学 | 55.72 |

**续附表 11**

| 序号 | 学校名称 | 校办产业人均销售额 |
|---|---|---|
| 11 | 山东大学 | 51.40 |
| 12 | 北京科技大学 | 44.48 |
| 13 | 上海外国语大学 | 43.31 |
| 14 | 北京师范大学 | 43.15 |
| 15 | 北京语言大学 | 42.46 |
| 16 | 厦门大学 | 41.72 |
| 17 | 复旦大学 | 40.21 |
| 18 | 武汉大学 | 39.19 |
| 19 | 东华大学 | 38.30 |
| 20 | 中山大学 | 37.92 |
| 21 | 南京大学 | 34.96 |
| 22 | 上海交通大学 | 33.51 |
| 23 | 中央戏剧学院 | 33.47 |
| 24 | 北方交通大学 | 32.68 |
| 25 | 中国药科大学 | 31.35 |
| 26 | 东北大学 | 30.71 |
| 27 | 华南理工大学 | 28.92 |
| 28 | 重庆大学 | 27.02 |
| 29 | 陕西师范大学 | 26.07 |
| 30 | 南京农业大学 | 25.90 |
| 31 | 上海财经大学 | 25.41 |
| 32 | 中国人民大学 | 24.46 |
| 33 | 北京邮电大学 | 24.20 |
| 34 | 北京化工大学 | 21.88 |
| 35 | 西南师范大学 | 19.76 |
| 36 | 电子科技大学 | 19.29 |
| 37 | 东南大学 | 19.13 |
| 38 | 西安交通大学 | 18.03 |
| 39 | 南开大学 | 17.93 |
| 40 | 中国矿业大学 | 17.72 |
| 41 | 华东理工大学 | 17.69 |
| 42 | 江南大学 | 17.46 |
| 43 | 中央音乐学院 | 16.78 |
| 44 | 华东师范大学 | 16.70 |

**续附表 11**

| 序号 | 学校名称 | 校办产业人均销售额 |
|---|---|---|
| 45 | 华中科技大学 | 16.69 |
| 46 | 华中师范大学 | 16.35 |
| 47 | 四川大学 | 14.99 |
| 48 | 对外经济贸易大学 | 14.99 |
| 49 | 武汉理工大学 | 14.97 |
| 50 | 西南交通大学 | 14.60 |
| 51 | 中国农业大学 | 13.82 |
| 52 | 西南财经大学 | 13.48 |
| 53 | 北京中医药大学 | 13.42 |
| 54 | 中国地质大学(北京) | 12.78 |
| 55 | 河海大学 | 12.67 |
| 56 | 中国海洋大学 | 12.65 |
| 57 | 东北师范大学 | 12.09 |
| 58 | 西北农林科技大学 | 12.08 |
| 59 | 中南大学 | 11.56 |
| 60 | 大连理工大学 | 10.63 |
| 61 | 北京广播学院 | 9.53 |
| 62 | 西安电子科技大学 | 9.36 |
| 63 | 华中农业大学 | 9.25 |
| 64 | 兰州大学 | 8.72 |
| 65 | 吉林大学 | 8.61 |
| 66 | 湖南大学 | 8.15 |
| 67 | 合肥工业大学 | 6.21 |
| 68 | 中国矿业大学(北京校区) | 4.55 |
| 69 | 东北林业大学 | 2.93 |
| 70 | 长安大学 | 2.93 |

**附表 12　教育部直属高校校办产业人均利润额排名**

2002 年 12 月 31 日　　单位:万元

| 序号 | 学校名称 | 校办产业人均利润额 |
|---|---|---|
| 1 | 中南财经政法大学 | 45.40 |
| 2 | 中国政法大学 | 23.42 |
| 3 | 北京外国语大学 | 19.73 |

**续附表 12**

| 序号 | 学校名称 | 校办产业人均利润额 |
| --- | --- | --- |
| 4 | 上海外国语大学 | 14.22 |
| 5 | 北京师范大学 | 14.22 |
| 6 | 陕西师范大学 | 12.11 |
| 7 | 北京语言大学 | 10.14 |
| 8 | 中国人民大学 | 6.72 |
| 9 | 中国地质大学 | 6.61 |
| 10 | 北方交通大学 | 6.55 |
| 11 | 上海财经大学 | 5.70 |
| 12 | 武汉大学 | 5.19 |
| 13 | 北京广播学院 | 5.01 |
| 14 | 西南师范大学 | 4.55 |
| 15 | 清华大学 | 4.43 |
| 16 | 电子科技大学 | 3.77 |
| 17 | 复旦大学 | 3.76 |
| 18 | 北京中医药大学 | 3.23 |
| 19 | 东南大学 | 3.13 |
| 20 | 上海交通大学 | 3.07 |
| 21 | 南京大学 | 3.06 |
| 22 | 华中科技大学 | 2.98 |
| 23 | 浙江大学 | 2.94 |
| 24 | 同济大学 | 2.91 |
| 25 | 华中师范大学 | 2.87 |
| 26 | 南京农业大学 | 2.78 |
| 27 | 东北师范大学 | 2.67 |
| 28 | 中国海洋大学 | 2.58 |
| 29 | 北京科技大学 | 2.49 |
| 30 | 重庆大学 | 2.36 |
| 31 | 天津大学 | 1.97 |
| 32 | 西安交通大学 | 1.93 |
| 33 | 华南理工大学 | 1.92 |
| 34 | 西南财经大学 | 1.88 |
| 35 | 四川大学 | 1.86 |
| 36 | 南开大学 | 1.85 |
| 37 | 西安电子科技大学 | 1.84 |

**续附表 12**

| 序号 | 学校名称 | 校办产业人均利润额 |
|---|---|---|
| 38 | 对外经济贸易大学 | 1.77 |
| 39 | 中山大学 | 1.71 |
| 40 | 大连理工大学 | 1.64 |
| 41 | 石油大学(华东) | 1.59 |
| 42 | 华中农业大学 | 1.47 |
| 43 | 中国矿业大学 | 1.29 |
| 44 | 华东理工大学 | 1.17 |
| 45 | 中央戏剧学院 | 1.16 |
| 46 | 中国农业大学 | 1.12 |
| 47 | 华东师范大学 | 1.11 |
| 48 | 吉林大学 | 1.07 |
| 49 | 北京大学 | 1.02 |
| 50 | 山东大学 | 1.01 |
| 51 | 西北农林科技大学 | 0.96 |
| 52 | 东北大学 | 0.95 |
| 53 | 河海大学 | 0.95 |
| 54 | 西南交通大学 | 0.93 |
| 55 | 武汉理工大学 | 0.83 |
| 56 | 东华大学 | 0.77 |
| 57 | 中南大学 | 0.66 |
| 58 | 北京化工大学 | 0.66 |
| 59 | 厦门大学 | 0.61 |
| 60 | 中国地质大学(北京) | 0.49 |
| 61 | 兰州大学 | 0.32 |
| 62 | 江南大学 | 0.28 |
| 63 | 湖南大学 | 0.23 |
| 64 | 中国药科大学 | 0.22 |
| 65 | 合肥工业大学 | 0.12 |
| 66 | 长安大学 | 0.03 |
| 67 | 东北林业大学 | 0.00 |
| 68 | 中国矿业大学(北京校区) | -0.11 |
| 69 | 中央音乐学院 | -0.50 |
| 70 | 北京邮电大学 | -0.98 |

**附表 13　教育部直属高校校办产业人均创税排名**

2002 年 12 月 31 日　　单位:万元

| 序号 | 学校名称 | 校办产业人均创税 |
|---|---|---|
| 1 | 北京外国语大学 | 7.60 |
| 2 | 北京师范大学 | 7.31 |
| 3 | 北京语言大学 | 6.20 |
| 4 | 中国政法大学 | 5.50 |
| 5 | 陕西师范大学 | 5.50 |
| 6 | 北京大学 | 5.49 |
| 7 | 石油大学(华东) | 3.57 |
| 8 | 清华大学 | 3.48 |
| 9 | 北方交通大学 | 3.48 |
| 10 | 同济大学 | 3.47 |
| 11 | 上海财经大学 | 3.47 |
| 12 | 武汉大学 | 3.21 |
| 13 | 上海外国语大学 | 3.17 |
| 14 | 中央音乐学院 | 3.03 |
| 15 | 中国人民大学 | 2.89 |
| 16 | 东北大学 | 2.63 |
| 17 | 上海交通大学 | 2.25 |
| 18 | 中国药科大学 | 2.17 |
| 19 | 北京中医药大学 | 2.13 |
| 20 | 对外经济贸易大学 | 2.03 |
| 21 | 南开大学 | 1.97 |
| 22 | 华南理工大学 | 1.97 |
| 23 | 中央戏剧学院 | 1.87 |
| 24 | 北京化工大学 | 1.75 |
| 25 | 复旦大学 | 1.74 |
| 26 | 中山大学 | 1.70 |
| 27 | 中国海洋大学 | 1.65 |
| 28 | 山东大学 | 1.64 |
| 29 | 南京大学 | 1.55 |
| 30 | 四川大学 | 1.54 |
| 31 | 东南大学 | 1.40 |
| 32 | 浙江大学 | 1.29 |
| 33 | 东北师范大学 | 1.27 |

**续附表 13**

| 序号 | 学校名称 | 校办产业人均创税 |
|---|---|---|
| 34 | 厦门大学 | 1.25 |
| 35 | 北京科技大学 | 1.22 |
| 36 | 电子科技大学 | 1.17 |
| 37 | 重庆大学 | 1.16 |
| 38 | 中国矿业大学 | 1.12 |
| 39 | 华东理工大学 | 0.98 |
| 40 | 吉林大学 | 0.96 |
| 41 | 北京邮电大学 | 0.94 |
| 42 | 天津大学 | 0.91 |
| 43 | 中国地质大学(北京) | 0.91 |
| 44 | 江南大学 | 0.88 |
| 45 | 西安电子科技大学 | 0.85 |
| 46 | 河海大学 | 0.84 |
| 47 | 武汉理工大学 | 0.83 |
| 48 | 中国农业大学 | 0.80 |
| 49 | 中南大学 | 0.79 |
| 50 | 北京广播学院 | 0.79 |
| 51 | 西南财经大学 | 0.79 |
| 52 | 华东师范大学 | 0.78 |
| 53 | 西安交通大学 | 0.76 |
| 54 | 西南师范大学 | 0.76 |
| 55 | 华中科技大学 | 0.73 |
| 56 | 中国地质大学 | 0.71 |
| 57 | 湖南大学 | 0.71 |
| 58 | 大连理工大学 | 0.66 |
| 59 | 西南交通大学 | 0.64 |
| 60 | 华中师范大学 | 0.56 |
| 61 | 兰州大学 | 0.51 |
| 62 | 中南财经政法大学 | 0.50 |
| 63 | 东华大学 | 0.41 |
| 64 | 合肥工业大学 | 0.33 |
| 65 | 中国矿业大学(北京校区) | 0.29 |
| 66 | 华中农业大学 | 0.28 |
| 67 | 长安大学 | 0.20 |

**续附表 13**

| 序号 | 学校名称 | 校办产业人均创税 |
|---|---|---|
| 68 | 东北林业大学 | 0.12 |
| 69 | 南京农业大学 | 0.10 |
| 70 | 西北农林科技大学 | 0.03 |

## 附表 14　教育部直属高校校办产业销售净利率排名

2002 年 12 月 31 日　　单位:万元

| 序号 | 学校名称 | 校办产业销售净利率 |
|---|---|---|
| 1 | 中南财经政法大学 | 75.03% |
| 2 | 北京广播学院 | 52.08% |
| 3 | 陕西师范大学 | 46.41% |
| 4 | 中国政法大学 | 42.03% |
| 5 | 上海外国语大学 | 32.79% |
| 6 | 北京师范大学 | 32.31% |
| 7 | 北京外国语大学 | 32.18% |
| 8 | 北京中医药大学 | 24.06% |
| 9 | 北京语言大学 | 23.87% |
| 10 | 上海财经大学 | 22.42% |
| 11 | 中国人民大学 | 22.30% |
| 12 | 西安电子科技大学 | 19.50% |
| 13 | 电子科技大学 | 18.36% |
| 14 | 西南师范大学 | 17.63% |
| 15 | 华中师范大学 | 16.81% |
| 16 | 北方交通大学 | 16.71% |
| 17 | 东北师范大学 | 15.94% |
| 18 | 华中农业大学 | 15.91% |
| 19 | 华中科技大学 | 15.36% |
| 20 | 东南大学 | 14.32% |
| 21 | 大连理工大学 | 13.34% |
| 22 | 中国海洋大学 | 12.61% |
| 23 | 对外经济贸易大学 | 11.80% |
| 24 | 武汉大学 | 10.66% |
| 25 | 西安交通大学 | 10.21% |
| 26 | 西南财经大学 | 9.67% |

**续附表 14**

| 序号 | 学校名称 | 校办产业人均创税 |
|---|---|---|
| 27 | 中国地质大学 | 8.55% |
| 28 | 上海交通大学 | 8.20% |
| 29 | 西北农林科技大学 | 7.94% |
| 30 | 复旦大学 | 7.65% |
| 31 | 南京农业大学 | 7.31% |
| 32 | 中国农业大学 | 6.89% |
| 33 | 重庆大学 | 6.82% |
| 34 | 四川大学 | 6.79% |
| 35 | 南京大学 | 6.71% |
| 36 | 华东师范大学 | 6.60% |
| 37 | 华东理工大学 | 6.52% |
| 38 | 南开大学 | 6.38% |
| 39 | 华南理工大学 | 6.09% |
| 40 | 西南交通大学 | 5.71% |
| 41 | 吉林大学 | 5.58% |
| 42 | 武汉理工大学 | 4.69% |
| 43 | 清华大学 | 4.35% |
| 44 | 中国矿业大学 | 4.29% |
| 45 | 北京科技大学 | 4.28% |
| 46 | 中南大学 | 4.08% |
| 47 | 中国地质大学(北京) | 3.81% |
| 48 | 浙江大学 | 3.75% |
| 49 | 中山大学 | 3.58% |
| 50 | 同济大学 | 2.95% |
| 51 | 天津大学 | 2.19% |
| 52 | 合肥工业大学 | 1.93% |
| 53 | 东华大学 | 1.77% |
| 54 | 北京化工大学 | 1.75% |
| 55 | 山东大学 | 1.60% |
| 56 | 石油大学(华东) | 1.20% |
| 57 | 长安大学 | 0.85% |
| 58 | 中国药科大学 | 0.69% |
| 59 | 东北大学 | 0.63% |
| 60 | 厦门大学 | 0.57% |

**续附表 14**

| 序号 | 学校名称 | 校办产业人均创税 |
| --- | --- | --- |
| 61 | 河海大学 | 0.55% |
| 62 | 北京大学 | 0.46% |
| 63 | 江南大学 | 0.46% |
| 64 | 中央戏剧学院 | 0.16% |
| 65 | 兰州大学 | -0.06% |
| 66 | 湖南大学 | -0.22% |
| 67 | 东北林业大学 | -0.69% |
| 68 | 中国矿业大学(北京校区) | -2.87% |
| 69 | 中央音乐学院 | -3.38% |
| 70 | 北京邮电大学 | -5.76% |

**附表 15　教育部直属高校校办产业净资产收益率排名**

2002 年 12 月 31 日　　单位:万元

| 序号 | 学校名称 | 校办产业净资产收益率 |
| --- | --- | --- |
| 1 | 北京外国语大学 | 55.39% |
| 2 | 陕西师范大学 | 53.43% |
| 3 | 中南财经政法大学 | 49.70% |
| 4 | 北京广播学院 | 48.50% |
| 5 | 华中农业大学 | 41.42% |
| 6 | 东南大学 | 34.27% |
| 7 | 上海外国语大学 | 31.66% |
| 8 | 东北师范大学 | 31.31% |
| 9 | 北京师范大学 | 31.12% |
| 10 | 华中师范大学 | 26.12% |
| 11 | 北方交通大学 | 23.71% |
| 12 | 西南师范大学 | 23.51% |
| 13 | 北京语言大学 | 22.29% |
| 14 | 西安电子科技大学 | 20.86% |
| 15 | 中国政法大学 | 20.55% |
| 16 | 上海财经大学 | 19.88% |
| 17 | 北京科技大学 | 17.93% |
| 18 | 中国人民大学 | 17.09% |
| 19 | 中国海洋大学 | 15.92% |

**续附表 15**

| 序号 | 学校名称 | 校办产业净资产收益率 |
|---|---|---|
| 20 | 中国矿业大学 | 12.64% |
| 21 | 北京中医药大学 | 12.18% |
| 22 | 华东师范大学 | 12.06% |
| 23 | 大连理工大学 | 11.18% |
| 24 | 中山大学 | 9.96% |
| 25 | 中国地质大学(北京) | 9.79% |
| 26 | 中国地质大学 | 9.12% |
| 27 | 南京大学 | 8.43% |
| 28 | 同济大学 | 8.39% |
| 29 | 西安交通大学 | 8.11% |
| 30 | 华东理工大学 | 8.00% |
| 31 | 对外经济贸易大学 | 7.68% |
| 32 | 电子科技大学 | 7.68% |
| 33 | 石油大学(华东) | 7.40% |
| 34 | 中国农业大学 | 7.34% |
| 35 | 东华大学 | 7.27% |
| 36 | 武汉大学 | 7.20% |
| 37 | 南京农业大学 | 6.22% |
| 38 | 华南理工大学 | 6.05% |
| 39 | 西北农林科技大学 | 5.97% |
| 40 | 华中科技大学 | 5.86% |
| 41 | 复旦大学 | 5.59% |
| 42 | 清华大学 | 5.35% |
| 43 | 浙江大学 | 4.82% |
| 44 | 重庆大学 | 4.61% |
| 45 | 上海交通大学 | 4.31% |
| 46 | 吉林大学 | 4.16% |
| 47 | 西南交通大学 | 4.14% |
| 48 | 中央戏剧学院 | 3.73% |
| 49 | 四川大学 | 3.42% |
| 50 | 武汉理工大学 | 3.35% |
| 51 | 中南大学 | 3.23% |
| 52 | 天津大学 | 2.94% |
| 53 | 西南财经大学 | 2.87% |

**续附表 15**

| 序号 | 学校名称 | 校办产业净资产收益率 |
|---|---|---|
| 54 | 北京化工大学 | 2.62% |
| 55 | 合肥工业大学 | 2.33% |
| 56 | 山东大学 | 2.10% |
| 57 | 厦门大学 | 1.85% |
| 58 | 东北大学 | 1.51% |
| 59 | 中国药科大学 | 1.51% |
| 60 | 北京大学 | 1.47% |
| 61 | 南开大学 | 1.22% |
| 62 | 长安大学 | 0.81% |
| 63 | 河海大学 | 0.79% |
| 64 | 江南大学 | 0.54% |
| 65 | 湖南大学 | -0.07% |
| 66 | 兰州大学 | -0.12% |
| 67 | 东北林业大学 | -0.88% |
| 68 | 北京邮电大学 | -1.80% |
| 69 | 中国矿业大学(北京校区) | -2.95% |
| 70 | 中央音乐学院 | -30.80% |

# 三、2002年度全国各类型高校校办产业统计分析

## 1.全国高校校办产业概况

2002年度参加全国高校校办产业统计工作的共有全国32个省、自治区、直辖市及新疆生产建设兵团,共计1534所高校的5047个企业。其中:综合类院校92所(占参加统计工作高校数的14.58%),共有企业1464个,占全国高校上报企业数的29.01%;工科类院校189所(占参加统计工作高校数的29.95%)中共有企业1933个,占全国高校上报企业数的38.30%;农林类院校43所(占参加统计工作高校数的6.82%)中共有企业359个,占全国高校上报企业数的7.11%;医药类院校64所(占参加统计工作高校数的10.14%)中共有企业299个,占全国高校上报企业数的5.92%;师范类院校100所(占参加统计工作高校数的15.85%)中共有企业549个,占全国高校上报企业数的10.88%;其他类院校143所(占参加统计工作高校数的22.66%)中共有企业443个,占全国高校上报企业数的8.78%。如图3-1所示。

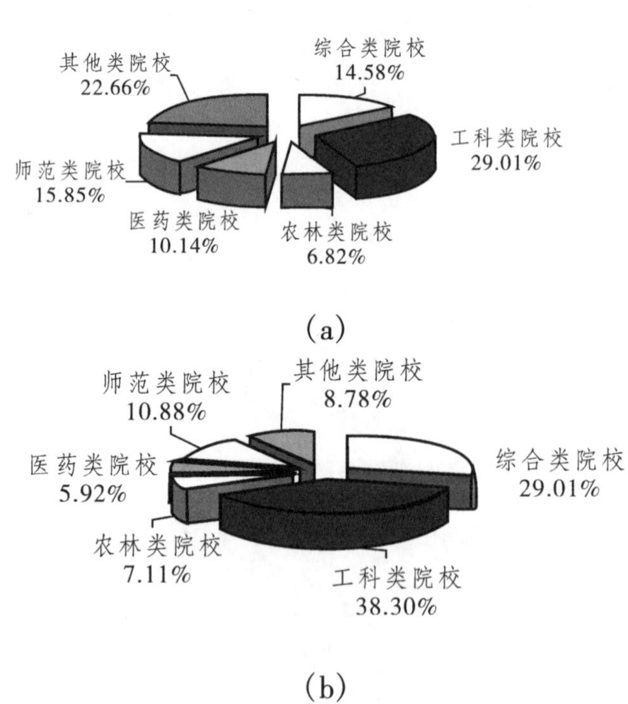


图 3-1

## 2.经营状况

**1)收入总额**

(1)2002年度综合类院校校办产业收入总额为452.80亿元,工科类院校校办产业收入总额为175.67亿元,农林类院校校办产业收入总额为16.50亿元,医药类院校校办产业收入总额为20.69亿元,师范类院校校办产业收入总额为27.74亿元,其他类院校校办产业收入总额为26.68亿元,分别占全国高校校办产业收入总额720.08亿元的62.88%、24.40%、2.29%、2.87%、3.85%、3.71%。如图3-2所示。

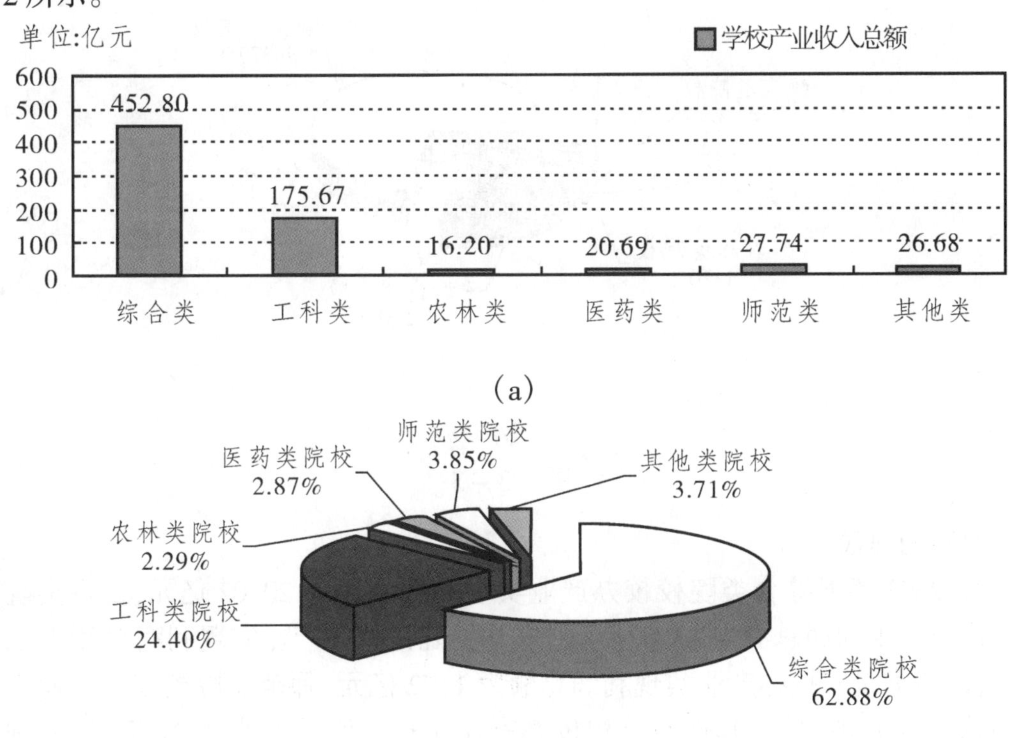


**图 3-2**

(2)2002年度综合类院校科技型企业收入总额为386.93亿元,工科类院校科技型企业收入总额为120.62亿元,农林类院校科技型企业收入总额为6.48亿元,医药类院校科技型企业收入总额为13.63亿元,师范类院校科技型企业收入总额为7.61亿元,其他类院院校科技型企业收入总额为3.81亿元;分别占全国高校科技型企业收入总额539.08亿元的71.78%、22.38%、1.20%、2.53%、1.41%、0.71%。如图3-3所示。

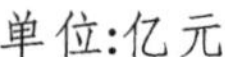


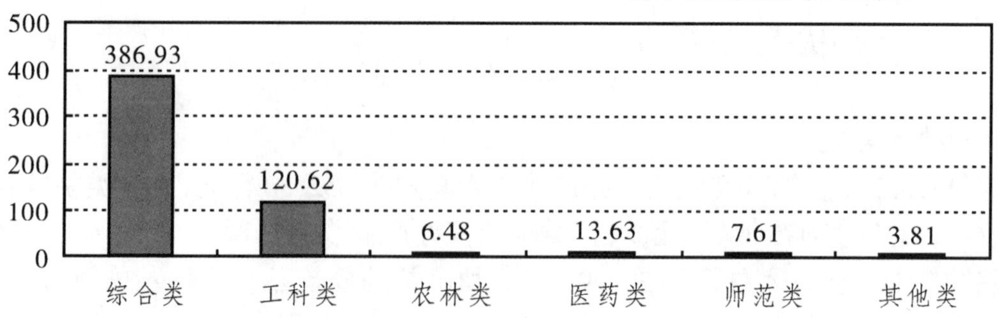


(a)

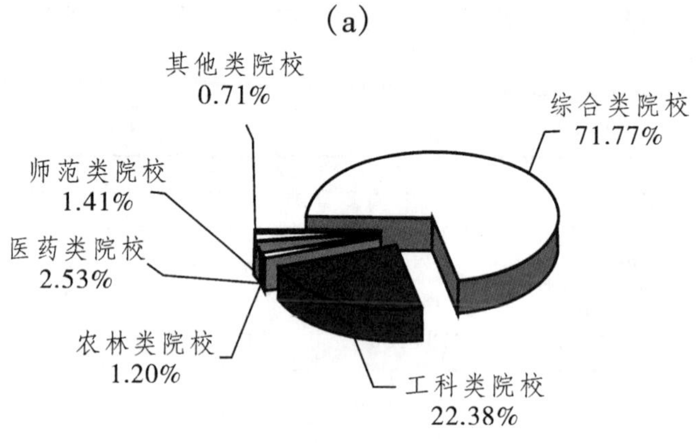


(b)

**图 3-3**

**2)利润总额**

(1)2002 年度综合类院校校办产业实现利润总额为 20.02 亿元,工科类院校校办产业实现利润总额为 13.67 亿元,农林类院校校办产业实现利润总额为 1.42 亿元,医药类院校校办产业实现利润总额为 1.72 亿元,师范类院校校办产业实现利润总额为 4.79 亿元,其他类院校校办产业实现利润总额为 4.31 亿元;分别占全国高校校办产业实现利润总额 45.93 亿元的 43.59%、29.76%、3.09%、3.74%、10.43%、9.38%。如图 3-4 所示。

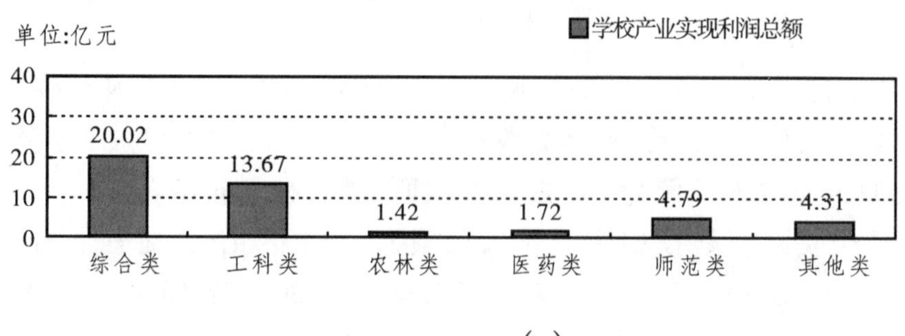


(a)

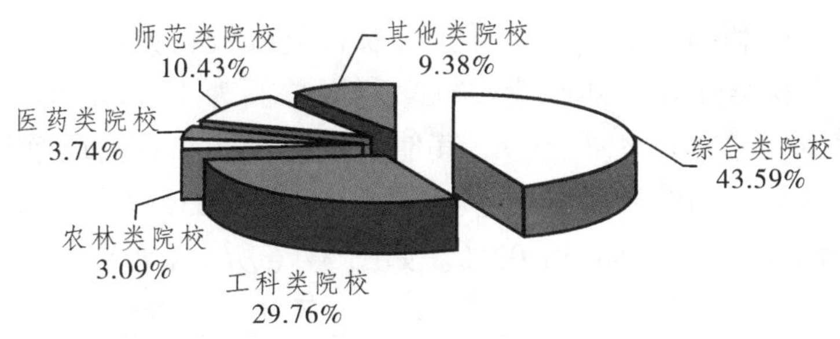


(b)

**图 3-4**

(2)2002 年度综合类院校科技型企业实现利润总额为 13.05 亿元,工科类院校科技型企业实现利润总额为 8.91 亿元,农林类院校科技型企业实现利润总额为 0.56 亿元,医药类院校科技型企业实现利润总额为 1.52 亿元,师范类院校科技型企业实现利润总额为 1.06 亿元,其他类院校科技型企业实现利润总额为 0.27 亿元;分别占全国高校科技型企业实现利润总额 25.37 亿元的 51.44%、35.12%、2.21%、5.99%、4.18%、1.06%。如图 3-5 所示。

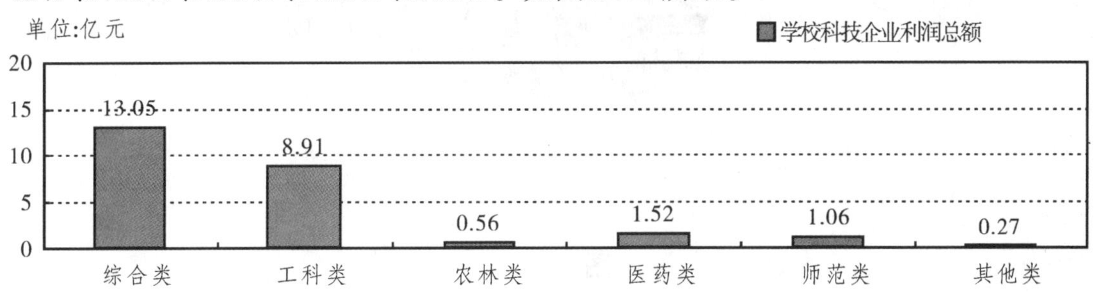


(a)

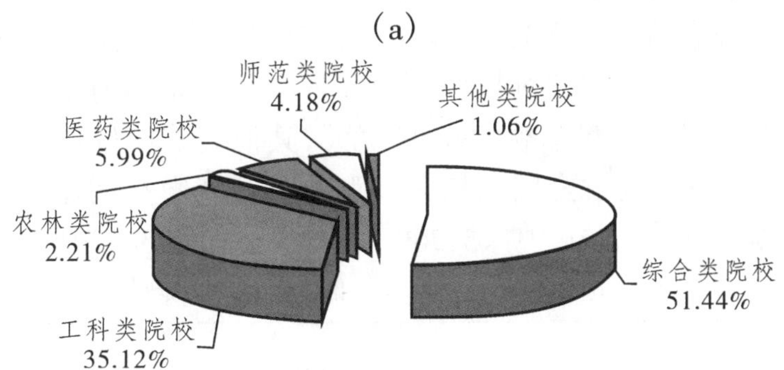


(b)

**图 3-5**

(3)2002 年度综合类院校校办产业实现净利润总额为 15.23 亿元,工科类院校校办产业实现净利润总额为 9.73 亿元，农林类院校校办产业实现净利润总额为 1.11 亿元，医药类院校校办产业实现净利润总额为 1.08 亿元，师范类院校校办产业实现净利润总额为 4.31 亿元，其他类院校校办产业实现净利润总额为 3.88 亿元；分别占全国高校校办产业实现净利润总额 35.33 亿元的 43.11%、27.54%、3.14%、3.06%、12.20%、10.98%。如图 3－6 所示。

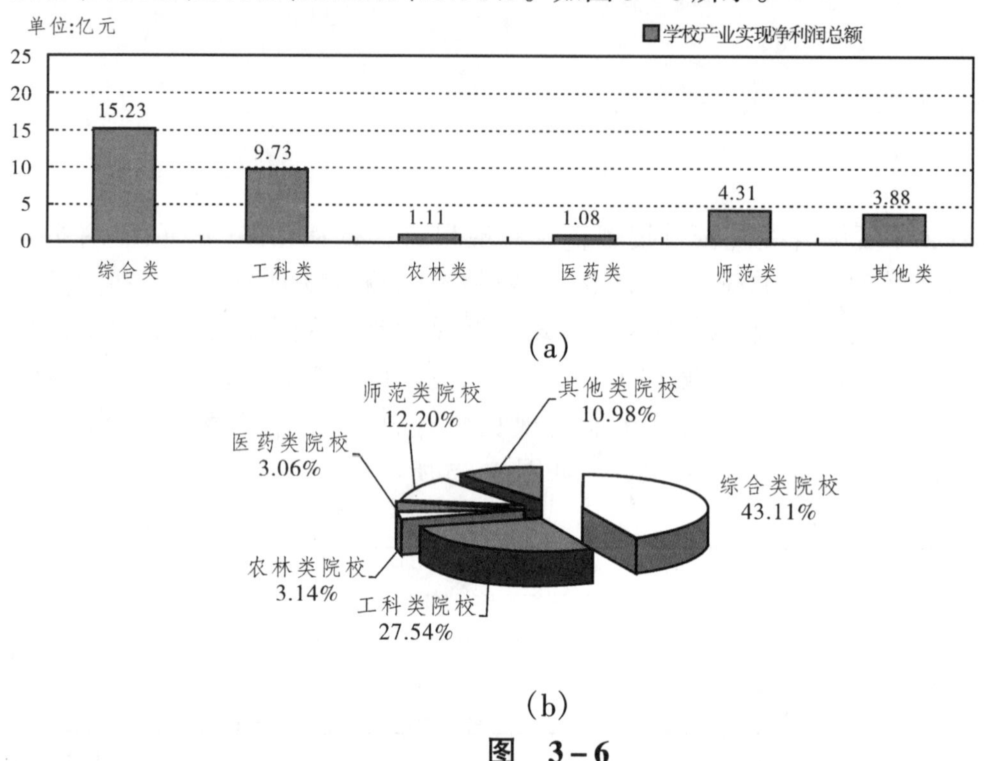


**图 3－6**

(4)2002 年度综合类院校科技型企业实现净利润总额为 9.10 亿元，工科类院校科技型企业实现净利润总额为 6.94 亿元，农林类院校科技型企业实现净利润总额为 0.37 亿元，医药类院校科技型企业实现净利润总额为 1.04 亿元，师范类院校科技型企业实现净利润总额为 0.98 亿元，其他类院校科技型企业实现净利润总额为 0.21 亿元；分别占全国高校科技型企业实现净利润总额 18.63 亿元的 48.85%、37.25%、1.99%、.5.58%、5.26%、1.13%。如图 3－7 所示。

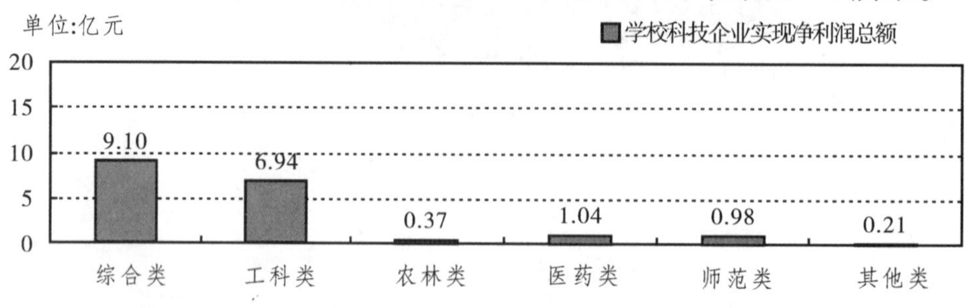


(a)

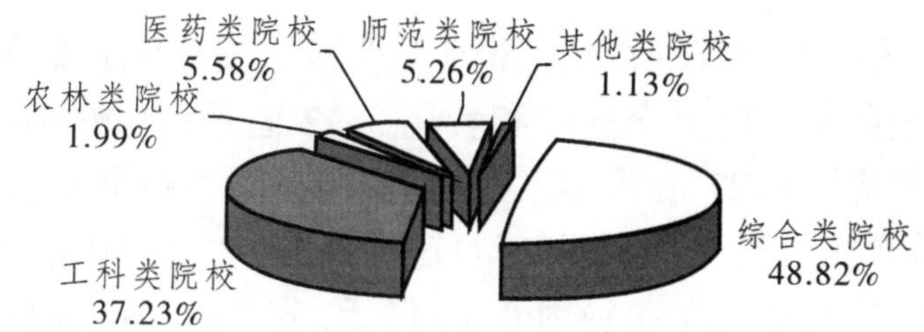


(b)

图 3-7

**3)上交学校的利润和费用**

(1) 2002年度综合类院校校办产业向学校上交利润和费用6.38亿元,工科类院校校办产业向学校上交利润和费用5.45亿元,农林类院校校办产业向学校上交利润和费用0.76亿元,医药类院校校办产业向学校上交利润和费用0.71亿元,师范类院校校办产业向学校上交利润和费用1.83亿元,其他类院校校办产业向学校上交利润和费用1.97亿元;分别占全国高校校办产业向学校上交利润和费用14.79亿元的43.14%、36.85%、5.14%、4.80%、12.37%、13.32%。如图3-8所示。

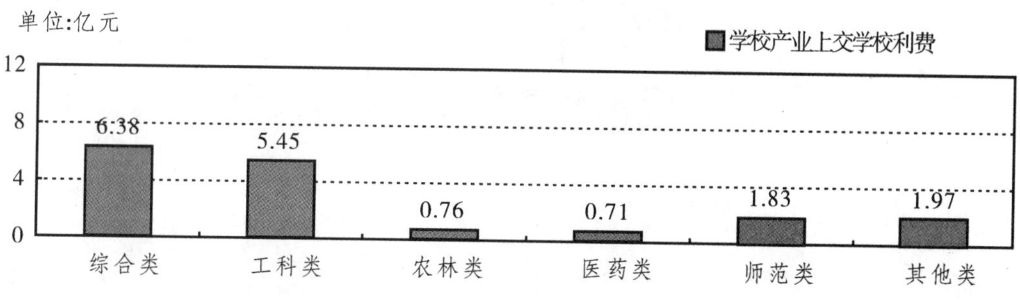


(a)

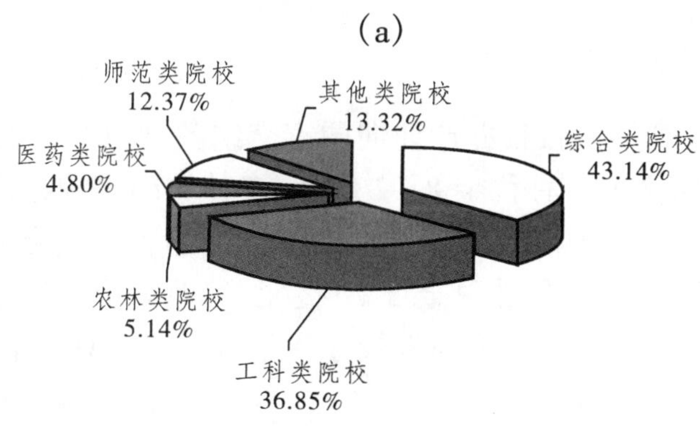


(b)

图 3-8

(2)2002 年度综合类院校科技型企业向学校上交利润和费用 3.37 亿元，工科类院校科技型企业向学校上交利润和费用 3.12 亿元，农林类院校科技型企业向学校上交利润和费用 0.27 亿元，医药类院校科技型企业向学校上交利润和费用 0.38 亿元，师范类院校科技型企业向学校上交利润和费用 0.45 亿元，其他类院校科技型企业向学校上交利润和费用 0.16 亿元；分别占全国高校科技型企业向学校上交利润和费用 6.62 亿元的 50.91%、47.13%、4.08%、5.47%、6.80%、2.42%。如图 3－9 所示。

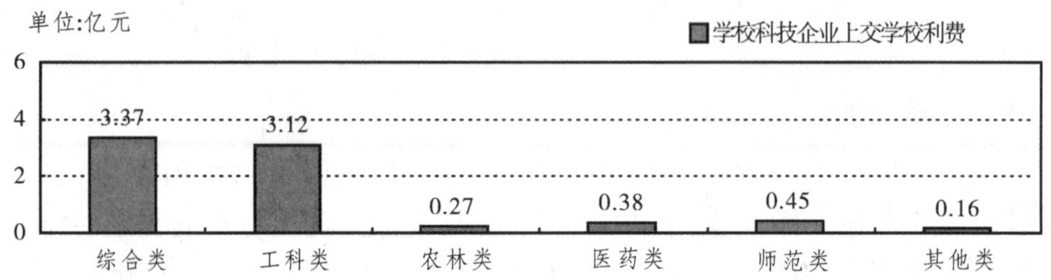


(a)

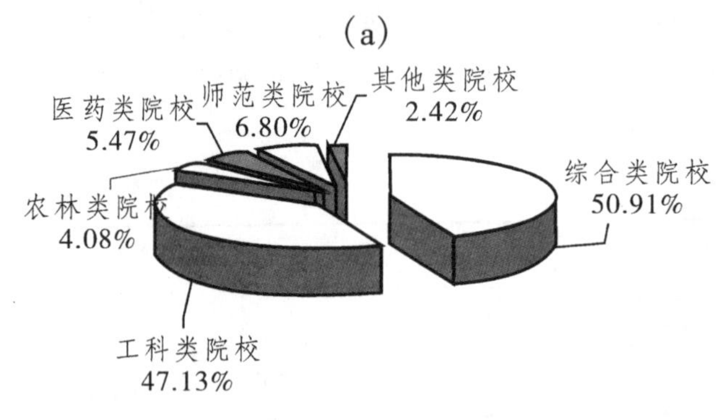


(b)

**图　3－9**

**4)上交税金**

(1)2002 年度综合类院校校办产业向国家交纳各种税金 19.96 亿元，工科类院校校办产业向国家交纳各种税金 8.92 亿元，农林类院校校办产业向国家交纳各种税金 0.68 亿元，医药类院校校办产业向国家交纳各种税金 2.01 亿元，师范类院校校办产业向国家交纳各种税金 2.70 亿元，其他类院校校办产业向国家交纳各种税金 2.01 亿元；分别占全国高校校办产业向国家交纳各种税金 36.28 亿元的 55.02%、24.59%、1.87%、5.54%、7.44%、5.54%。如图 3－10 所示。

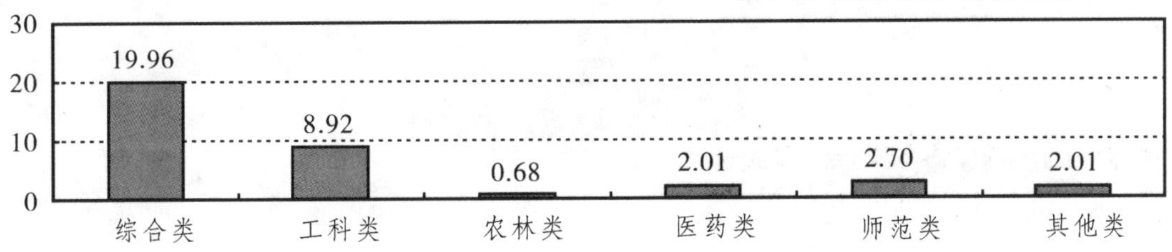


(a)

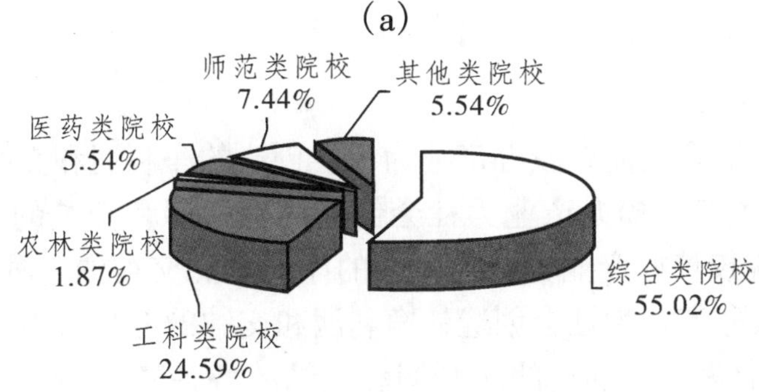


(b)

**图 3-10**

(2)2002年度综合类院校科技型企业向国家交纳各种税金16.64亿元,工科类院校科技型企业向国家交纳各种税金6.36亿元,农林类院校科技型企业向国家交纳各种税金0.30亿元,医药类院校科技型企业向国家交纳各种税金1.71亿元,师范类院校科技型企业向国家交纳各种税金0.71亿元,其他类院校科技型企业向国家交纳各种税金0.20亿元;分别占全国高校科技型企业向国家交纳各种税金25.92亿元的64.20%、24.54%、1.16%、6.60%、2.74%、0.77%。如图3-11所示。

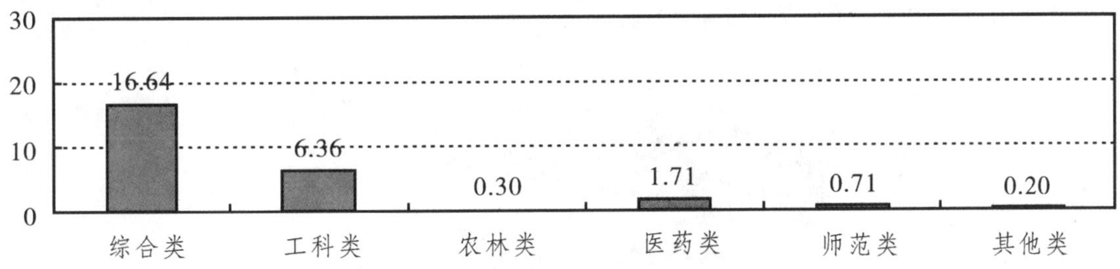


(a)

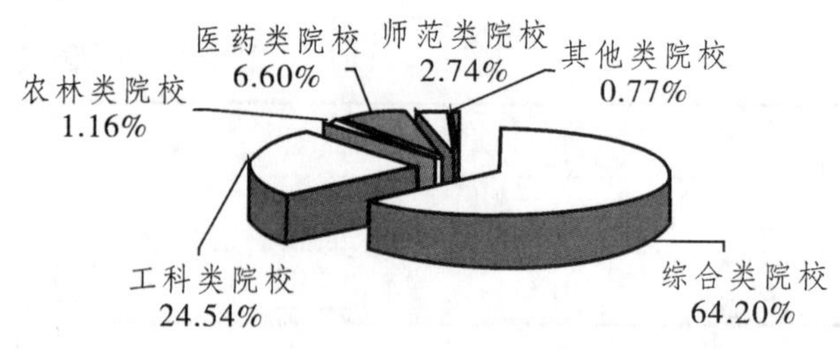


(b)

**图 3-11**

**5)对社会的回报**

(1)2002年度综合类院校校办产业为社会创造的净利润和交纳的各种税费为35.19亿元,工科类院校校办产业为社会创造的净利润和交纳的各种税费为18.65亿元,农林类院校校办产业为社会创造的净利润和交纳的各种税费为1.79亿元,医药类院校校办产业为社会创造的净利润和交纳的各种税费为3.09亿元,师范类院校校办产业为社会创造的净利润和交纳的各种税费为7.00亿元,其他类院校校办产业为社会创造的净利润和交纳的各种税费为5.89亿元;分别占全国高校校办产业为社会创造的净利润和交纳的各种税费71.61亿元的49.14%、26.04%、2.50%、4.31%、9.78%、8.22%。如图3-12所示。

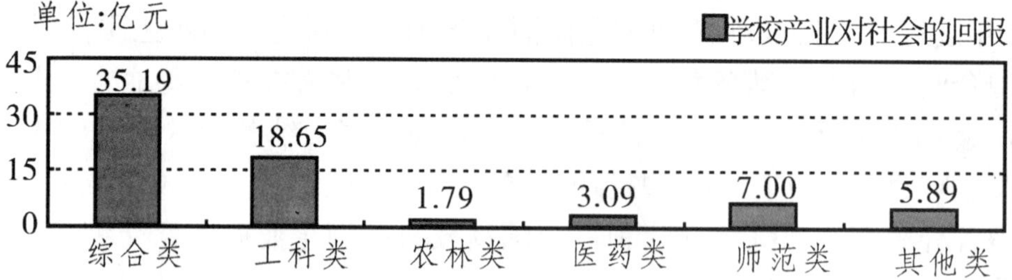


(a)

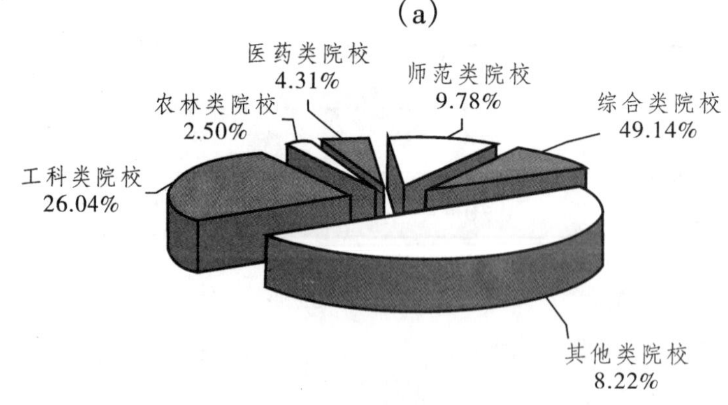


(b)

**图 3-12**

(2)2002 年度综合类院校科技型企业为社会创造的净利润和交纳的各种税费为 25.74 亿元,工科类院校科技型企业为社会创造的净利润和交纳的各种税费为 13.30 亿元,农林类院校科技型企业为社会创造的净利润和交纳的各种税费为 0.67 亿元,医药类院校科技型企业为社会创造的净利润和交纳的各种税费为 2.74 亿元,师范类院校科技型企业为社会创造的净利润和交纳的各种税费为 1.69 亿元,其他类院校科技型企业为社会创造的净利润和交纳的各种税费为 0.41 亿元;分别占全国高校科技型企业为社会创造的净利润和交纳的各种税费 44.55 亿元的 57.78%、29.85%、1.50%、6.15%、3.79%、0.92%。如图 3－13 所示。

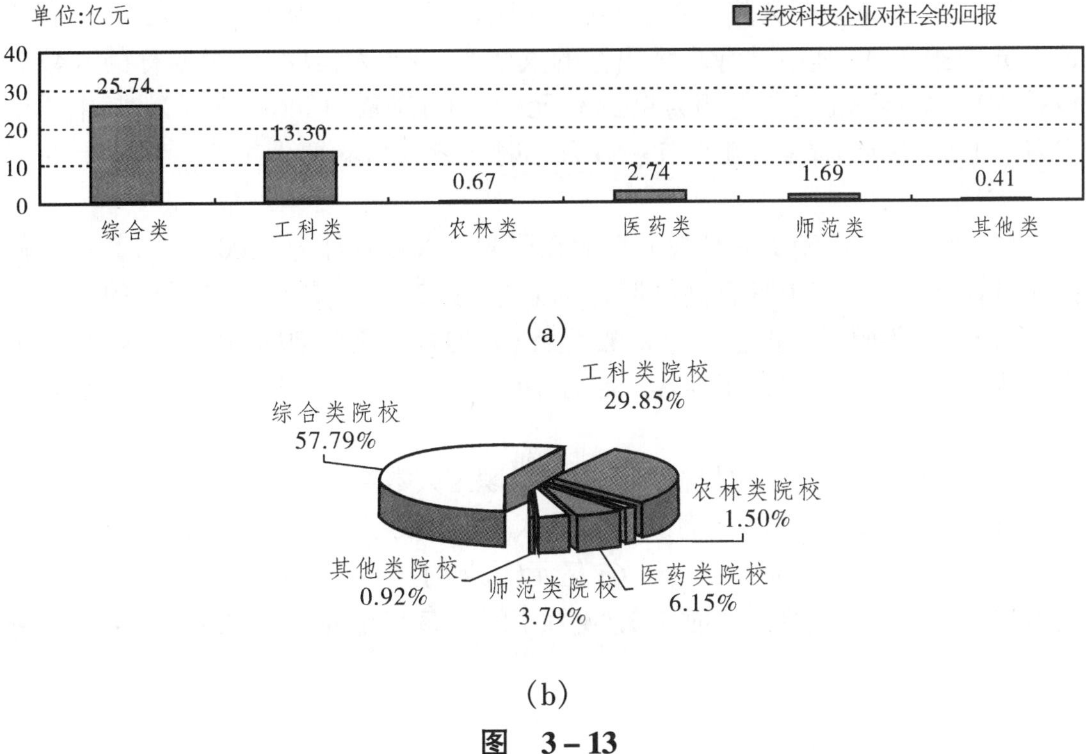


(a)

(b)

**图 3－13**

## 3.人员状况

(1)2002 年末综合类院校校办产业在册职工人数共计为 10.54 万人,其中有科技人员 3.81 万人(其中具有高级职称的人数为 8021 人,具有中级职称的人数为 16185 人)。全年职工工资总额为 27.96 亿元(人均月工资为 2210.63 元)。接纳学生实习达 6.87 万人次,累计工时 901.68 万小时。参与培养博士生 296 名、硕士生 1564 名。

(2)2002 年末工科类院校校办产业在册职工人数共计为 8.97 万人,其中有科技人员 3.34 万人(其中具有高级职称的人数为 9461 人,具有中级职称的人数为

14893人)。全年职工工资总额为13.50亿元(人均月工资为1254.18元)。接纳学生实习达29.06万人次,累计工时3341.86万小时。参与培养博士生407名、硕士生2274名。

(3)2002年末农林类院校校办产业在册职工人数共计为1.64万人,其中有科技人员0.32万人(其中具有高级职称的人数为770人,具有中级职称的人数为1395人)。全年职工工资总额为1.20亿元(人均月工资为713.51元)。接纳学生实习达3.55万人次,累计工时193.96万小时。参与培养博士生73名、硕士生269名。

(4)2002年末医药类院校校办产业在册职工人数共计为1.18万人,其中有科技人员0.39万人(其中具有高级职称的人数为1029人,具有中级职称的人数为1437人)。全年职工工资总额为9.23亿元(人均月工资为1469.43元)。接纳学生实习达1.84万人次,累计工时73.50万小时。参与培养博士生27名、硕士生88名。

(5)2002年末师范类院校校办产业在册职工人数共计为2.00万人,其中有科技人员0.49万人(其中具有高级职称的人数为1255人,具有中级职称的人数为2341人)。全年职工工资总额为2.02亿元(人均月工资为899.70元)。接纳学生实习达1.13万人次,累计工时34.58万小时。参与培养博士生15名、硕士生93名。

(6)2002年末其他类院校校办产业在册职工人数共计为1.73万人,其中有科技人员0.44万人(其中具有高级职称的人数为960人,具有中级职称的人数为2043人)。全年职工工资总额为3.63亿元(人均月工资为1902.13元)。接纳学生实习达6.85万人次,累计工时592.04万小时。参与培养博士生2名、硕士生48名。

## 4.资产状况

### 1) 校办产业资产状况(按学校类别分)

(1)2002年末综合类院校校办产业的注册资金总额为202.55亿元,资产总额783.53亿元,负债447.02亿元,所有者权益336.51亿元,平均资产负债率为57.05%。

(2)2002年末工科类院校校办产业的注册资金总额为113.09亿元,资产总额310.77亿元,负债143.08亿元,所有者权益167.69亿元,平均资产负债率为46.04%。

(3)2002年末农林类院校校办产业的注册资金总额为9.57亿元,资产总额25.11亿元,负债13.63亿元,所有者权益11.48亿元,平均资产负债率为54.

28%。

(4)2002年末医药类院校校办产业的注册资金总额为8.42亿元,资产总额37.14亿元,负债20.99亿元,所有者权益16.14亿元,平均资产负债率为56.52%。

(5)2002年末师范类院校校办产业的注册资金总额为6.74亿元,资产总额31.49亿元,负债13.63亿元,所有者权益17.86亿元,平均资产负债率为43.28%。

(6)2002年末其他类院校校办产业的注册资金总额为7.95亿元,资产总额46.31亿元,负债28.76亿元,所有者权益17.55亿元,平均资产负债率为62.10%。

以上资产状况如图3-14所示。

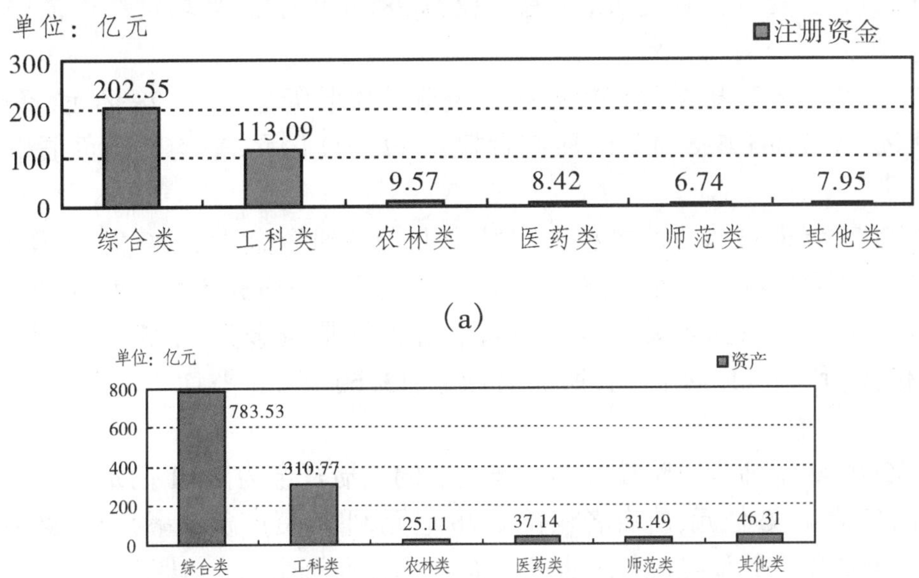


(a)

(b)

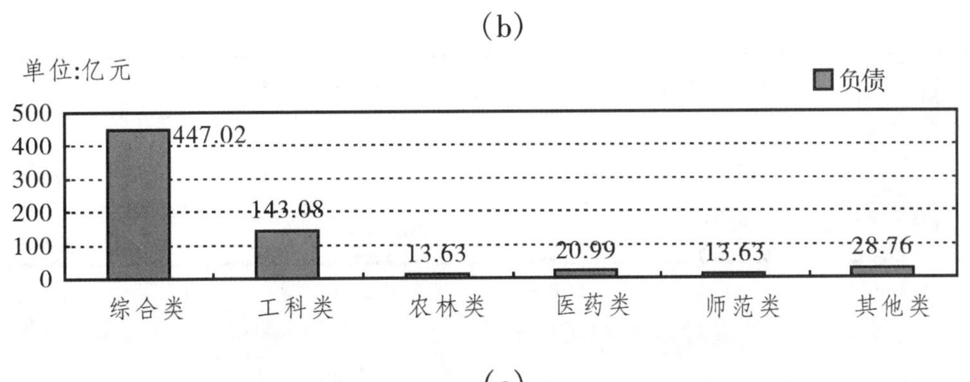


(c)

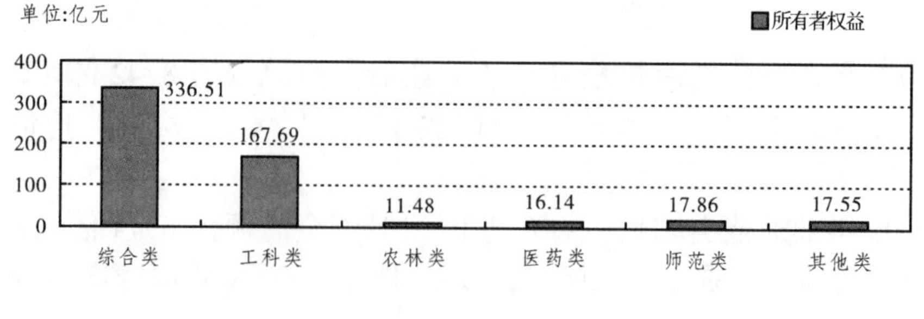


(d)

**图 3-14**

**2)校办科技企业资产状况(按学校类别分)**

(1)2002年末综合类院校校办科技企业的注册资金为124.71亿元,资产总额666.99亿元,负债385.37亿元,所有者权益281.62亿元,平均资产负债率为57.78%。

(2)2002年末工科类院校校办科技企业的注册资金为76.78亿元,资产总额227.64亿元,负债105.64亿元,所有者权益122.00亿元,平均资产负债率为46.41%。

(3)2002年末农林类院校校办科技企业的注册资金为5.40亿元,资产总额11.67亿元,负债4.93亿元,所有者权益6.74亿元,平均资产负债率为42.25%。

(4)2002年末医药类院校校办科技企业的注册资金为6.05亿元,资产总额26.58亿元,负债12.98亿元,所有者权益13.60亿元,平均资产负债率为48.83%。

(5)2002年末师范类院校校办科技企业的注册资金为2.61亿元,资产总额8.87亿元,负债4.60亿元,所有者权益4.26亿元,平均资产负债率为51.86%。

(6)2002年末其他类院校校办科技企业的注册资金为1.51亿元,资产总额5.48亿元,负债2.95亿元,所有者权益2.53亿元,平均资产负债率为53.83%。

以上资产状况如图3-15所示。

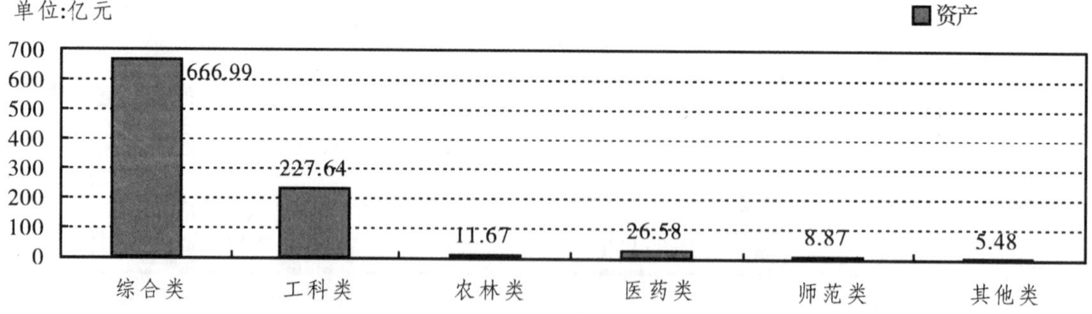


(a)

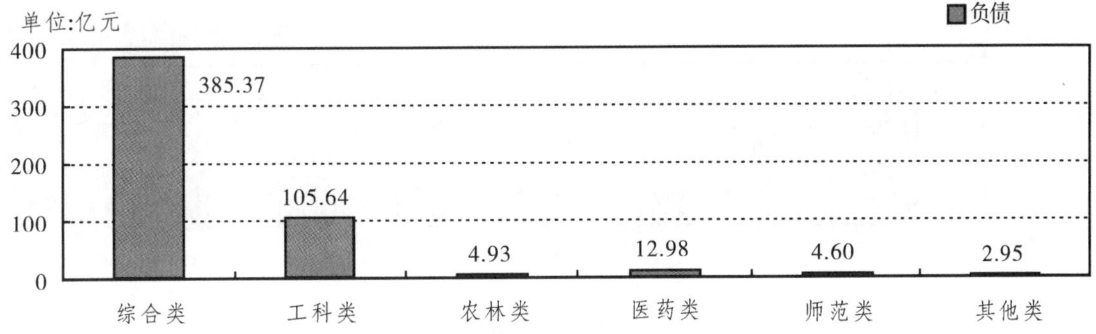


(b)

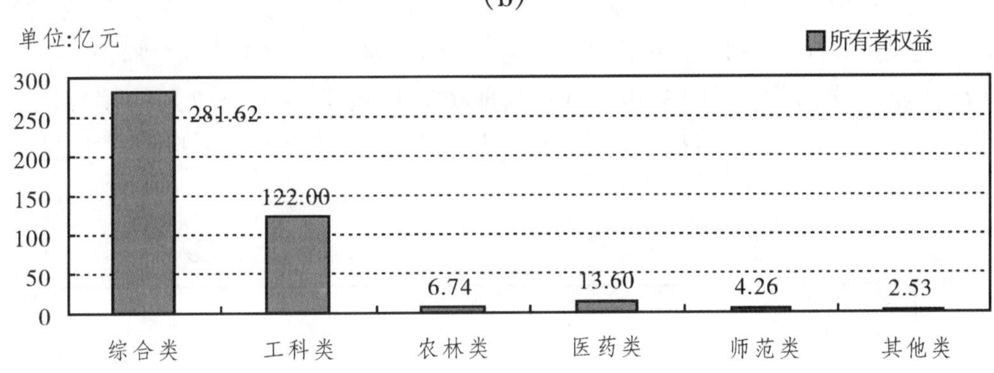


(c)

**图 3-15**

## 5.基本分析

### 1)人均销售额

(1)2002 年度综合类院校校办产业人均销售额为 42.96 万元,工科类院校校办产业人均销售额为 19.58 万元,农林类院校校办产业人均销售额为 10.06 万元,医药类院校校办产业人均销售额为 17.53 万元,师范类院校校办产业人均销售额为 13.87 万元,其他类院校校办产业人均销售额为 15.42 万元。2002 年度全国高校校办产业人均销售额为 28.22 万元。如图 3-16 所示。

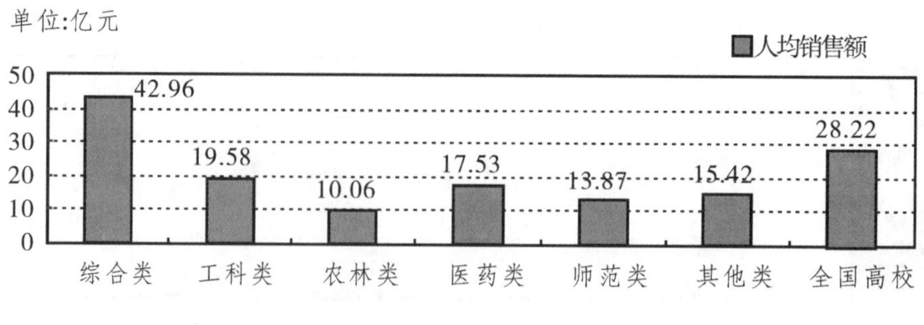


图 3-16

(2)2002年度综合类院校校办科技企业人均销售额为52.29万元,工科类院校校办科技企业人均销售额为26.39万元,农林类院校校办科技企业人均销售额为8.42万元,医药类院校校办科技企业人均销售额为23.91万元,师范类院校校办科技企业人均销售额为13.84万元,其他类院校校办科技企业人均销售额为9.53万元。2002年度全国高校校办科技企业人均销售额为37.75万元。如图3-17所示。

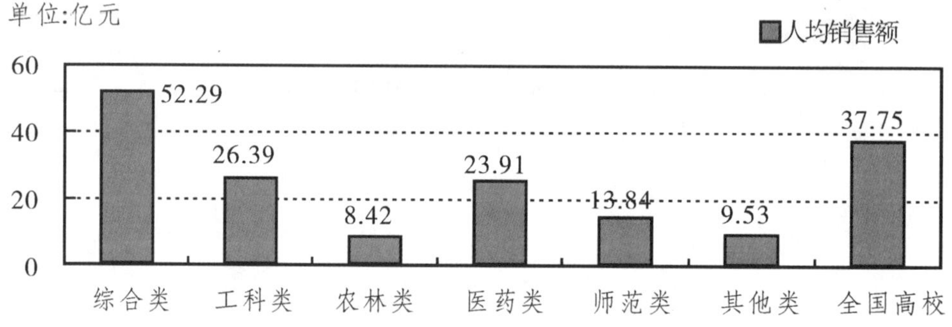


图 3-17

2)人均利润额

(1)2002年度综合类院校校办产业人均利润额为1.90万元,工科类院校校办产业人均利润额为1.52万元,农林类院校校办产业人均利润额为0.87万元,医药类院校校办产业人均利润额为1.46万元,师范类院校校办产业人均利润额为2.40万元,其他类院校校办产业人均利润额为2.49万元。2002年度全国高校校办产业人均利润额为1.38万元。如图3-18所示。

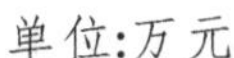


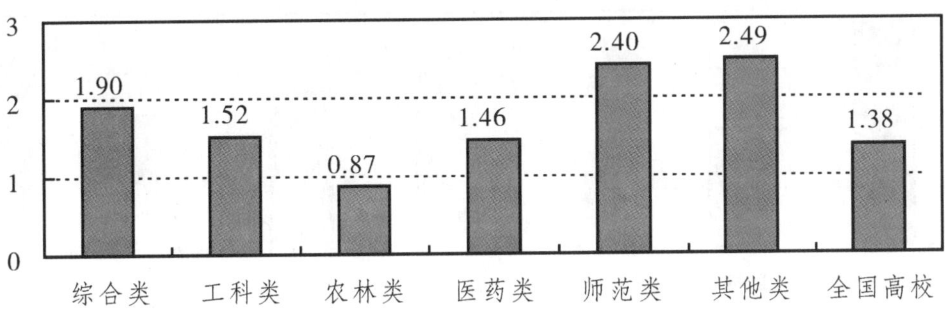


**图 3-18**

(2)2002年度综合类院校校办科技企业人均利润额为1.76万元,工科类院校校办科技企业人均利润额为1.94万元,农林类院校校办科技企业人均利润额为0.73万元,医药类院校校办科技企业人均利润额为2.58万元,师范类院校校办科技企业人均利润额为1.91万元,其他类院校校办科技企业人均利润额为0.66万元。2002年度全国高校校办科技企业人均利润额为1.78万元。如图3-19所示。

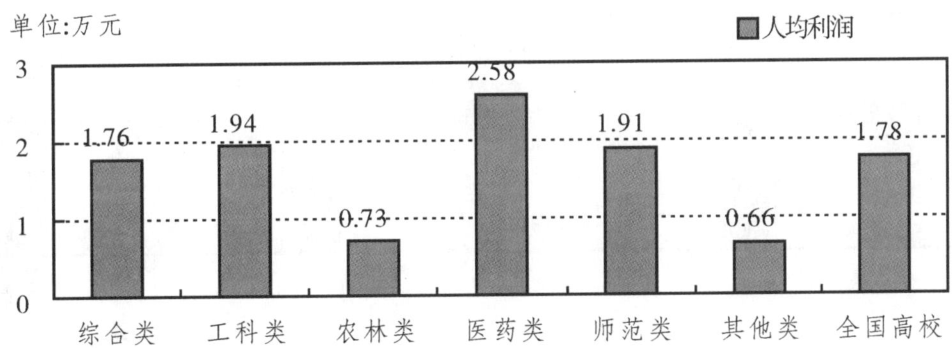


**图 3-19**

**3)人均创税**

(1)2002年度综合类院校校办产业人均创税为1.89万元,工科类院校校办产业人均创税为0.99万元,农林类院校校办产业人均创税为0.41万元,医药类院校校办产业人均创税为1.70万元,师范类院校校办产业人均创税为1.35万元,其他类院校校办产业人均创税为1.16万元。2002年度全国高校校办产业人均创税为1.42万元。如图3-20所示。

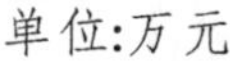


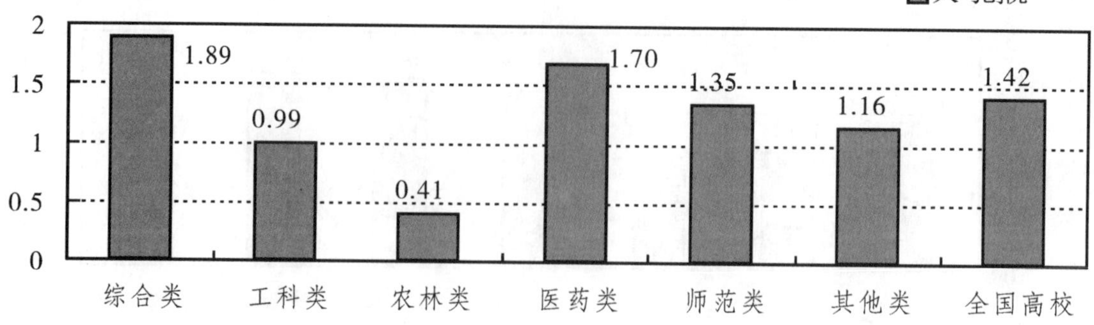


图 3－20

(2)2002 年度综合类院校校办科技企业人均创税为 2.25 万元,工科类院校校办科技企业人均创税为 1.39 万元,农林类院校校办科技企业人均创税为 0.38 万元,医药类院校校办科技企业人均创税为 2.90 万元,师范类院校校办科技企业人均创税为 1.27 万元,其他类院校校办科技企业人均创税为 0.49 万元。2002 年度全国高校校办科技企业人均创税为 1.85 万元。如图 3－21 所示。

单位:万元

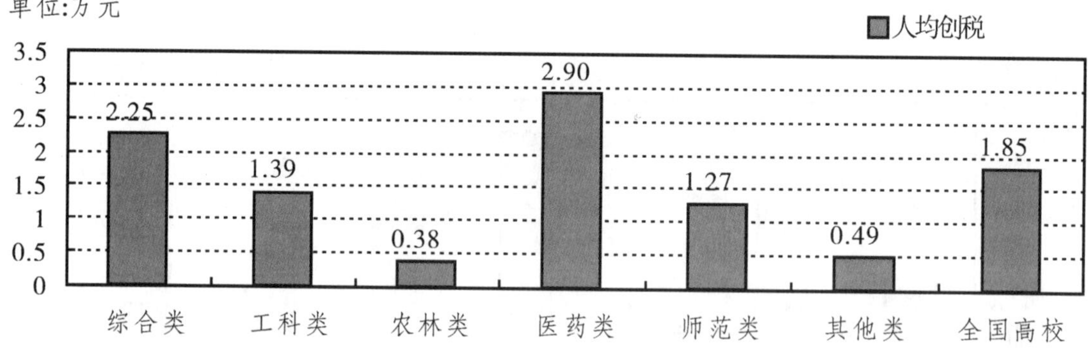


图 3－21

**4)销售净利率**

(1)2002 年度综合类院校校办产业平均销售净利率为 4.42%;工科类院校校办产业平均销售净利率为 5.54%;农林类院校校办产业平均销售净利率为 6.73%;医药类院校校办产业平均销售净利率为 5.22%;师范类院校校办产业平均销售净利率为 15.54%;其他类院校校办产业平均销售净利率为 14.55%。2002 年度全国高校校办产业平均销售净利率为 5.00%。如图 3－22 所示。

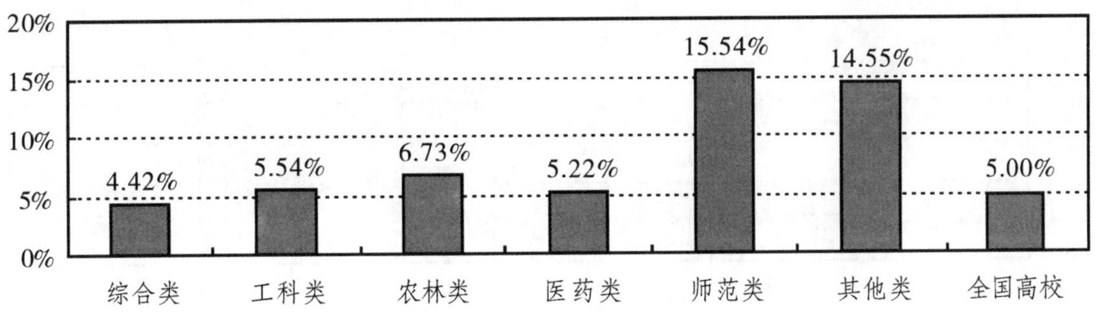


图 3-22

(2)2002 年度综合类院校校办科技企业平均销售净利率为 3.37%;工科类院校校办科技企业平均销售净利率为 5.75%;农林类院校校办科技企业平均销售净利率为 5.71%;医药类院校校办科技企业平均销售净利率为 7.63%;师范类院校校办科技企业平均销售净利率为 12.88%;其他类院校校办科技企业平均销售净利率为 5.77%。2002 年度全国高校校办科技企业平均销售净利率为 3.45%。如图 3-23 所示。

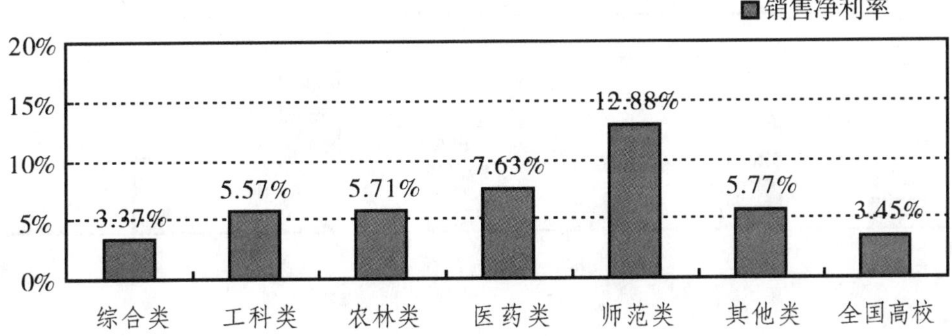


图 3-23

**5)净资产收益率**

(1)2002 年度综合类院校校办产业平均净资产收益率为 4.53%,工科类院校校办产业平均净资产收益率为 5.80%,农林类院校校办产业平均净资产收益率为 9.67%,医药类院校校办产业平均净资产收益率为 6.96%,师范类院校校办产业平均净资产收益率为 24.13%,其他类院校校办产业平均净资产收益率为 22.11%。2002 年度全国高校校办产业平均净资产收益率为 6.23%。如图 3-24 所示。

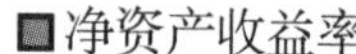


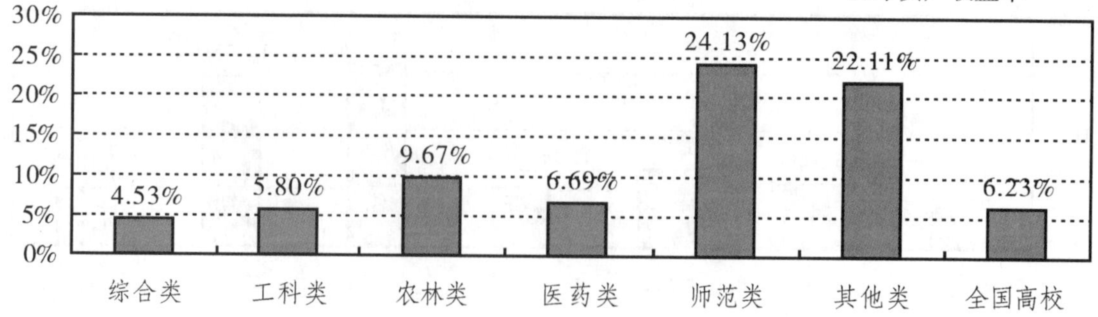


**图 3-24**

(2)2002 年度综合类院校校办科技企业平均净资产收益率为 3.27%,工科类院校校办科技企业平均净资产收益率为 5.69%,农林类院校校办科技企业平均净资产收益率为 5.49%,医药类院校校办科技企业平均净资产收益率为 7.65%,师范类院校校办科技企业平均净资产收益率为 23.00%,其他类院校校办科技企业平均净资产收益率为 8.70%。2002 年度全国高校校办科技企业平均净资产收益率为 4.33%。如图 3-25 所示。

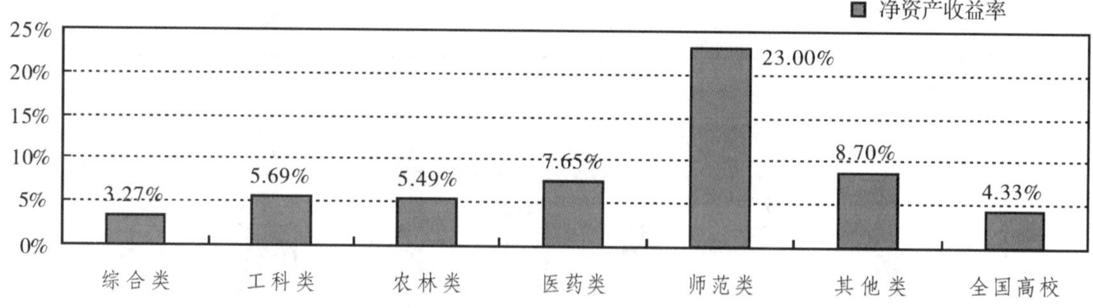


**图 3-25**

**6)企业平均人数**

(1)2002 年度综合类院校校办产业平均人数为 74 人,工科类院校校办产业平均人数为 45 人,农林类院校校办产业平均人数为 39 人,医药类院校校办产业平均人数为 38 人,师范类院校校办产业平均人数为 34 人,其他类院校校办产业平均人数为 36 人。2002 年度全国高校校办产业平均人数为 52 人。如图 3-26 所示。

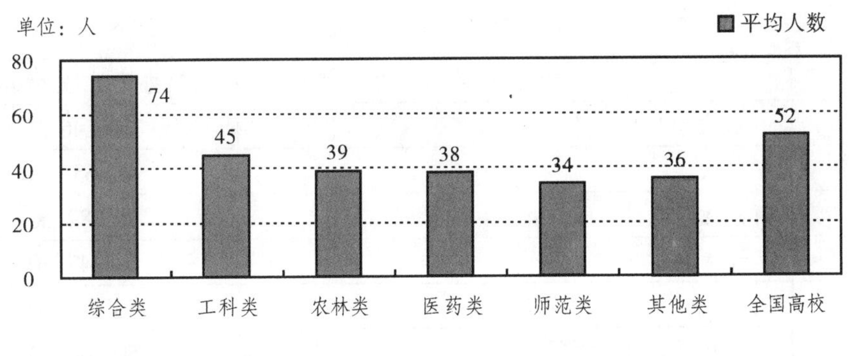


图 3-26

(2)2002年度综合类院校校办科技企业平均人数为106人，工科类院校校办科技企业平均人数为45人，农林类院校校办科技企业平均人数为35人，医药类院校校办科技企业平均人数为51人，师范类院校校办科技企业平均人数为30人，其他类院校校办科技企业平均人数为41人。2002年度全国高校校办科技企业平均人数为64人。如图3-27所示。

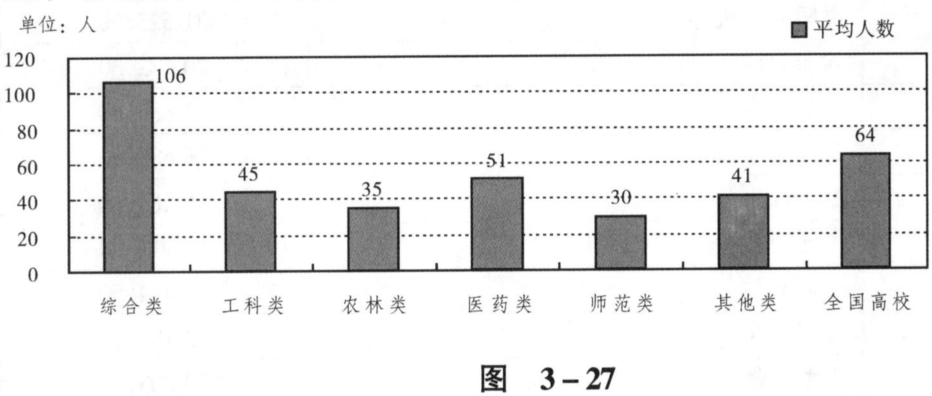


图 3-27

## 6.2002年度全国各类型高校校办产业统计分析附表

**附表1　全国综合类院校按收入总额情况排名**

2002年12月31日　单位：万元

| 序号 | 学校名称 | 校办产业收入总额 |
|---|---|---|
| 1 | 北京大学 | 1525 212.40 |
| 2 | 清华大学 | 1147 223.60 |
| 3 | 浙江大学 | 297 198.60 |
| 4 | 东北大学 | 226 968.40 |
| 5 | 西安交通大学 | 199 030.60 |
| 6 | 复旦大学 | 172 281.00 |

**续附表 1**

| 序号 | 学校名称 | 校办产业收入总额 |
|---|---|---|
| 7 | 山东大学 | 130 146.20 |
| 8 | 中山大学 | 109 653.20 |
| 9 | 南京大学 | 76 082.60 |
| 10 | 南开大学 | 54 847.30 |
| 11 | 武汉大学 | 53 105.20 |
| 12 | 中国科学技术大学 | 50 368.20 |
| 13 | 西南交通大学 | 40 800.10 |
| 14 | 郑州大学 | 40 251.90 |
| 15 | 厦门大学 | 36 049.50 |
| 16 | 东华大学 | 32 631.50 |
| 17 | 四川大学 | 29 965.90 |
| 18 | 吉林大学 | 22 920.90 |
| 19 | 中国人民大学 | 21 523.50 |
| 20 | 苏州大学 | 20 482.30 |
| 21 | 上海大学 | 17 880.00 |
| 22 | 扬州大学 | 16 680.50 |
| 23 | 黑龙江大学 | 16 564.80 |
| 24 | 广西大学 | 15 019.50 |
| 25 | 江苏大学 | 14 414.50 |
| 26 | 云南大学 | 13 192.20 |
| 27 | 吉首大学 | 10 003.10 |
| 28 | 河海大学 | 9 855.80 |
| 29 | 河北大学 | 9 682.60 |
| 30 | 江南大学 | 9 393.80 |
| 31 | 暨南大学 | 8 683.30 |
| 32 | 深圳大学 | 7 467.80 |
| 33 | 兰州大学 | 6 210.50 |
| 34 | 青岛大学 | 6 037.50 |
| 35 | 南昌大学 | 5 767.90 |
| 36 | 中国地质大学(北京) | 5 608.30 |
| 37 | 延边大学 | 5 247.30 |
| 38 | 辽宁大学 | 4 893.10 |
| 39 | 集美大学 | 3 747.90 |
| 40 | 安徽大学 | 3 731.00 |

**续附表 1**

| 序号 | 学校名称 | 校办产业收入总额 |
|---|---|---|
| 41 | 宁波大学 | 3 342.40 |
| 42 | 青岛科技大学 | 2 909.30 |
| 43 | 广州大学 | 2 559.90 |
| 44 | 西安石油学院 | 2 516.90 |
| 45 | 佛山科学技术学院 | 2 321.00 |
| 46 | 沈阳大学 | 2 143.20 |
| 47 | 潍坊学院 | 2 051.90 |
| 48 | 宜宾学院 | 1 940.00 |
| 49 | 内蒙古大学 | 1 737.10 |
| 50 | 茂名学院 | 1 606.30 |
| 51 | 苏州科技学院 | 1 541.80 |
| 52 | 河南科技大学 | 1 519.70 |
| 53 | 西北大学 | 1 517.90 |
| 54 | 北华大学 | 1 459.00 |
| 55 | 石河子大学 | 1 442.80 |
| 56 | 上海电视大学 | 1 427.10 |
| 57 | 北京联合大学 | 1 420.30 |
| 58 | 襄樊学院 | 1 377.25 |
| 59 | 湘潭大学 | 1 268.10 |
| 60 | 新疆大学 | 1 129.30 |
| 61 | 常熟高等专科学校 | 1 091.60 |
| 62 | 成都信息工程学院 | 1 079.30 |
| 63 | 齐齐哈尔大学 | 1 018.80 |
| 64 | 河南大学 | 943.10 |
| 65 | 济南大学 | 835.40 |
| 66 | 成都大学 | 738.90 |
| 67 | 烟台大学 | 685.30 |
| 68 | 佳木斯大学 | 674.40 |
| 69 | 贵州大学 | 673.30 |
| 70 | 广东外语外贸大学 | 657.30 |
| 71 | 三峡大学 | 628.70 |
| 72 | 华东交通大学 | 578.60 |
| 73 | 江汉大学 | 562.40 |
| 74 | 中国矿业大学(北京校区) | 518.90 |

**续附表 1**

| 序号 | 学校名称 | 校办产业收入总额 |
|---|---|---|
| 75 | 山西大学 | 488.80 |
| 76 | 大连大学 | 432.10 |
| 77 | 咸宁学院 | 391.00 |
| 78 | 攀枝花学院 | 387.70 |
| 79 | 温州大学 | 347.80 |
| 80 | 湖北大学 | 314.60 |
| 81 | 海南大学 | 295.48 |
| 82 | 五邑大学 | 255.80 |
| 83 | 三明高等专科学校 | 97.70 |
| 84 | 凉山大学 | 92.00 |
| 85 | 零陵学院 | 64.60 |
| 86 | 河西学院 | 51.70 |
| 87 | 德州学院 | 36.20 |
| 88 | 山东省青年管理干部学院 | 23.10 |
| 89 | 肇庆学院 | 14.40 |
| 90 | 渝西学院 | 3.20 |

**附表 2　全国工科类院校按收入总额情况百强排名**

2002 年 12 月 31 日　　　　单位:万元

| 序号 | 学校名称 | 校办产业收入总额 |
|---|---|---|
| 1 | 同济大学 | 217 668.30 |
| 2 | 上海交通大学 | 178 566.80 |
| 3 | 天津大学 | 169 505.30 |
| 4 | 哈尔滨工业大学 | 164 214.30 |
| 5 | 石油大学(华东) | 136 124.10 |
| 6 | 华中科技大学 | 57 561.32 |
| 7 | 东南大学 | 45 805.60 |
| 8 | 太原理工大学 | 34 643.60 |
| 9 | 中国地质大学 | 34 548.30 |
| 10 | 重庆大学 | 26 102.70 |
| 11 | 华南理工大学 | 25 621.10 |
| 12 | 中南大学 | 21 791.90 |
| 13 | 华东船舶工业学院 | 21 452.60 |

**续附表 2**

| 序号 | 学校名称 | 校办产业收入总额 |
|---|---|---|
| 14 | 华东理工大学 | 21 409.60 |
| 15 | 南京理工大学 | 20 817.90 |
| 16 | 大连理工大学 | 19 462.70 |
| 17 | 北京化工大学 | 17 965.80 |
| 18 | 南京航空航天大学 | 16 552.70 |
| 19 | 武汉理工大学 | 16 312.90 |
| 20 | 北京科技大学 | 16 279.60 |
| 21 | 燕山大学 | 16 015.40 |
| 22 | 北京理工大学 | 14 679.60 |
| 23 | 北方交通大学 | 14 215.00 |
| 24 | 电子科技大学 | 14 214.10 |
| 25 | 华北电力大学 | 14 164.60 |
| 26 | 北京工业大学 | 13 341.40 |
| 27 | 北京建筑工程学院 | 13 270.00 |
| 28 | 中国矿业大学 | 13 004.20 |
| 29 | 南京工业大学 | 12 971.90 |
| 30 | 南京工程学院 | 12 513.20 |
| 31 | 沈阳工业大学 | 12 478.50 |
| 32 | 天津理工学院 | 12 089.00 |
| 33 | 西南石油学院 | 10 765.00 |
| 34 | 湖南大学 | 10 511.70 |
| 35 | 大连海事大学 | 10 308.60 |
| 36 | 北京邮电大学 | 10 067.55 |
| 37 | 合肥工业大学 | 10 017.40 |
| 38 | 北京航空航天大学 | 8 998.40 |
| 39 | 安徽工业大学 | 8 571.70 |
| 40 | 上海海运学院 | 7 902.20 |
| 41 | 沙洲职业工学院 | 7 620.90 |
| 42 | 山东建筑工程学院 | 7 040.30 |
| 43 | 西安建筑科技大学 | 6 824.20 |
| 44 | 西北工业大学 | 6 718.90 |
| 45 | 上海理工大学 | 6 285.60 |
| 46 | 长沙交通学院 | 5 835.20 |
| 47 | 广东工业大学 | 5 596.80 |

**续附表 2**

| 序号 | 学校名称 | 校办产业收入总额 |
| --- | --- | --- |
| 48 | 常州工学院 | 5 523.60 |
| 49 | 大连铁道学院 | 5 280.70 |
| 50 | 宁波高等专科学校 | 5 159.60 |
| 51 | 福州大学 | 5 104.90 |
| 52 | 河北工业大学 | 5 057.40 |
| 53 | 上海应用技术学院 | 4 967.40 |
| 54 | 沈阳航空工业学院 | 4 867.80 |
| 55 | 中国民用航空飞行学院 | 4 754.60 |
| 56 | 长安大学 | 4 396.50 |
| 57 | 兰州铁道学院 | 4 382.00 |
| 58 | 山东交通学院 | 4 205.60 |
| 59 | 甘肃工业大学 | 4 164.50 |
| 60 | 南京邮电学院 | 4 128.70 |
| 61 | 西安电子科技大学 | 4 053.30 |
| 62 | 上海电力学院 | 3 957.90 |
| 63 | 天津工业大学 | 3 912.90 |
| 64 | 成都理工大学 | 3 842.00 |
| 65 | 山东科技大学 | 3 832.70 |
| 66 | 鞍山科技大学 | 3 792.30 |
| 67 | 福建工程学院 | 3 764.90 |
| 68 | 武汉科技学院 | 3 651.40 |
| 69 | 吉林建筑工程学院 | 3 516.30 |
| 70 | 石家庄铁道学院 | 3 003.40 |
| 71 | 焦作工学院 | 2 844.50 |
| 72 | 重庆邮电学院 | 2 840.20 |
| 73 | 西南科技大学 | 2 808.60 |
| 74 | 青岛建筑工程学院 | 2 697.00 |
| 75 | 武汉科技大学 | 2 615.70 |
| 76 | 昆明理工大学 | 2 506.40 |
| 77 | 包头钢铁学院 | 2 221.30 |
| 78 | 哈尔滨工程大学 | 2 171.00 |
| 79 | 湖北汽车工业学院 | 2 047.20 |
| 80 | 大庆石油学院 | 2 028.20 |
| 81 | 西安邮电学院 | 2 005.90 |

**续附表 2**

| 序号 | 学校名称 | 校办产业收入总额 |
| --- | --- | --- |
| 82 | 重庆工学院 | 1 999.10 |
| 83 | 河北理工学院 | 1 983.00 |
| 84 | 沈阳电力高等专科学校 | 1 948.20 |
| 85 | 河北建筑科技学院 | 1 906.60 |
| 86 | 重庆交通学院 | 1 901.00 |
| 87 | 沈阳工业学院 | 1 883.40 |
| 88 | 重庆石油高等专科学校 | 1 869.00 |
| 89 | 淮阴工学院 | 1 771.90 |
| 90 | 沈阳建筑工程学院 | 1 758.30 |
| 91 | 西安科技学院 | 1 741.54 |
| 92 | 内蒙古工业大学 | 1 665.90 |
| 93 | 乌鲁木齐职业大学 | 1 614.10 |
| 94 | 上海工程技术大学 | 1 589.80 |
| 95 | 武汉化工学院 | 1 575.90 |
| 96 | 中国计量学院 | 1 567.50 |
| 97 | 中国海洋大学 | 1 543.70 |
| 98 | 南通工学院 | 1 534.70 |
| 99 | 长春工程学院 | 1 531.00 |
| 100 | 陕西科技大学 | 1 504.30 |

**附表 3　全国农林类院校按收入总额情况排名**

2002 年 12 月 31 日　　单位:万元

| 序号 | 学校名称 | 校办产业收入总额 |
| --- | --- | --- |
| 1 | 沈阳农业大学 | 29 402.00 |
| 2 | 华南农业大学 | 15 303.20 |
| 3 | 中国农业大学 | 14 604.88 |
| 4 | 郑州牧业工程高等专科学校 | 12 516.90 |
| 5 | 西南农业大学 | 11 560.80 |
| 6 | 湖南农业大学 | 11 450.80 |
| 7 | 南京农业大学 | 10 774.70 |
| 8 | 西北农林科技大学 | 9 629.46 |
| 9 | 四川农业大学 | 5 562.10 |
| 10 | 东北林业大学 | 5 249.50 |

续附表 3

| 序号 | 学校名称 | 校办产业收入总额 |
|---|---|---|
| 11 | 山东农业大学 | 5 004.50 |
| 12 | 东北农业大学 | 3 166.20 |
| 13 | 新疆农业大学 | 2 927.10 |
| 14 | 华南热带农业大学 | 2 745.50 |
| 15 | 莱阳农学院 | 2 277.30 |
| 16 | 浙江海洋学院 | 2 155.20 |
| 17 | 黑龙江八一农垦大学 | 2 140.70 |
| 18 | 河北农业大学 | 1 945.90 |
| 19 | 南京林业大学 | 1 885.40 |
| 20 | 江西农业大学 | 1 683.89 |
| 21 | 湛江海洋大学 | 1 608.70 |
| 22 | 安徽农业大学 | 1 407.90 |
| 23 | 湖北农学院 | 1 150.00 |
| 24 | 河南农业大学 | 1 129.10 |
| 25 | 福建农林大学 | 1 009.00 |
| 26 | 华中农业大学 | 878.70 |
| 27 | 山西农业大学 | 858.00 |
| 28 | 内蒙古农业大学 | 728.10 |
| 29 | 中南林学院 | 696.40 |
| 30 | 北京农学院 | 627.50 |
| 31 | 吉林农业大学 | 509.50 |
| 32 | 上海水产大学 | 322.80 |
| 33 | 云南农业大学 | 310.80 |
| 34 | 塔里木农垦大学 | 277.40 |
| 35 | 西昌农业高等专科学校 | 252.08 |
| 36 | 辽宁农业职业技术学院 | 186.20 |
| 37 | 大连水产学院 | 134.80 |
| 38 | 天津农学院 | 131.40 |
| 39 | 仲恺农业技术学院 | 117.50 |
| 40 | 甘肃农业大学 | 49.50 |
| 41 | 张家口农业高等专科学校 | 13.40 |
| 42 | 吉林特产高等专科学校 | 1.30 |

**附表4　全国医药类院校按收入总额情况六十强排名**

2002年12月31日　　单位:万元

| 序号 | 学校名称 | 校办产业收入总额 |
|---|---|---|
| 1 | 江西中医学院 | 54 072.70 |
| 2 | 中国协和医科大学 | 29 761.10 |
| 3 | 成都中医药大学 | 20 529.60 |
| 4 | 中国药科大学 | 15 896.90 |
| 5 | 南京中医药大学 | 12 580.80 |
| 6 | 安徽中医学院 | 6 282.00 |
| 7 | 河北医科大学 | 5 350.50 |
| 8 | 锦州医学院 | 4 541.00 |
| 9 | 北京中医药大学 | 4 414.10 |
| 10 | 哈尔滨医科大学 | 4 212.30 |
| 11 | 浙江中医学院 | 4 022.10 |
| 12 | 陕西中医学院 | 3 867.40 |
| 13 | 邯郸医学高等专科学校 | 3 500.60 |
| 14 | 中国医科大学 | 3 363.80 |
| 15 | 广西中医学院 | 3 256.80 |
| 16 | 重庆医科大学 | 2 238.70 |
| 17 | 安徽医科大学 | 2 111.80 |
| 18 | 上海中医药大学 | 1 974.10 |
| 19 | 长春中医学院 | 1 780.60 |
| 20 | 天津医科大学 | 1 749.40 |
| 21 | 上海第二医科大学 | 1 706.00 |
| 22 | 南京医科大学 | 1 653.70 |
| 23 | 首都医科大学 | 1 547.90 |
| 24 | 山东中医药大学 | 1 442.10 |
| 25 | 广西医科大学 | 1 390.20 |
| 26 | 广州医学院 | 1 238.10 |
| 27 | 川北医学院 | 1 019.80 |
| 28 | 福建医科大学 | 915.70 |
| 29 | 广州中医药大学 | 912.50 |
| 30 | 黑龙江中医药大学 | 820.30 |
| 31 | 泸州医学院 | 789.80 |
| 32 | 湖南中医学院 | 771.90 |
| 33 | 辽宁中医学院 | 650.50 |

**续附表 4**

| 序号 | 学校名称 | 校办产业收入总额 |
|---|---|---|
| 34 | 福建中医学院 | 637.80 |
| 35 | 云南中医学院 | 567.80 |
| 36 | 郧阳医学院 | 534.90 |
| 37 | 沈阳药科大学 | 506.10 |
| 38 | 西藏藏医学院 | 504.90 |
| 39 | 华北煤炭医学院 | 444.20 |
| 40 | 大连医科大学 | 436.60 |
| 41 | 遵义医学院 | 312.80 |
| 42 | 广东医学院 | 254.10 |
| 43 | 济宁医学院 | 247.10 |
| 44 | 新疆维吾尔医学专科学校 | 241.20 |
| 45 | 潍坊医学院 | 233.40 |
| 46 | 沈阳医学院 | 190.00 |
| 47 | 右江民族医学院 | 186.00 |
| 48 | 兰州医学院 | 154.00 |
| 49 | 徐州医学院 | 134.90 |
| 50 | 临沂医学专科学校 | 128.40 |
| 51 | 天津中医学院 | 105.10 |
| 52 | 包头医学院 | 98.50 |
| 53 | 贵阳医学院 | 93.10 |
| 54 | 承德医学院 | 80.10 |
| 55 | 新疆医科大学 | 78.10 |
| 56 | 蚌埠医学院 | 75.20 |
| 57 | 齐齐哈尔医学院 | 66.10 |
| 58 | 泰山医学院 | 59.00 |
| 59 | 滨州医学院 | 51.00 |
| 60 | 广东药学院 | 47.30 |

**附表 5　全国师范类院校按收入总额情况八十强排名**

2002 年 12 月 31 日　　单位:万元

| 序号 | 学校名称 | 校办产业收入总额 |
|---|---|---|
| 1 | 华东师范大学 | 40 905.80 |
| 2 | 北京师范大学 | 33 354.10 |

**续附表 5**

| 序号 | 学校名称 | 校办产业收入总额 |
|---|---|---|
| 3 | 广西师范大学 | 23 657.60 |
| 4 | 南京师范大学 | 21 554.10 |
| 5 | 东北师范大学 | 18 561.40 |
| 6 | 陕西师范大学 | 18 247.10 |
| 7 | 山西师范大学 | 15 339.20 |
| 8 | 上海师范大学 | 10 926.90 |
| 9 | 华中师范大学 | 9 776.20 |
| 10 | 天津师范大学 | 7 744.40 |
| 11 | 西南师范大学 | 6 993.50 |
| 12 | 辽宁师范大学 | 6 595.00 |
| 13 | 华南师范大学 | 6 526.10 |
| 14 | 首都师范大学 | 4 760.20 |
| 15 | 烟台师范学院 | 4 070.37 |
| 16 | 徐州师范大学 | 3 240.30 |
| 17 | 西北师范大学 | 3 198.80 |
| 18 | 岳阳师范学院 | 2 529.10 |
| 19 | 天津职业技术师范学院 | 1 973.20 |
| 20 | 福建师范大学 | 1 921.50 |
| 21 | 黄冈师范学院 | 1 782.80 |
| 22 | 滨州师范专科学校 | 1 572.50 |
| 23 | 河南师范大学 | 1 458.60 |
| 24 | 云南师范大学 | 1 380.30 |
| 25 | 盐城师范学院 | 1 366.30 |
| 26 | 四川师范大学 | 1 346.50 |
| 27 | 浙江师范大学 | 1 345.80 |
| 28 | 绍兴文理学院 | 1 341.10 |
| 29 | 杭州师范学院 | 1 292.00 |
| 30 | 乐山师范学院 | 1 255.60 |
| 31 | 绵阳师范学院 | 1 198.60 |
| 32 | 河北师范大学 | 1 153.40 |
| 33 | 枣庄师范专科学校 | 964.10 |
| 34 | 首都体育学院 | 920.80 |
| 35 | 温州师范学院 | 866.70 |
| 36 | 湛江师范学院 | 757.90 |

**续附表 5**

| 序号 | 学校名称 | 校办产业收入总额 |
| --- | --- | --- |
| 37 | 贵州师范大学 | 738.10 |
| 38 | 安徽师范大学 | 709.20 |
| 39 | 新疆师范大学 | 692.90 |
| 40 | 山东师范大学 | 676.70 |
| 41 | 西昌师范高等专科学校 | 670.70 |
| 42 | 聊城大学 | 668.10 |
| 43 | 南通师范学院 | 640.40 |
| 44 | 台州学院 | 548.90 |
| 45 | 达县师范高等专科学校 | 518.50 |
| 46 | 泉州师范学院 | 506.60 |
| 47 | 四川师范学院 | 495.00 |
| 48 | 庆阳师范高等专科学校 | 480.00 |
| 49 | 自贡师范高等专科学校 | 419.00 |
| 50 | 淮阴师范学院 | 410.80 |
| 51 | 吉林师范大学 | 407.42 |
| 52 | 重庆师范学院 | 390.70 |
| 53 | 新疆教育学院 | 385.50 |
| 54 | 曲阜师范大学 | 369.40 |
| 55 | 赣南师范学院 | 335.30 |
| 56 | 川北教育学院 | 327.50 |
| 57 | 通化师范学院 | 326.60 |
| 58 | 皖西学院 | 316.60 |
| 59 | 鞍山师范学院 | 316.50 |
| 60 | 楚雄师范学院 | 259.10 |
| 61 | 伊犁师范学院 | 248.60 |
| 62 | 海南师范学院 | 244.30 |
| 63 | 遵义师范学院 | 240.60 |
| 64 | 荆州师范学院 | 239.60 |
| 65 | 安康师范专科学校 | 238.10 |
| 66 | 沙洋师范高等专科学校 | 201.40 |
| 67 | 康定民族师范高等专科学校 | 199.70 |
| 68 | 江西师范大学 | 198.40 |
| 69 | 常州技术师范学院 | 186.90 |
| 70 | 内蒙古师范大学 | 186.10 |

**续附表 5**

| 序号 | 学校名称 | 校办产业收入总额 |
|---|---|---|
| 71 | 南阳师范学院 | 167.30 |
| 72 | 长春师范学院 | 165.60 |
| 73 | 锦州师范学院 | 158.10 |
| 74 | 黔东南民族师范高等专科学校 | 143.90 |
| 75 | 唐山师范学院 | 124.20 |
| 76 | 湖州师范学院 | 88.20 |
| 77 | 右江民族师范高等专科学校 | 84.30 |
| 78 | 安阳师范学院 | 82.50 |
| 79 | 宝鸡文理学院 | 82.50 |
| 80 | 铁岭师范高等专科学校 | 67.10 |

**附表 6　全国其他类院校按收入总额情况八十强排名**

2002 年 12 月 31 日　　单位:万元

| 序号 | 学校名称 | 校办产业收入总额 |
|---|---|---|
| 1 | 北京外国语大学 | 50 637.10 |
| 2 | 上海外国语大学 | 36 772.30 |
| 3 | 山东畜牧兽医职业学院 | 17 353.50 |
| 4 | 广州美术学院 | 15 938.30 |
| 5 | 北京体育大学 | 7 910.80 |
| 6 | 北京第二外国语学院 | 7 712.60 |
| 7 | 东北财经大学 | 6 876.10 |
| 8 | 湖南铁道职业技术学院 | 6 793.38 |
| 9 | 中国政法大学 | 4 848.00 |
| 10 | 中国美术学院 | 4 768.40 |
| 11 | 中国人民公安大学 | 4 671.60 |
| 12 | 北京语言大学 | 3 821.30 |
| 13 | 新疆农业职业技术学院 | 3 717.30 |
| 14 | 鲁迅美术学院 | 3 626.30 |
| 15 | 上海第二工业大学 | 3 352.10 |
| 16 | 泰州职业技术学院 | 3 251.70 |
| 17 | 首都经济贸易大学 | 3 155.70 |
| 18 | 西安外国语学院 | 2 944.00 |
| 19 | 上海财经大学 | 2 795.20 |

**续附表 6**

| 序号 | 学校名称 | 校办产业收入总额 |
|---|---|---|
| 20 | 天津商学院 | 2 719.30 |
| 21 | 南京化工职业技术学院 | 2 666.70 |
| 22 | 广东建设职业技术学院 | 2 646.00 |
| 23 | 对外经济贸易大学 | 2 458.10 |
| 24 | 福建公安高等专科学校 | 2 457.60 |
| 25 | 四川音乐学院 | 2 451.00 |
| 26 | 湖南商学院 | 2 417.40 |
| 27 | 西安音乐学院 | 2 383.80 |
| 28 | 天津现代职业技术学院 | 2 347.60 |
| 29 | 西南民族学院 | 2 337.10 |
| 30 | 深圳职业技术学院 | 2 312.70 |
| 31 | 南京工业职业技术学院 | 2 171.20 |
| 32 | 无锡商业职业技术学院 | 2 012.40 |
| 33 | 武汉船舶职业技术学院 | 1 849.40 |
| 34 | 中央音乐学院 | 1 728.30 |
| 35 | 西南财经大学 | 1 671.70 |
| 36 | 民办青岛滨海职业学院 | 1 653.98 |
| 37 | 大连外国语学院 | 1 551.30 |
| 38 | 山东纺织职业学院 | 1 437.70 |
| 39 | 陕西工业职业技术学院 | 1 425.40 |
| 40 | 上海体育学院 | 1 419.70 |
| 41 | 北京广播学院 | 1 362.70 |
| 42 | 徐州建筑职业技术学院 | 1 131.50 |
| 43 | 四川机电职业技术学院 | 1 076.70 |
| 44 | 南京审计学院 | 1 074.50 |
| 45 | 成都体育学院 | 1 016.00 |
| 46 | 连云港职业技术学院 | 993.90 |
| 47 | 四川交通职业技术学院 | 970.10 |
| 48 | 北京青年政治学院 | 963.10 |
| 49 | 天津音乐学院 | 933.50 |
| 50 | 江西财经大学 | 895.00 |
| 51 | 无锡职业技术学院 | 869.90 |
| 52 | 中国煤炭经济学院 | 861.30 |
| 53 | 吉林交通职业技术学院 | 825.20 |

续附表 6

| 序号 | 学校名称 | 校办产业收入总额 |
| --- | --- | --- |
| 54 | 上海音乐学院 | 805.60 |
| 55 | 南京交通职业技术学院 | 748.40 |
| 56 | 邢台职业技术学院 | 700.00 |
| 57 | 西北民族学院 | 696.00 |
| 58 | 北京工业职业技术学院 | 687.60 |
| 59 | 南通职业大学 | 642.90 |
| 60 | 中央戏剧学院 | 635.90 |
| 61 | 四川外语学院 | 610.00 |
| 62 | 广东交通职业技术学院 | 583.90 |
| 63 | 克拉玛依职业技术学院 | 573.20 |
| 64 | 北京电影学院 | 567.02 |
| 65 | 江苏畜牧兽医职业技术学院 | 558.70 |
| 66 | 沈阳体育学院 | 530.20 |
| 67 | 四川建筑职业技术学院 | 406.70 |
| 68 | 兰州石化职业技术学院 | 396.30 |
| 69 | 中南财经政法大学 | 362.90 |
| 70 | 荆门职业技术学院 | 343.10 |
| 71 | 北京轻工职业技术学院 | 340.60 |
| 72 | 四川美术学院 | 315.50 |
| 73 | 天津渤海职业技术学院 | 308.20 |
| 74 | 陕西交通职业技术学院 | 290.30 |
| 75 | 辽宁财政高等专科学校 | 287.20 |
| 76 | 贵州商业高等专科学校 | 286.40 |
| 77 | 营口职业技术学院 | 276.30 |
| 78 | 上海戏剧学院 | 261.80 |
| 79 | 广东轻工职业技术学院 | 254.70 |
| 80 | 天津工程职业技术学院 | 251.20 |

**附表 7　全国综合类院校按利润总额情况五十强排名**

2002 年 12 月 31 日　　单位:万元

| 序号 | 学校名称 | 校办产业利润总额 |
| --- | --- | --- |
| 1 | 清华大学 | 63 929.80 |
| 2 | 西安交通大学 | 21 272.80 |

**续附表 7**

| 序号 | 学校名称 | 校办产业利润总额 |
| --- | --- | --- |
| 3 | 复旦大学 | 16 107.50 |
| 4 | 浙江大学 | 15 269.70 |
| 5 | 北京大学 | 9 983.60 |
| 6 | 东北大学 | 7 047.60 |
| 7 | 武汉大学 | 7 035.70 |
| 8 | 南京大学 | 6 652.20 |
| 9 | 中国人民大学 | 5 909.40 |
| 10 | 南开大学 | 5 667.90 |
| 11 | 郑州大学 | 5 372.60 |
| 12 | 中山大学 | 4 938.90 |
| 13 | 四川大学 | 3 710.81 |
| 14 | 云南大学 | 3 412.21 |
| 15 | 中国科技大学 | 3 071.60 |
| 16 | 吉林大学 | 2 846.00 |
| 17 | 西南交通大学 | 2 594.40 |
| 18 | 山东大学 | 2 569.80 |
| 19 | 扬州大学 | 1 842.40 |
| 20 | 苏州大学 | 1 453.30 |
| 21 | 上海大学 | 1 196.40 |
| 22 | 河北大学 | 1 194.80 |
| 23 | 河海大学 | 738.60 |
| 24 | 东华大学 | 656.10 |
| 25 | 集美大学 | 609.00 |
| 26 | 吉首大学 | 579.60 |
| 27 | 黑龙江大学 | 576.10 |
| 28 | 厦门大学 | 525.30 |
| 29 | 广州大学 | 501.50 |
| 30 | 辽宁大学 | 489.40 |
| 31 | 成都信息工程学院 | 402.10 |
| 32 | 江苏大学 | 389.30 |
| 33 | 广西大学 | 354.50 |
| 34 | 常熟高等专科学校 | 352.40 |
| 35 | 上海电视大学 | 335.90 |
| 36 | 安徽大学 | 280.30 |

**续附表 7**

| 序号 | 学校名称 | 校办产业利润总额 |
| --- | --- | --- |
| 37 | 兰州大学 | 224.70 |
| 38 | 中国地质大学(北京) | 214.60 |
| 39 | 延边大学 | 194.60 |
| 40 | 咸宁学院 | 173.00 |
| 41 | 宁波大学 | 154.80 |
| 42 | 江南大学 | 152.30 |
| 43 | 茂名学院 | 149.00 |
| 44 | 新疆大学 | 146.70 |
| 45 | 宜宾学院 | 135.80 |
| 46 | 潍坊学院 | 133.50 |
| 47 | 佛山科学技术学院 | 133.10 |
| 48 | 攀枝花学院 | 114.50 |
| 49 | 河南科技大学 | 106.40 |
| 50 | 西安石油学院 | 88.40 |

**附表 8　全国工科类院校按利润总额情况五十强排名**

2002 年 12 月 31 日　　单位:万元

| 序号 | 学校名称 | 校办产业利润总额 |
| --- | --- | --- |
| 1 | 上海交通大学 | 16 376.10 |
| 2 | 同济大学 | 10 497.00 |
| 3 | 华中科技大学 | 10 268.30 |
| 4 | 北京理工大学 | 9 377.40 |
| 5 | 东南大学 | 7 503.30 |
| 6 | 哈尔滨工业大学 | 7 183.90 |
| 7 | 上海应用技术学院 | 5 427.50 |
| 8 | 天津大学 | 4 924.00 |
| 9 | 南京工程学院 | 3 828.20 |
| 10 | 太原理工大学 | 3 127.30 |
| 11 | 大连理工大学 | 3 009.50 |
| 12 | 中国地质大学 | 2 963.50 |
| 13 | 北方交通大学 | 2 848.00 |
| 14 | 电子科技大学 | 2 776.20 |
| 15 | 南京航空航天大学 | 2 732.30 |

**续附表 8**

| 序号 | 学校名称 | 校办产业利润总额 |
|---|---|---|
| 16 | 石油大学(华东) | 2 710.90 |
| 17 | 燕山大学 | 2 618.30 |
| 18 | 南京理工大学 | 2 510.80 |
| 19 | 北京建筑工程学院 | 2 312.06 |
| 20 | 重庆大学 | 2 278.80 |
| 21 | 天津理工学院 | 2 020.00 |
| 22 | 华南理工大学 | 1 701.50 |
| 23 | 华东理工大学 | 1 420.50 |
| 24 | 北京航空航天大学 | 1 326.30 |
| 25 | 中南大学 | 1 252.20 |
| 26 | 华北电力大学 | 1 052.60 |
| 27 | 中国矿业大学 | 948.90 |
| 28 | 南京工业大学 | 947.30 |
| 29 | 西安建筑科技大学 | 910.70 |
| 30 | 北京科技大学 | 910.60 |
| 31 | 武汉理工大学 | 907.90 |
| 32 | 北京服装学院 | 896.60 |
| 33 | 西安电子科技大学 | 795.70 |
| 34 | 北京工业大学 | 763.40 |
| 35 | 西南科技大学 | 725.58 |
| 36 | 武汉科技学院 | 705.20 |
| 37 | 西安邮电学院 | 665.00 |
| 38 | 大连海事大学 | 653.00 |
| 39 | 上海海运学院 | 639.00 |
| 40 | 沈阳工业大学 | 601.60 |
| 41 | 上海理工大学 | 557.80 |
| 42 | 北京化工大学 | 542.20 |
| 43 | 沈阳航空工业学院 | 536.50 |
| 44 | 天津工业大学 | 519.90 |
| 45 | 成都理工大学 | 516.50 |
| 46 | 南京邮电学院 | 495.60 |
| 47 | 西北工业大学 | 441.90 |
| 48 | 鞍山科技大学 | 418.30 |
| 49 | 大连铁道学院 | 410.30 |
| 50 | 长春汽车工业高等专科学校 | 400.00 |

## 附表 9　全国农林类院校按利润总额情况排名

2002 年 12 月 31 日　　单位:万元

| 序号 | 学校名称 | 校办产业利润总额 |
|---|---|---|
| 1 | 沈阳农业大学 | 5 524.60 |
| 2 | 华南农业大学 | 2 563.60 |
| 3 | 中国农业大学 | 1 186.18 |
| 4 | 南京农业大学 | 1 157.20 |
| 5 | 西北农林科技大学 | 764.44 |
| 6 | 湖南农业大学 | 761.50 |
| 7 | 黑龙江八一农垦大学 | 696.90 |
| 8 | 浙江海洋学院 | 424.20 |
| 9 | 西南农业大学 | 372.60 |
| 10 | 河北农业大学 | 237.30 |
| 11 | 莱阳农学院 | 219.80 |
| 12 | 山东农业大学 | 197.60 |
| 13 | 湖北农学院 | 168.40 |
| 14 | 湛江海洋大学 | 163.90 |
| 15 | 四川农业大学 | 143.80 |
| 16 | 华中农业大学 | 139.80 |
| 17 | 北京农学院 | 132.90 |
| 18 | 安徽农业大学 | 106.40 |
| 19 | 郑州牧业工程高等专科学校 | 97.40 |
| 20 | 西昌农业高等专科学校 | 76.60 |
| 21 | 福建农林大学 | 63.80 |
| 22 | 新疆农业大学 | 56.90 |
| 23 | 内蒙古农业大学 | 54.80 |
| 24 | 上海水产大学 | 19.30 |
| 25 | 大连水产学院 | 10.80 |
| 26 | 张家口农业高等专科学校 | 10.60 |
| 27 | 天津农学院 | 9.50 |
| 28 | 辽宁农业职业技术学院 | 8.70 |
| 29 | 山西农业大学 | -0.30 |
| 30 | 东北林业大学 | -1.20 |
| 31 | 吉林特产高等专科学校 | -2.00 |
| 32 | 云南农业大学 | -4.20 |
| 33 | 塔里木农垦大学 | -12.10 |

**续附表 9**

| 序号 | 学校名称 | 校办产业利润总额 |
| --- | --- | --- |
| 34 | 仲恺农业技术学院 | -14.40 |
| 35 | 甘肃农业大学 | -28.10 |
| 36 | 东北农业大学 | -31.20 |
| 37 | 南京林业大学 | -52.70 |
| 38 | 河南农业大学 | -68.20 |
| 39 | 吉林农业大学 | -89.10 |
| 40 | 中南林学院 | -123.50 |
| 41 | 华南热带农业大学 | -249.20 |
| 42 | 江西农业大学 | -599.40 |

**附表 10　全国医药类院校按利润总额情况五十强排名**

2002 年 12 月 31 日　　单位:万元

| 序号 | 学校名称 | 校办产业利润总额 |
| --- | --- | --- |
| 1 | 江西中医学院 | 6 802.80 |
| 2 | 中国协和医科大学 | 3 605.30 |
| 3 | 北京中医药大学 | 1 062.10 |
| 4 | 锦州医学院 | 957.60 |
| 5 | 邯郸医学高等专科学校 | 813.70 |
| 6 | 成都中医药大学 | 703.10 |
| 7 | 陕西中医学院 | 592.50 |
| 8 | 河北医科大学 | 536.40 |
| 9 | 广西中医学院 | 456.00 |
| 10 | 南京医科大学 | 447.50 |
| 11 | 上海中医药大学 | 416.30 |
| 12 | 重庆医科大学 | 334.20 |
| 13 | 川北医学院 | 283.30 |
| 14 | 中国医科大学 | 177.60 |
| 15 | 广西医科大学 | 167.40 |
| 16 | 西藏藏医学院 | 142.70 |
| 17 | 广州医学院 | 137.70 |
| 18 | 大连医科大学 | 117.30 |
| 19 | 上海第二医科大学 | 117.10 |
| 20 | 中国药科大学 | 110.90 |

**续附表 10**

| 序号 | 学校名称 | 校办产业利润总额 |
|---|---|---|
| 21 | 长春中医学院 | 110.00 |
| 22 | 浙江中医学院 | 102.60 |
| 23 | 新疆维吾尔医学专科学校 | 97.90 |
| 24 | 辽宁中医学院 | 60.30 |
| 25 | 福建医科大学 | 57.00 |
| 26 | 潍坊医学院 | 51.10 |
| 27 | 黑龙江中医药大学 | 47.80 |
| 28 | 滨州医学院 | 47.00 |
| 29 | 蚌埠医学院 | 40.00 |
| 30 | 临沂医学专科学校 | 38.90 |
| 31 | 云南中医学院 | 35.50 |
| 32 | 济宁医学院 | 34.40 |
| 33 | 贵阳医学院 | 32.00 |
| 34 | 包头医学院 | 23.90 |
| 35 | 右江民族医学院 | 22.90 |
| 36 | 沈阳医学院 | 22.50 |
| 37 | 湖北中医学院 | 20.30 |
| 38 | 安徽中医学院 | 10.60 |
| 39 | 郧阳医学院 | 7.60 |
| 40 | 福建中医学院 | 5.70 |
| 41 | 兰州医学院 | 3.40 |
| 42 | 齐齐哈尔医学院 | 2.60 |
| 43 | 南通医学院 | 0.30 |
| 44 | 泰山医学院 | -0.10 |
| 45 | 广东药学院 | -0.30 |
| 46 | 桂林医学院 | -2.20 |
| 47 | 徐州医学院 | -5.80 |
| 48 | 承德医学院 | -7.00 |
| 49 | 天津中医学院 | -8.80 |
| 50 | 华北煤炭医学院 | -10.10 |

## 附表 11　全国师范类院校按利润总额情况五十强排名

2002 年 12 月 31 日　　单位:万元

| 序号 | 学校名称 | 利润总额 |
|---|---|---|
| 1 | 北京师范大学 | 10 989.20 |
| 2 | 陕西师范大学 | 8 479.70 |
| 3 | 山西师范大学 | 5 308.80 |
| 4 | 东北师范大学 | 4 091.90 |
| 5 | 广西师范大学 | 4 023.20 |
| 6 | 华东师范大学 | 2 729.50 |
| 7 | 南京师范大学 | 1 924.90 |
| 8 | 华中师范大学 | 1 713.80 |
| 9 | 西南师范大学 | 1 612.10 |
| 10 | 上海师范大学 | 1 077.60 |
| 11 | 辽宁师范大学 | 1 059.10 |
| 12 | 首都师范大学 | 737.10 |
| 13 | 天津师范大学 | 598.90 |
| 14 | 华南师范大学 | 461.40 |
| 15 | 四川师范大学 | 403.60 |
| 16 | 乐山师范学院 | 295.70 |
| 17 | 盐城师范学院 | 241.90 |
| 18 | 四川师范学院 | 214.60 |
| 19 | 黄冈师范学院 | 154.50 |
| 20 | 河北师范大学 | 145.00 |
| 21 | 福建师范大学 | 139.60 |
| 22 | 天津职业技术师范学院 | 116.20 |
| 23 | 川北教育学院 | 110.70 |
| 24 | 枣庄师范专科学校 | 105.00 |
| 25 | 内蒙古师范大学 | 100.00 |
| 26 | 滨州师范专科学校 | 92.30 |
| 27 | 岳阳师范学院 | 91.00 |
| 28 | 浙江师范大学 | 87.40 |
| 29 | 聊城大学 | 84.60 |
| 30 | 绵阳师范学院 | 83.30 |
| 31 | 沙洋师范高等专科学校 | 81.80 |
| 32 | 达县师范高等专科学校 | 79.50 |
| 33 | 吉林师范大学 | 78.60 |

**续附表 11**

| 序号 | 学校名称 | 利润总额 |
| --- | --- | --- |
| 34 | 西昌师范高等专科学校 | 65.20 |
| 35 | 自贡师范高等专科学校 | 64.90 |
| 36 | 唐山师范学院 | 57.40 |
| 37 | 新疆师范大学 | 56.80 |
| 38 | 台州学院 | 56.30 |
| 39 | 西北师范大学 | 53.60 |
| 40 | 黔东南民族师范高等专科学校 | 52.60 |
| 41 | 庆阳师范高等专科学校 | 36.50 |
| 42 | 遵义师范学院 | 35.50 |
| 43 | 安徽师范大学 | 33.80 |
| 44 | 杭州师范学院 | 31.00 |
| 45 | 泉州师范学院 | 29.50 |
| 46 | 荆州师范学院 | 28.00 |
| 47 | 赣南师范学院 | 25.90 |
| 48 | 皖西学院 | 22.20 |
| 49 | 贵州师范大学 | 21.10 |
| 50 | 山东师范大学 | 20.00 |

**附表 12　全国其他类院校按利润总额情况五十强排名**

2002 年 12 月 31 日　　单位:万元

| 序号 | 学校名称 | 校办产业利润总额 |
| --- | --- | --- |
| 1 | 北京外国语大学 | 16 596.90 |
| 2 | 上海外国语大学 | 1 2069.90 |
| 3 | 中国政法大学 | 2 037.40 |
| 4 | 西南民族学院 | 1 146.90 |
| 5 | 北京语言大学 | 912.30 |
| 6 | 湖南铁道职业技术学院 | 792.18 |
| 7 | 北京广播学院 | 716.20 |
| 8 | 北京体育大学 | 673.70 |
| 9 | 上海财经大学 | 626.80 |
| 10 | 中国人民公安大学 | 517.20 |
| 11 | 上海体育学院 | 490.10 |
| 12 | 大连外国语学院 | 475.10 |

**续附表 12**

| 序号 | 学校名称 | 校办产业利润总额 |
| --- | --- | --- |
| 13 | 首都经济贸易大学 | 430.10 |
| 14 | 鲁迅美术学院 | 353.00 |
| 15 | 东北财经大学 | 309.70 |
| 16 | 山东畜牧兽医职业学院 | 306.60 |
| 17 | 对外经济贸易大学 | 290.60 |
| 18 | 中南财经政法大学 | 272.40 |
| 19 | 泰州职业技术学院 | 270.40 |
| 20 | 西南财经大学 | 233.50 |
| 21 | 南京工业职业技术学院 | 226.20 |
| 22 | 新疆农业职业技术学院 | 215.20 |
| 23 | 北京第二外国语学院 | 214.40 |
| 24 | 西安音乐学院 | 210.00 |
| 25 | 南京交通职业技术学院 | 209.00 |
| 26 | 西安外国语学院 | 194.80 |
| 27 | 南通职业大学 | 182.50 |
| 28 | 深圳职业技术学院 | 173.10 |
| 29 | 四川交通职业技术学院 | 166.90 |
| 30 | 北京电影学院 | 166.22 |
| 31 | 北京轻工职业技术学院 | 163.80 |
| 32 | 四川音乐学院 | 159.00 |
| 33 | 山东纺织职业学院 | 136.30 |
| 34 | 成都体育学院 | 108.70 |
| 35 | 上海第二工业大学 | 100.20 |
| 36 | 民办青岛滨海职业学院 | 91.80 |
| 37 | 邢台职业技术学院 | 89.00 |
| 38 | 聊城职业技术学院 | 88.50 |
| 39 | 四川机电职业技术学院 | 86.70 |
| 40 | 中国美术学院 | 84.10 |
| 41 | 宁夏工业职业学院 | 83.50 |
| 42 | 吉林交通职业技术学院 | 83.50 |
| 43 | 连云港职业技术学院 | 76.50 |
| 44 | 天津现代职业技术学院 | 67.80 |
| 45 | 北京工业职业技术学院 | 63.60 |
| 46 | 上海音乐学院 | 59.10 |

**续附表 12**

| 序号 | 学校名称 | 校办产业利润总额 |
| --- | --- | --- |
| 47 | 四川建筑职业技术学院 | 57.60 |
| 48 | 无锡职业技术学院 | 53.70 |
| 49 | 中国煤炭经济学院 | 51.30 |
| 50 | 沈阳体育学院 | 49.60 |

**附表 13　全国综合类院校按科技企业收入总额情况八十强排名**

2002 年 12 月 31 日　　单位:万元

| 序号 | 学校名称 | 校办科技企业收入总额 |
| --- | --- | --- |
| 1 | 北京大学 | 1525 212.40 |
| 2 | 清华大学 | 1147 223.60 |
| 3 | 浙江大学 | 297 198.60 |
| 4 | 东北大学 | 226 968.40 |
| 5 | 西安交通大学 | 199 030.60 |
| 6 | 复旦大学 | 172 281.00 |
| 7 | 山东大学 | 130 146.20 |
| 8 | 中山大学 | 109 653.20 |
| 9 | 南京大学 | 76 082.60 |
| 10 | 南开大学 | 54 847.30 |
| 11 | 武汉大学 | 53 105.20 |
| 12 | 中国科学技术大学 | 50 368.20 |
| 13 | 西南交通大学 | 40 800.10 |
| 14 | 郑州大学 | 40 251.90 |
| 15 | 厦门大学 | 36 049.50 |
| 16 | 东华大学 | 32 631.50 |
| 17 | 四川大学 | 29 965.90 |
| 18 | 吉林大学 | 22 920.90 |
| 19 | 中国人民大学 | 21 523.50 |
| 20 | 苏州大学 | 20 482.30 |
| 21 | 上海大学 | 17 880.00 |
| 22 | 扬州大学 | 16 680.50 |
| 23 | 黑龙江大学 | 16 564.80 |
| 24 | 广西大学 | 15 019.50 |
| 25 | 江苏大学 | 14 414.50 |

**续附表 13**

| 序号 | 学校名称 | 校办科技企业收入总额 |
| --- | --- | --- |
| 26 | 云南大学 | 13 192.20 |
| 27 | 吉首大学 | 10 003.10 |
| 28 | 河海大学 | 9 855.80 |
| 29 | 河北大学 | 9 682.60 |
| 30 | 江南大学 | 9 393.80 |
| 31 | 暨南大学 | 8 683.30 |
| 32 | 深圳大学 | 7 467.80 |
| 33 | 兰州大学 | 6 210.50 |
| 34 | 青岛大学 | 6 037.50 |
| 35 | 南昌大学 | 5 767.90 |
| 36 | 中国地质大学(北京) | 5 608.30 |
| 37 | 延边大学 | 5 247.30 |
| 38 | 辽宁大学 | 4 893.10 |
| 39 | 集美大学 | 3 747.90 |
| 40 | 安徽大学 | 3 731.00 |
| 41 | 宁波大学 | 3 342.40 |
| 42 | 青岛科技大学 | 2 909.30 |
| 43 | 广州大学 | 2 559.90 |
| 44 | 西安石油学院 | 2 516.90 |
| 45 | 佛山科学技术学院 | 2 321.00 |
| 46 | 沈阳大学 | 2 143.20 |
| 47 | 潍坊学院 | 2 051.90 |
| 48 | 宜宾学院 | 1 940.00 |
| 49 | 内蒙古大学 | 1 737.10 |
| 50 | 茂名学院 | 1 606.30 |
| 51 | 苏州科技学院 | 1 541.80 |
| 52 | 河南科技大学 | 1 519.70 |
| 53 | 西北大学 | 1 517.90 |
| 54 | 北华大学 | 1 459.00 |
| 55 | 石河子大学 | 1 442.80 |
| 56 | 上海电视大学 | 1 427.10 |
| 57 | 北京联合大学 | 1 420.30 |
| 58 | 襄樊学院 | 1 377.25 |
| 59 | 湘潭大学 | 1 268.10 |

续附表 13

| 序号 | 学校名称 | 校办科技企业收入总额 |
| --- | --- | --- |
| 60 | 新疆大学 | 1 129.30 |
| 61 | 常熟高等专科学校 | 1 091.60 |
| 62 | 成都信息工程学院 | 1 079.30 |
| 63 | 齐齐哈尔大学 | 1 018.80 |
| 64 | 河南大学 | 943.10 |
| 65 | 济南大学 | 835.40 |
| 66 | 成都大学 | 738.90 |
| 67 | 烟台大学 | 685.30 |
| 68 | 佳木斯大学 | 674.40 |
| 69 | 贵州大学 | 673.30 |
| 70 | 广东外语外贸大学 | 657.30 |
| 71 | 三峡大学 | 628.70 |
| 72 | 华东交通大学 | 578.60 |
| 73 | 江汉大学海南大学 | 562.40 |
| 74 | 中国矿业大学(北京校区) | 518.90 |
| 75 | 山西大学 | 488.80 |
| 76 | 大连大学 | 432.10 |
| 77 | 咸宁学院 | 391.00 |
| 78 | 攀枝花学院 | 387.70 |
| 79 | 温州大学 | 347.80 |
| 80 | 湖北大学 | 314.60 |

**附表 14　全国工科类院校按科技企业收入总额情况百强排名**

2002 年 12 月 31 日　　单位:万元

| 序号 | 学校名称 | 校办科技企业收入总额 |
| --- | --- | --- |
| 1 | 同济大学 | 217 668.30 |
| 2 | 上海交通大学 | 178 566.80 |
| 3 | 天津大学 | 169 505.30 |
| 4 | 哈尔滨工业大学 | 164 214.30 |
| 5 | 石油大学(华东) | 136 124.10 |
| 6 | 华中科技大学 | 57 561.32 |
| 7 | 东南大学 | 45 805.60 |
| 8 | 太原理工大学 | 34 643.60 |

**续附表 14**

| 序号 | 学校名称 | 校办科技企业收入总额 |
| --- | --- | --- |
| 9 | 中国地质大学 | 34 548.30 |
| 10 | 重庆大学 | 26 102.70 |
| 11 | 华南理工大学 | 25 621.10 |
| 12 | 中南大学 | 21 791.90 |
| 13 | 华东船舶工业学院 | 21 452.60 |
| 14 | 华东理工大学 | 21 409.60 |
| 15 | 南京理工大学 | 20 817.90 |
| 16 | 大连理工大学 | 19 462.70 |
| 17 | 北京化工大学 | 17 965.80 |
| 18 | 南京航空航天大学 | 16 552.70 |
| 19 | 武汉理工大学 | 16 312.90 |
| 20 | 北京科技大学 | 16 279.60 |
| 21 | 燕山大学 | 16 015.40 |
| 22 | 北京理工大学 | 14 679.60 |
| 23 | 北方交通大学 | 14 215.00 |
| 24 | 电子科技大学 | 14 214.10 |
| 25 | 华北电力大学 | 14 164.60 |
| 26 | 北京工业大学 | 13 341.40 |
| 27 | 北京建筑工程学院 | 13 270.00 |
| 28 | 中国矿业大学 | 13 004.20 |
| 29 | 南京工业大学 | 12 971.90 |
| 30 | 南京工程学院 | 12 513.20 |
| 31 | 沈阳工业大学 | 12 478.50 |
| 32 | 天津理工学院 | 12 089.00 |
| 33 | 西南石油学院 | 10 765.00 |
| 34 | 湖南大学 | 10 511.70 |
| 35 | 大连海事大学 | 10 308.60 |
| 36 | 北京邮电大学 | 10 067.55 |
| 37 | 合肥工业大学 | 10 017.40 |
| 38 | 北京航空航天大学 | 8 998.40 |
| 39 | 安徽工业大学 | 8 571.70 |
| 40 | 上海海运学院 | 7 902.20 |
| 41 | 沙洲职业工学院 | 7 620.90 |
| 42 | 山东建筑工程学院 | 7 040.30 |

**续附表 14**

| 序号 | 学校名称 | 校办科技企业收入总额 |
|---|---|---|
| 43 | 西安建筑科技大学 | 6 824.20 |
| 44 | 西北工业大学 | 6 718.90 |
| 45 | 上海理工大学 | 6 285.60 |
| 46 | 长沙交通学院 | 5 835.20 |
| 47 | 广东工业大学 | 5 596.80 |
| 48 | 常州工学院 | 5 523.60 |
| 49 | 大连铁道学院 | 5 280.70 |
| 50 | 宁波高等专科学校 | 5 159.60 |
| 51 | 福州大学 | 5 104.90 |
| 52 | 河北工业大学 | 5 057.40 |
| 53 | 上海应用技术学院 | 4 967.40 |
| 54 | 沈阳航空工业学院 | 4 867.80 |
| 55 | 中国民用航空飞行学院 | 4 754.60 |
| 56 | 长安大学 | 4 396.50 |
| 57 | 兰州铁道学院 | 4 382.00 |
| 58 | 山东交通学院 | 4 205.60 |
| 59 | 甘肃工业大学 | 4 164.50 |
| 60 | 南京邮电学院 | 4 128.70 |
| 61 | 西安电子科技大学 | 4 053.30 |
| 62 | 上海电力学院 | 3 957.90 |
| 63 | 天津工业大学 | 3 912.90 |
| 64 | 成都理工大学 | 3 842.00 |
| 65 | 山东科技大学 | 3 832.70 |
| 66 | 鞍山科技大学 | 3 792.30 |
| 67 | 福建工程学院 | 3 764.90 |
| 68 | 武汉科技学院 | 3 651.40 |
| 69 | 吉林建筑工程学院 | 3 516.30 |
| 70 | 石家庄铁道学院 | 3 003.40 |
| 71 | 焦作工学院 | 2 844.50 |
| 72 | 重庆邮电学院 | 2 840.20 |
| 73 | 西南科技大学 | 2 808.60 |
| 74 | 青岛建筑工程学院 | 2 697.00 |
| 75 | 武汉科技大学 | 2 615.70 |
| 76 | 昆明理工大学 | 2 506.40 |

**续附表 14**

| 序号 | 学校名称 | 校办科技企业收入总额 |
|---|---|---|
| 77 | 包头钢铁学院 | 2 221.30 |
| 78 | 哈尔滨工程大学 | 2 171.00 |
| 79 | 湖北汽车工业学院 | 2 047.20 |
| 80 | 大庆石油学院 | 2 028.20 |
| 81 | 西安邮电学院 | 2 005.90 |
| 82 | 重庆工学院 | 1 999.10 |
| 83 | 河北理工学院 | 1 983.00 |
| 84 | 沈阳电力高等专科学校 | 1 948.20 |
| 85 | 河北建筑科技学院 | 1 906.60 |
| 86 | 重庆交通学院 | 1 901.00 |
| 87 | 沈阳工业学院 | 1 883.40 |
| 88 | 重庆石油高等专科学校 | 1 869.00 |
| 89 | 淮阴工学院 | 1 771.90 |
| 90 | 沈阳建筑工程学院 | 1 758.30 |
| 91 | 西安科技学院 | 1 741.54 |
| 92 | 内蒙古工业大学 | 1 665.90 |
| 93 | 乌鲁木齐职业大学 | 1 614.10 |
| 94 | 上海工程技术大学 | 1 589.80 |
| 95 | 武汉化工学院 | 1 575.90 |
| 96 | 中国计量学院 | 1 567.50 |
| 97 | 中国海洋大学 | 1 543.70 |
| 98 | 南通工学院 | 1 534.70 |
| 99 | 长春工程学院 | 1 531.00 |
| 100 | 陕西科技大学 | 1 504.30 |

**附表 15　全国农林类院校按科技企业收入总额情况排名**

2002 年 12 月 31 日　　单位:万元

| 序号 | 学校名称 | 校办科技企业收入总额 |
|---|---|---|
| 1 | 沈阳农业大学 | 29 402.00 |
| 2 | 华南农业大学 | 15 303.20 |
| 3 | 中国农业大学 | 14 604.88 |
| 4 | 郑州牧业工程高等专科学校 | 12 516.90 |
| 5 | 西南农业大学 | 11 560.80 |

**续附表 15**

| 序号 | 学校名称 | 校办科技企业收入总额 |
|---|---|---|
| 6 | 湖南农业大学 | 11 450.80 |
| 7 | 南京农业大学 | 10 774.70 |
| 8 | 西北农林科技大学 | 9 629.46 |
| 9 | 四川农业大学 | 5 562.10 |
| 10 | 东北林业大学 | 5 249.50 |
| 11 | 山东农业大学 | 5004.50 |
| 12 | 东北农业大学 | 3 166.20 |
| 13 | 新疆农业大学 | 2 927.10 |
| 14 | 华南热带农业大学 | 2 745.50 |
| 15 | 莱阳农学院 | 2 277.30 |
| 16 | 浙江海洋学院 | 2 155.20 |
| 17 | 黑龙江八一农垦大学 | 2 140.70 |
| 18 | 河北农业大学 | 1 945.90 |
| 19 | 南京林业大学 | 1 885.40 |
| 20 | 江西农业大学 | 1 683.89 |
| 21 | 湛江海洋大学 | 1 608.70 |
| 22 | 安徽农业大学 | 1 407.90 |
| 23 | 湖北农学院 | 1 150.00 |
| 24 | 河南农业大学 | 1 129.10 |
| 25 | 福建农林大学 | 1 009.00 |
| 26 | 华中农业大学 | 878.70 |
| 27 | 山西农业大学 | 858.00 |
| 28 | 内蒙古农业大学 | 728.10 |
| 29 | 中南林学院 | 696.40 |
| 30 | 北京农学院 | 627.50 |
| 31 | 吉林农业大学 | 509.50 |
| 32 | 上海水产大学 | 322.80 |
| 33 | 云南农业大学 | 310.80 |
| 34 | 塔里木农垦大学 | 277.40 |
| 35 | 西昌农业高等专科学校 | 252.08 |
| 36 | 辽宁农业职业技术学院 | 186.20 |
| 37 | 大连水产学院 | 134.80 |
| 38 | 天津农学院 | 131.40 |
| 39 | 仲恺农业技术学院 | 117.50 |

**续附表 15**

| 序号 | 学校名称 | 校办科技企业收入总额 |
|---|---|---|
| 40 | 甘肃农业大学 | 49.50 |
| 41 | 张家口农业高等专科学校 | 13.40 |
| 42 | 吉林特产高等专科学校 | 1.30 |

**附表 16　全国医药类院校按科技企业收入总额情况三十强排名**

2002 年 12 月 31 日　　单位:万元

| 序号 | 学校名称 | 校办科技企业收入总额 |
|---|---|---|
| 1 | 江西中医学院 | 54 072.70 |
| 2 | 中国协和医科大学 | 29 761.10 |
| 3 | 成都中医药大学 | 20 529.60 |
| 4 | 中国药科大学 | 15 896.90 |
| 5 | 南京中医药大学 | 12 580.80 |
| 6 | 安徽中医学院 | 6 282.00 |
| 7 | 河北医科大学 | 5 350.50 |
| 8 | 锦州医学院 | 4 541.00 |
| 9 | 北京中医药大学 | 4 414.10 |
| 10 | 哈尔滨医科大学 | 4 212.30 |
| 11 | 浙江中医学院 | 4 022.10 |
| 12 | 陕西中医学院 | 3 867.40 |
| 13 | 邯郸医学高等专科学校 | 3 500.60 |
| 14 | 中国医科大学 | 3 363.80 |
| 15 | 广西中医学院 | 3 256.80 |
| 16 | 重庆医科大学 | 2 238.70 |
| 17 | 安徽医科大学 | 2 111.80 |
| 18 | 上海中医药大学 | 1 974.10 |
| 19 | 长春中医学院 | 1 780.60 |
| 20 | 天津医科大学 | 1 749.40 |
| 21 | 上海第二医科大学 | 1 706.00 |
| 22 | 南京医科大学 | 1 653.70 |
| 23 | 首都医科大学 | 1 547.90 |
| 24 | 山东中医药大学 | 1 442.10 |
| 25 | 广西医科大学 | 1 390.20 |
| 26 | 广州医学院 | 1 238.10 |

**续附表 16**

| 序号 | 学校名称 | 校办科技企业收入总额 |
|---|---|---|
| 27 | 川北医学院 | 1 019.80 |
| 28 | 福建医科大学 | 915.70 |
| 29 | 广州中医药大学 | 912.50 |
| 30 | 黑龙江中医药大学 | 820.30 |

**附表 17　全国师范类院校按科技企业收入总额情况三十强排名**

2002 年 12 月 31 日　　单位:万元

| 序号 | 学校名称 | 校办科技企业收入总额 |
|---|---|---|
| 1 | 华东师范大学 | 40 905.80 |
| 2 | 北京师范大学 | 33 354.10 |
| 3 | 广西师范大学 | 23 657.60 |
| 4 | 南京师范大学 | 21 554.10 |
| 5 | 东北师范大学 | 18 561.40 |
| 6 | 陕西师范大学 | 18 247.10 |
| 7 | 山西师范大学 | 15 339.20 |
| 8 | 上海师范大学 | 10 926.90 |
| 9 | 华中师范大学 | 9 776.20 |
| 10 | 天津师范大学 | 7 744.40 |
| 11 | 西南师范大学 | 6 993.50 |
| 12 | 辽宁师范大学 | 6 595.00 |
| 13 | 华南师范大学 | 6 526.10 |
| 14 | 首都师范大学 | 4 760.20 |
| 15 | 烟台师范学院 | 4 070.37 |
| 16 | 徐州师范大学 | 3 240.30 |
| 17 | 西北师范大学 | 3 198.80 |
| 18 | 岳阳师范学院 | 2 529.10 |
| 19 | 天津职业技术师范学院 | 1 973.20 |
| 20 | 福建师范大学 | 1 921.50 |
| 21 | 黄冈师范学院 | 1 782.80 |
| 22 | 滨州师范专科学校 | 1 572.50 |
| 23 | 河南师范大学 | 1 458.60 |
| 24 | 云南师范大学 | 1 380.30 |
| 25 | 盐城师范学院 | 1 366.30 |

**续附表 17**

| 序号 | 学校名称 | 校办科技企业收入总额 |
| --- | --- | --- |
| 26 | 四川师范大学 | 1 346.50 |
| 27 | 浙江师范大学 | 1 345.80 |
| 28 | 绍兴文理学院 | 1 341.10 |
| 29 | 杭州师范学院 | 1 292.00 |
| 30 | 乐山师范学院 | 1 255.60 |

**附表 18　全国其他类院校按科技企业收入总额情况十强排名**

2002 年 12 月 31 日　　单位:万元

| 序号 | 学校名称 | 校办科技企业收入总额 |
| --- | --- | --- |
| 1 | 北京外国语大学 | 50 637.10 |
| 2 | 上海外国语大学 | 36 772.30 |
| 3 | 山东畜牧兽医职业学院 | 17 353.50 |
| 4 | 广州美术学院 | 15 938.30 |
| 5 | 北京体育大学 | 7 910.80 |
| 6 | 北京第二外国语学院 | 7 712.60 |
| 7 | 东北财经大学 | 6 876.10 |
| 8 | 湖南铁道职业技术学院 | 6 793.38 |
| 9 | 中国政法大学 | 4 848.00 |
| 10 | 中国美术学院 | 4 768.40 |

**附表 19　全国综合类院校按科技企业利润总额情况五十强排名**

2002 年 12 月 31 日　　单位:万元

| 序号 | 学校名称 | 校办科技企业利润总额 |
| --- | --- | --- |
| 1 | 清华大学 | 63 929.80 |
| 2 | 西安交通大学 | 21 272.80 |
| 3 | 复旦大学 | 16 107.50 |
| 4 | 浙江大学 | 15 269.70 |
| 5 | 北京大学 | 9 983.60 |
| 6 | 东北大学 | 7 047.60 |
| 7 | 武汉大学 | 7 035.70 |
| 8 | 南京大学 | 6 652.20 |
| 9 | 中国人民大学 | 5 909.40 |
| 10 | 南开大学 | 5 667.90 |

**续附表 19**

| 序号 | 学校名称 | 校办科技企业利润总额 |
| --- | --- | --- |
| 11 | 郑州大学 | 5 372.60 |
| 12 | 中山大学 | 4 938.90 |
| 13 | 四川大学 | 3 710.81 |
| 14 | 云南大学 | 3 412.21 |
| 15 | 中国科学技术大学 | 3 071.60 |
| 16 | 吉林大学 | 2 846.00 |
| 17 | 西南交通大学 | 2 594.40 |
| 18 | 山东大学 | 2 569.80 |
| 19 | 扬州大学 | 1 842.40 |
| 20 | 苏州大学 | 1 453.30 |
| 21 | 上海大学 | 1 196.40 |
| 22 | 河北大学 | 1 194.80 |
| 23 | 河海大学 | 738.60 |
| 24 | 东华大学 | 656.10 |
| 25 | 集美大学 | 609.00 |
| 26 | 吉首大学 | 579.60 |
| 27 | 黑龙江大学 | 576.10 |
| 28 | 厦门大学 | 525.30 |
| 29 | 广州大学 | 501.50 |
| 30 | 辽宁大学 | 489.40 |
| 31 | 成都信息工程学院 | 402.10 |
| 32 | 江苏大学 | 389.30 |
| 33 | 广西大学 | 354.50 |
| 34 | 常熟高等专科学校 | 352.40 |
| 35 | 上海电视大学 | 335.90 |
| 36 | 安徽大学 | 280.30 |
| 37 | 兰州大学 | 224.70 |
| 38 | 中国地质大学(北京) | 214.60 |
| 39 | 延边大学 | 194.60 |
| 40 | 咸宁学院 | 173.00 |
| 41 | 宁波大学 | 154.80 |
| 42 | 江南大学 | 152.30 |
| 43 | 茂名学院 | 149.00 |
| 44 | 新疆大学 | 146.70 |

**续附表 19**

| 序号 | 学校名称 | 校办科技企业利润总额 |
|---|---|---|
| 45 | 宜宾学院 | 135.80 |
| 46 | 潍坊学院 | 133.50 |
| 47 | 佛山科学技术学院 | 133.10 |
| 48 | 攀枝花学院 | 114.50 |
| 49 | 河南科技大学 | 106.40 |
| 50 | 西安石油学院 | 88.40 |

## 附表 20　全国工科类院校按科技企业利润总额情况五十强排名

2002 年 12 月 31 日　　单位:万元

| 序号 | 学校名称 | 校办科技企业利润总额 |
|---|---|---|
| 1 上海交通大学 | 16 376.10 | |
| 2 | 同济大学 | 10 497.00 |
| 3 | 华中科技大学 | 10 268.30 |
| 4 | 北京理工大学 | 9 377.40 |
| 5 | 东南大学 | 7 503.30 |
| 6 | 哈尔滨工业大学 | 7 183.90 |
| 7 | 上海应用技术学院 | 5 427.50 |
| 8 | 天津大学 | 4 924.00 |
| 9 | 南京工程学院 | 3 828.20 |
| 10 | 太原理工大学 | 3 127.30 |
| 11 | 大连理工大学 | 3 009.50 |
| 12 | 中国地质大学 | 2 963.50 |
| 13 | 北方交通大学 | 2 848.00 |
| 14 | 电子科技大学 | 2 776.20 |
| 15 | 南京航空航天大学 | 2 732.30 |
| 16 | 石油大学(华东) | 2 710.90 |
| 17 | 燕山大学 | 2 618.30 |
| 18 | 南京理工大学 | 2 510.80 |
| 19 | 北京建筑工程学院 | 2 312.06 |
| 20 | 重庆大学 | 2 278.80 |
| 21 | 天津理工学院 | 2 020.00 |
| 22 | 华南理工大学 | 1 701.50 |
| 23 | 华东理工大学 | 1 420.50 |

**续附表 20**

| 序号 | 学校名称 | 校办科技企业利润总额 |
|---|---|---|
| 24 | 北京航空航天大学 | 1 326.30 |
| 25 | 中南大学 | 1 252.20 |
| 26 | 华北电力大学 | 1 052.60 |
| 27 | 中国矿业大学 | 948.90 |
| 28 | 南京工业大学 | 947.30 |
| 29 | 西安建筑科技大学 | 910.70 |
| 30 | 北京科技大学 | 910.60 |
| 31 | 武汉理工大学 | 907.90 |
| 32 | 北京服装学院 | 896.60 |
| 33 | 西安电子科技大学 | 795.70 |
| 34 | 北京工业大学 | 763.40 |
| 35 | 西南科技大学 | 725.58 |
| 36 | 武汉科技学院 | 705.20 |
| 37 | 西安邮电学院 | 665.00 |
| 38 | 大连海事大学 | 653.00 |
| 39 | 上海海运学院 | 639.00 |
| 40 | 沈阳工业大学 | 601.60 |
| 41 | 上海理工大学 | 557.80 |
| 42 | 北京化工大学 | 542.20 |
| 43 | 沈阳航空工业学院 | 536.50 |
| 44 | 天津工业大学 | 519.90 |
| 45 | 成都理工大学 | 516.50 |
| 46 | 南京邮电学院 | 495.60 |
| 47 | 西北工业大学 | 441.90 |
| 48 | 鞍山科技大学 | 418.30 |
| 49 | 大连铁道学院 | 410.30 |
| 50 | 长春汽车工业高等专科学校 | 400.00 |

**附表 21　全国农林类院校按科技企业利润总额情况二十强排名**

2002 年 12 月 31 日　　单位:万元

| 序号 | 学校名称 | 校办科技企业利润总额 |
|---|---|---|
| 1 | 沈阳农业大学 | 5 524.60 |
| 2 | 华南农业大学 | 2 563.60 |

续附表 21

| 序号 | 学校名称 | 校办科技企业利润总额 |
| --- | --- | --- |
| 3 | 中国农业大学 | 1 186.18 |
| 4 | 南京农业大学 | 1 157.20 |
| 5 | 西北农林科技大学 | 764.44 |
| 6 | 湖南农业大学 | 761.50 |
| 7 | 黑龙江八一农垦大学 | 696.90 |
| 8 | 浙江海洋学院 | 424.20 |
| 9 | 西南农业大学 | 372.60 |
| 10 | 河北农业大学 | 237.30 |
| 11 | 莱阳农学院 | 219.80 |
| 12 | 山东农业大学 | 197.60 |
| 13 | 湖北农学院 | 168.40 |
| 14 | 湛江海洋大学 | 163.90 |
| 15 | 四川农业大学 | 143.80 |
| 16 | 华中农业大学 | 139.80 |
| 17 | 北京农学院 | 132.90 |
| 18 | 安徽农业大学 | 106.40 |
| 19 | 郑州牧业工程高等专科学校 | 97.40 |
| 20 | 西昌农业高等专科学校 | 76.60 |

**附表 22　全国医药类院校按科技企业利润总额情况二十强排名**

2002 年 12 月 31 日　　单位:万元

| 序号 | 学校名称 | 校办科技企业利润总额 |
| --- | --- | --- |
| 1 | 江西中医学院 | 6 802.80 |
| 2 | 中国协和医科大学 | 3 605.30 |
| 3 | 北京中医药大学 | 1 062.10 |
| 4 | 锦州医学院 | 957.60 |
| 5 | 邯郸医学高等专科学校 | 813.70 |
| 6 | 成都中医药大学 | 703.10 |
| 7 | 陕西中医学院 | 592.50 |
| 8 | 河北医科大学 | 536.40 |
| 9 | 广西中医学院 | 456.00 |
| 10 | 南京医科大学 | 447.50 |
| 11 | 上海中医药大学 | 416.30 |

**续附表 22**

| 序号 | 学校名称 | 校办科技企业利润总额 |
| --- | --- | --- |
| 12 | 重庆医科大学 | 334.20 |
| 13 | 川北医学院 | 283.30 |
| 14 | 中国医科大学 | 177.60 |
| 15 | 广西医科大学 | 167.40 |
| 16 | 西藏藏医学院 | 142.70 |
| 17 | 广州医学院 | 137.70 |
| 18 | 大连医科大学 | 117.30 |
| 19 | 上海第二医科大学 | 117.10 |
| 20 | 中国药科大学 | 110.90 |

## 附表 23　全国师范类院校按科技企业利润总额情况二十强排名

2002 年 12 月 31 日　　单位:万元

| 序号 | 学校名称 | 校办科技企业利润总额 |
| --- | --- | --- |
| 1 | 北京师范大学 | 10 989.20 |
| 2 | 陕西师范大学 | 8 479.70 |
| 3 | 山西师范大学 | 5 308.80 |
| 4 | 东北师范大学 | 4 091.90 |
| 5 | 广西师范大学 | 4 023.20 |
| 6 | 华东师范大学 | 2 729.50 |
| 7 | 南京师范大学 | 1 924.90 |
| 8 | 华中师范大学 | 1 713.80 |
| 9 | 西南师范大学 | 1 612.10 |
| 10 | 上海师范大学 | 1 077.60 |
| 11 | 辽宁师范大学 | 1 059.10 |
| 12 | 首都师范大学 | 737.10 |
| 13 | 天津师范大学 | 598.90 |
| 14 | 华南师范大学 | 461.40 |
| 15 | 四川师范大学 | 403.60 |
| 16 | 乐山师范学院 | 295.70 |
| 17 | 盐城师范学院 | 241.90 |
| 18 | 四川师范学院 | 214.60 |
| 19 | 黄冈师范学院 | 154.50 |
| 20 | 河北师范大学 | 145.00 |

## 附表 24　全国其他类院校按科技企业利润总额情况二十强排名

2002 年 12 月 31 日　　　　单位:万元

| 序号 | 学校名称 | 校办科技企业利润总额 |
|---|---|---|
| 1 | 北京外国语大学 | 16 596.90 |
| 2 | 上海外国语大学 | 12 069.90 |
| 3 | 中国政法大学 | 2 037.40 |
| 4 | 西南民族学院 | 1 146.90 |
| 5 | 北京语言大学 | 912.30 |
| 6 | 湖南铁道职业技术学院 | 792.18 |
| 7 | 北京广播学院 | 716.20 |
| 8 | 北京体育大学 | 673.70 |
| 9 | 上海财经大学 | 626.80 |
| 10 | 中国人民公安大学 | 517.20 |
| 11 | 上海体育学院 | 490.10 |
| 12 | 大连外国语学院 | 475.10 |
| 13 | 首都经济贸易大学 | 430.10 |
| 14 | 鲁迅美术学院 | 353.00 |
| 15 | 东北财经大学 | 309.70 |
| 16 | 山东畜牧兽医职业学院 | 306.60 |
| 17 | 对外经济贸易大学 | 290.60 |
| 18 | 中南财经政法大学 | 272.40 |
| 19 | 泰州职业技术学院 | 270.40 |
| 20 | 西南财经大学 | 233.50 |

# 四、2002 年度全国重点院校、一般院校、高等专科院校校办产业统计分析

## 1.全国重点院校、一般院校、高等专科院校校办产业概况

2002 年度参加全国高校校办产业统计工作的共有全国 32 个省、自治区、直辖市及新疆生产建设兵团,共计 631 所普通高校的 5047 个企业。其中:重点高校 198 所(占参加统计工作高校数的 31.38%)中共有企业 3261 个,占全国高校上报企业数的 64.61%;一般高校 289 所(占参加统计工作高校数的 45.80%)中共有企业 1426 个,占全国高校上报企业数的 28.25%;高等专科院校 144 所(占参加统计工作高校数的 22.82%)中共有企业 349 个,占全国高校上报企业数的 6.91%。如图 4-1 所示。

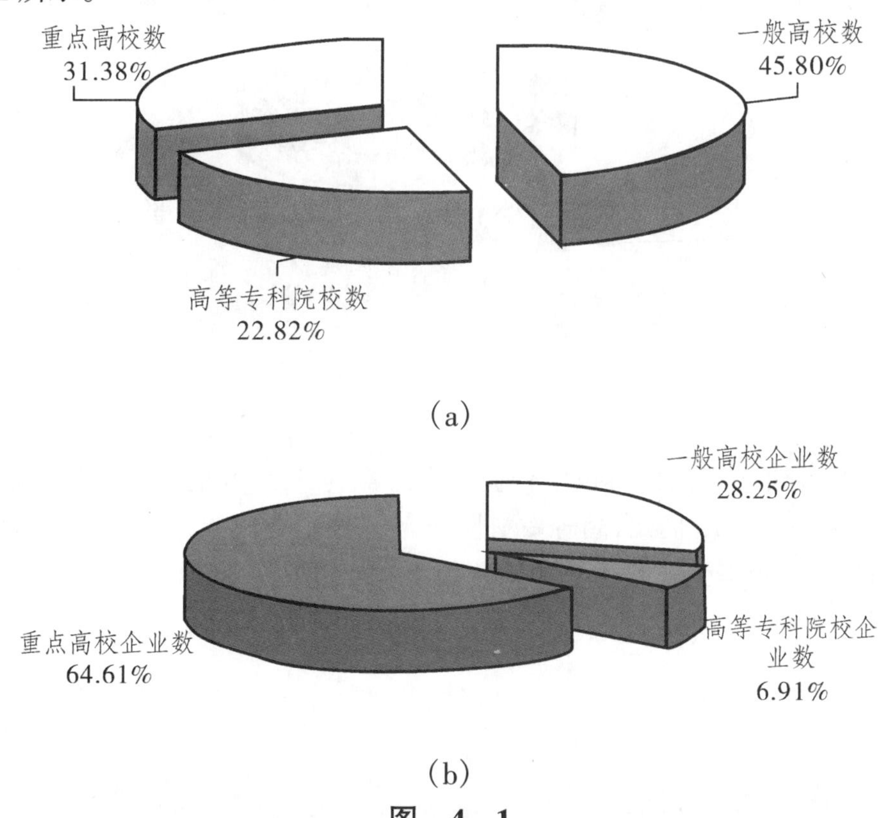


**图 4-1**

## 2.经营状况

### 1)收入总额

(1)2002 年度重点高校校办产业收入总额为 647.82 亿元,一般高校校办产业收入总额为 59.17 亿元,高等专科院校校办产业收入总额为 13.08 亿元;分别占全国高校校办产业收入总额 720.08 亿元的 89.97%、8.22%、1.81%。如图 4-2 所示。

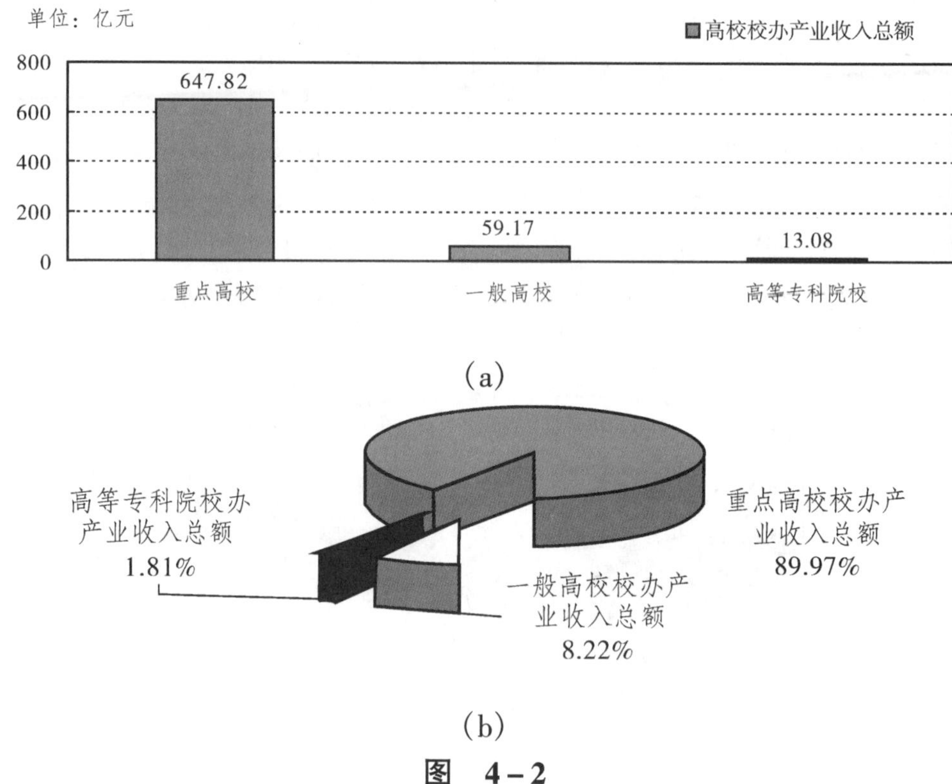


**图 4-2**

(2)2002 年度重点高校科技型企业收入总额为 507.49 亿元,一般高校科技型企业收入总额为 28.75 亿元,高等专科院校科技型企业收入总额为 2.84 亿元;分别占全国高校科技型企业收入总额 539.08 亿元的 94.14%、5.33%、0.53%。如图 4-3 所示。

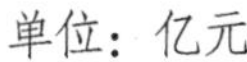


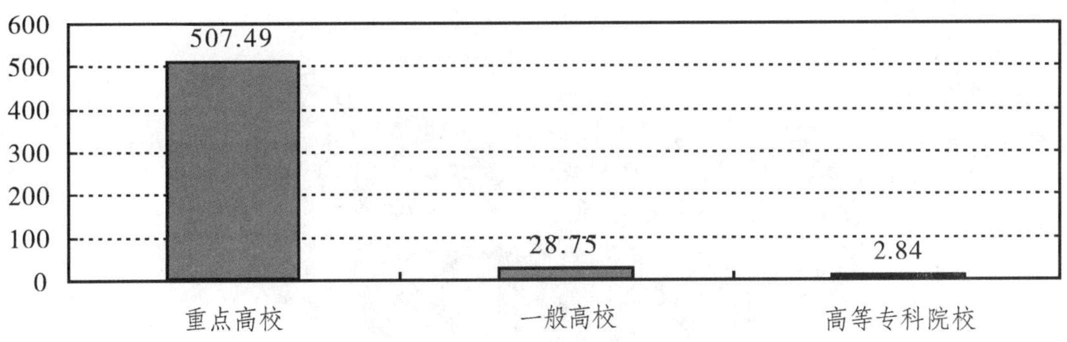


(a)

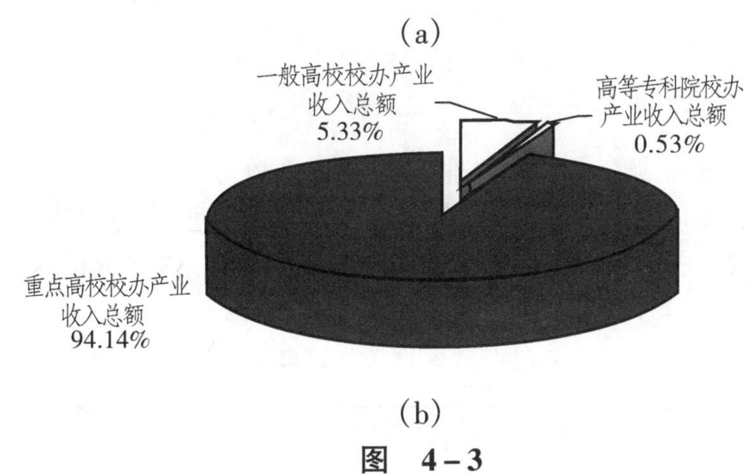


(b)

**图 4-3**

**2)利润总额**

(1)2002 年度重点高校校办产业实现利润交易额为 39.94 亿元,一般高校校办产业实现利润总额为 5.22 亿元,高等专科院校办产业实现利润总额为 0.77 亿元;分别占全国高校校办产业实现利润总额 45.93 亿元的 86.96%、11.37%、1.68%。如图 4-4 所示。

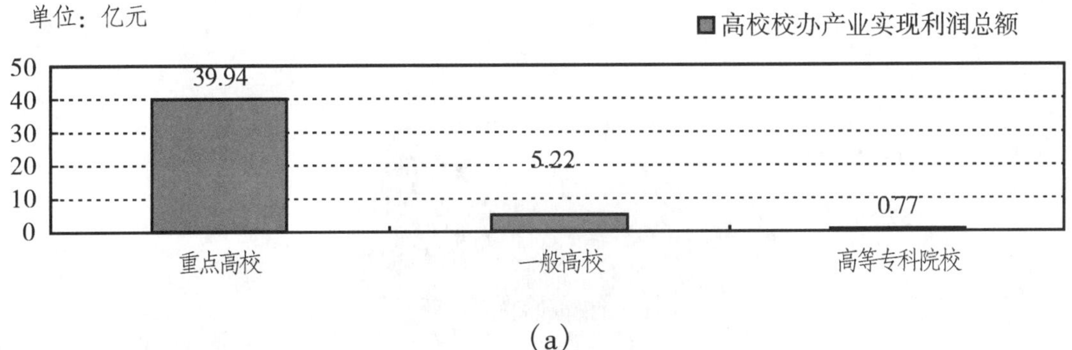


(a)

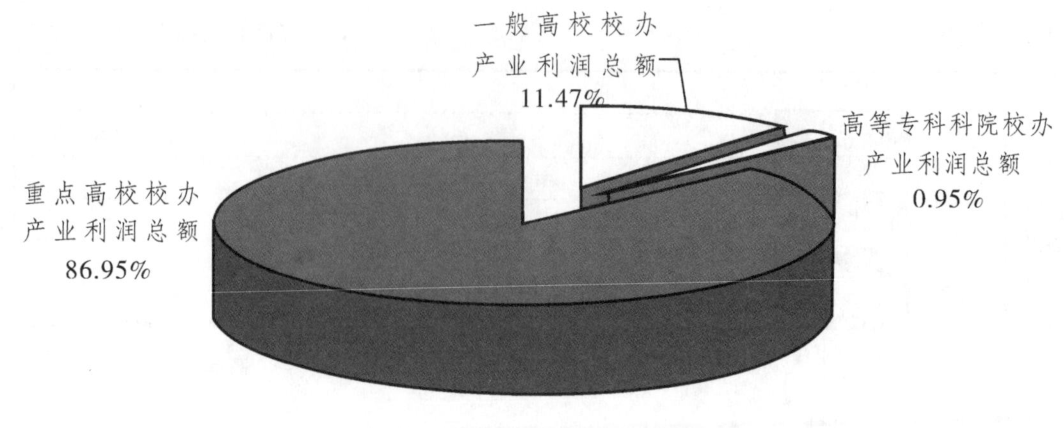


(b)

图 4-4

(2)2002年度重点高校科技型企业实现利润总额为22.22亿元,一般高校科技型企业实现利润总额为2.91亿元,高等专科院校科技型企业实现利润总额为0.24亿元;分别占全国高校科技型企业实现利润总额25.37亿元的87.58%、11.47%、0.95%。如图4-5所示。

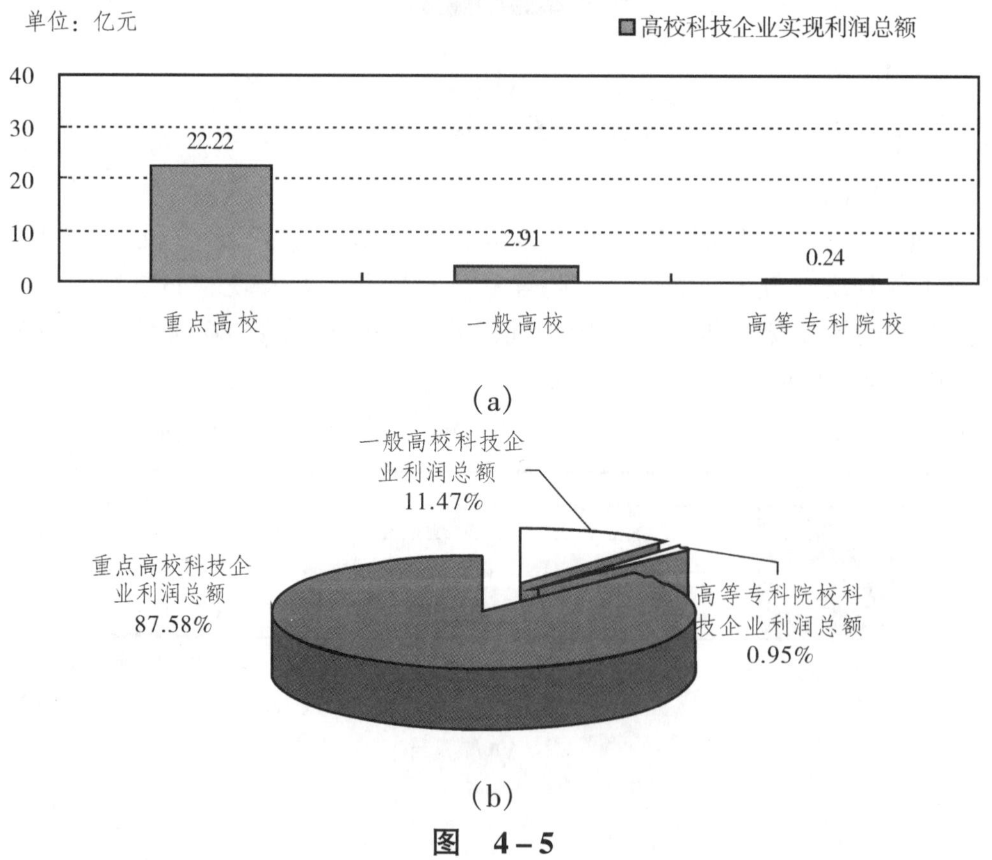


(a)

(b)

图 4-5

(3)2002年度重点高校校办产业实现净利润总额为31.66亿元，一般高校校办产业实现净利润总额为3.13亿元，高等专科院校校办产业实现净利润总额为0.54亿元；分别占分国高校校办产业实现净利润总额35.33亿元的89.61%、8.86%、1.53%。如图4-6所示。

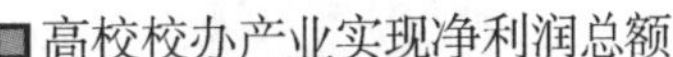


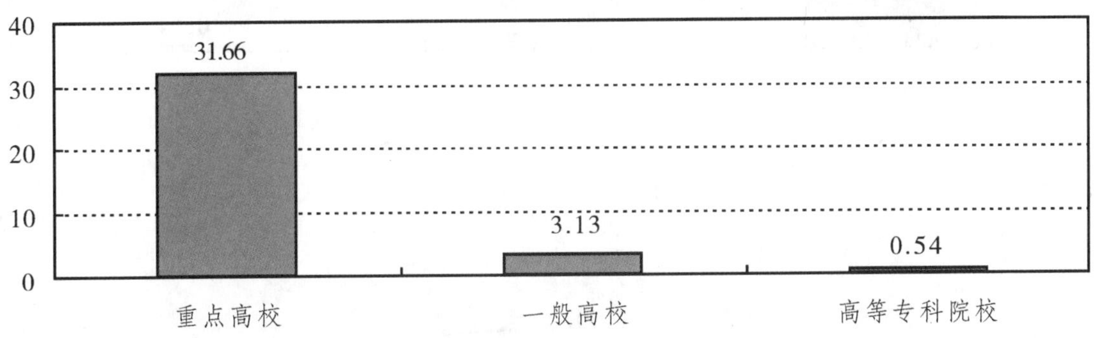


(a)

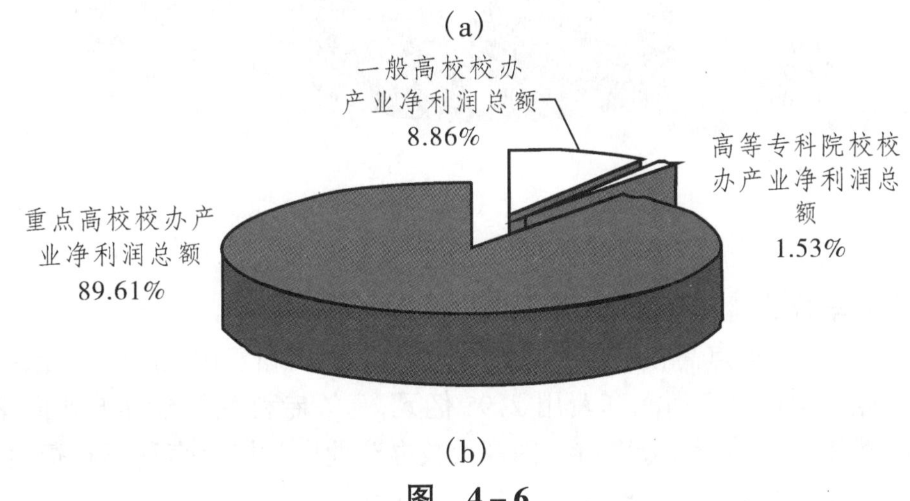


(b)

**图 4-6**

(4)2002年度重点高校科技型企业实现净利润总额为16.44亿元，一般高校科技型企业实现净利润总额为2.05亿元，高等专科院校科技型企业实现净利润总额为0.14亿元；分别占全国高校科技型企业实现净利润总额18.63亿元的88.25%、11.00%、0.75%。如图4-7所示。

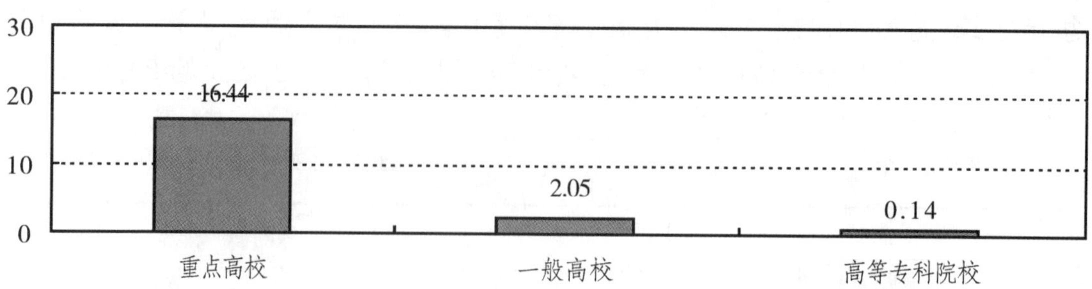


(a)

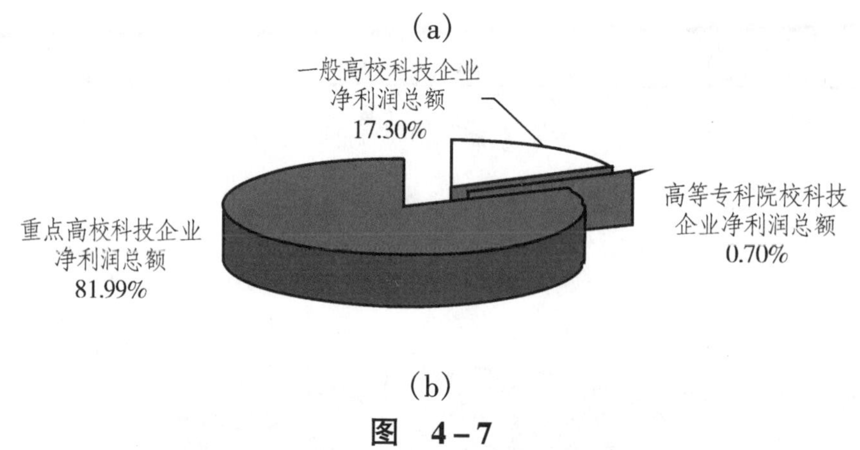


(b)

**图　4－7**

**3)上交学校的利润和费用**

(1)2002 年度重点高校校办产业向学校上交利润和费用 13.44 亿元，一般高校校办产业向学校上交利润和费用 2.95 亿元，高等专科院校校办产业向学校上交利润和费用 0.83 亿元；分别占全国高校校办产业向学校上交利润和费用 17.24 亿元的 77.96%、17.11%、4.81%。如图 4－8 所示。

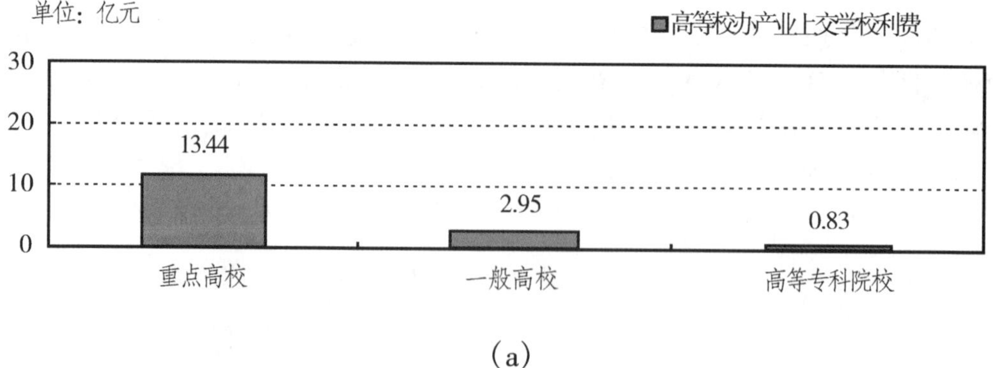


(a)

## 3.人员状况

(1)2002年末重点高校校办产业在册职工人数共计为18.99万人,其中有科技人员6.75万人(具有高级职称的人数为16305人、具有中级职称的人数为28891人)。全年职工工资总额为48.57亿元(人均月工资为2131.40元)。接纳学生实习达25.03万人次,累计工时1562.67万小时。参与培养博士生759名、硕士生3533名。

(2)2002年末一般高校校办产业在册职工人数共计为5.56万人,其中有科技人员1.63万人(具有高级职称的人数为4418人、具有中级职称的人数为7422人)。全年职工工资总额为7.31亿元(人均月工资为1095.86元)。接纳学生实习达12.97万人次,累计工时2623.19万小时。参与培养博士生58名、硕士生779名。

(3)2002年末高等专科院校校办产业在册职工人数共计为1.50万人,其中有科技人员0.42万人(具有高级职称的人数为769人、具有中级职称的人数为1967人)。全年职工工资总额为1.64万元(人均月工资为943.41元)。接纳学生实习达11.18万人次,累计工时951.70万小时。参与培养博士生3名、硕士生24名。

## 4.资产状况

(1)2002年末重点高校校办产业的注册资金总额为313.14亿元,资产总额1116.38亿元,负债597.56亿元,所有者权益518.82亿元,资产负债率为53.53%。

(2)2002年末一般高校校办产业的注册资金总额为29.24亿元,资产总额100.41亿元,负债59.80亿元,所有者权益40.61亿元,资产负债率为59.56%。

(3)2002年末高等专科院校校办产业的注册资金总额为5.87亿元,资产总额17.35亿元,负债9.70亿元,所有者权益7.65亿元,资产负债率为55.91%。

全国高校校办产业资产状况如图4-14所示。

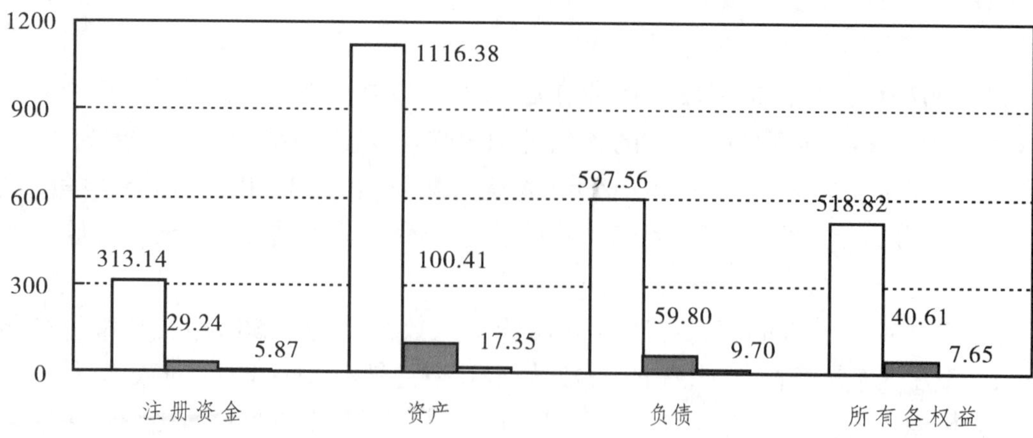


图　4－14

## 5.基本分析

### 1)人均销售额

2002年度重点高校校办产业人均销售额为34.57万元，一般高校校办产业人均销售额为11.12万元，高等专科院校校办产业人均销售额为9.02万元；2002年度全国高校校办产业人均销售额为28.22万元。如图4－15所示。

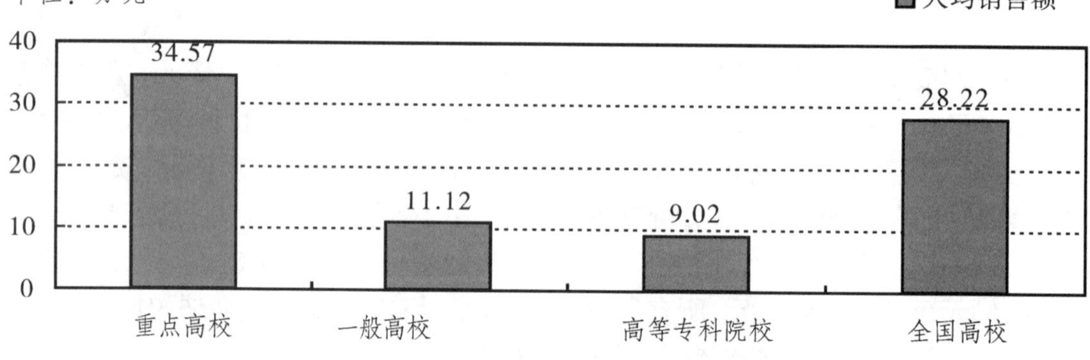


图　4－15

### 2)人均利润额

2002年度重点高校校办产业人均利润额为1.69万元，一般高校校办产业人均利润额为0.59万元，高等专科院校校办产业人均利润额为0.38万元；2002年度全国高校校办产业人均利润额为1.38万元。如图4－16所示。

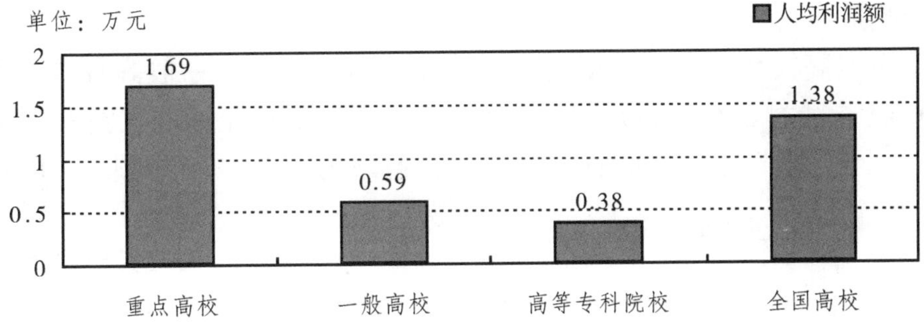


图 4-16

3)人均创税

2002年度重点高校校办产业人均创税为1.68万元，一般高校校办产业人均创税为0.77万元，高等专科院校校办产业人均创税为0.50万元；2002年度全国高校校办产业人均创税为1.42万元。如图4-17所示。

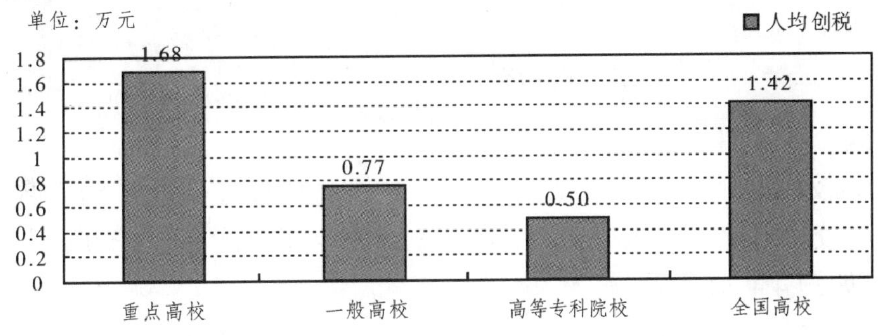


图 4-17

4)销售净利率

2002年度重点高校校办产业平均销售净利率为4.89%，一般高校校办产业平均销售净利率为5.29%，高等专科院校校办产业平均销售净利率为4.16%；2002年度全国高校校办产业平均销售净利率为4.91%。如图4-18所示。

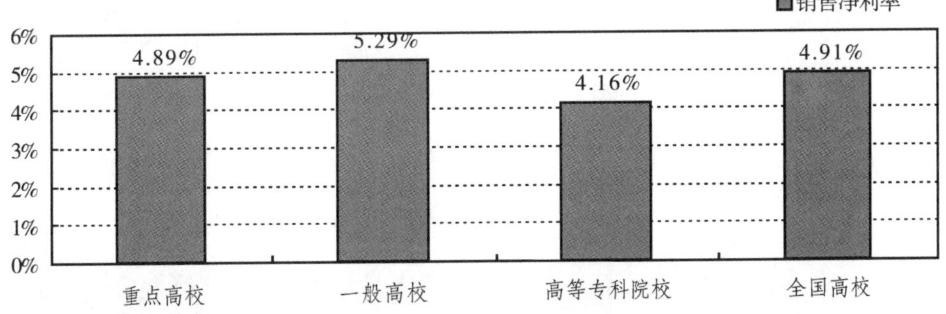


图 4-18

5)净资产收益率

2002年度重点高校校办产业平均净资产收益率为6.10%,一般高校校办产业平均净资产收益率为7.67%,高等专科院校校办产业平均净资产收益率为7.12%;2002年度全国高校校办产业平均净资产收益率为6.23%。如图4-19所示。

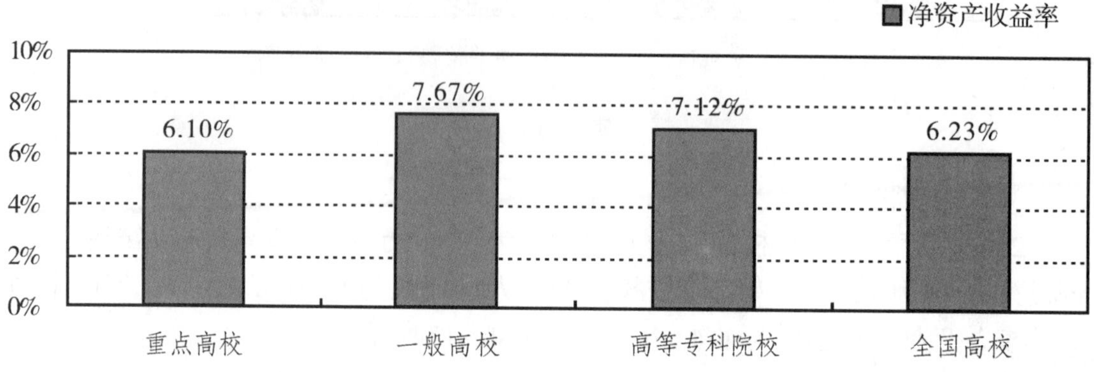


图 4-19

6)企业平均人数

2002年度重点高校校办企业平均人数为57人,一般高校校办企业平均人数为37人,高等专科院校校办企业平均人数为42人;2002年度全国高校校办企业平均人数为52人。如图4-20所示。

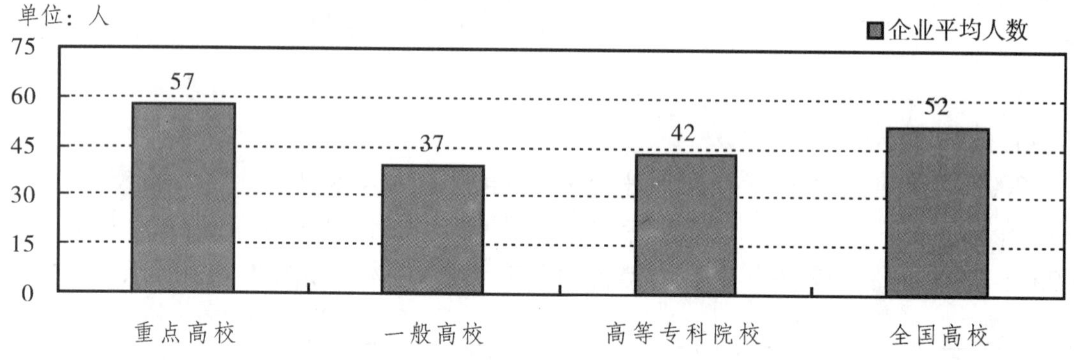


图 4-20

# 五、2002 年度全国高校进入高新技术产业开发区的校办产业统计分析

## 1.全国高校进入高新技术产业开发区的校办产业概况

2002 年度参加全国普通高校校办产业统计工作的有全国 32 个省、自治区、直辖市及新疆生产建设兵团,共有 631 所普通高校的 5047 个企业。其中,有 1112 个企业进入高新技术产业开发区,占全国高校上报企业数的 22.03%。如图 5-1 所示。

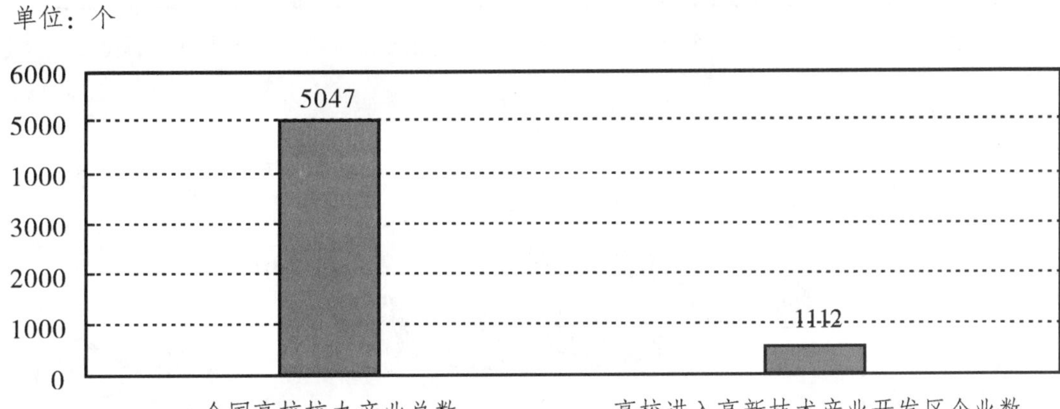


(a)

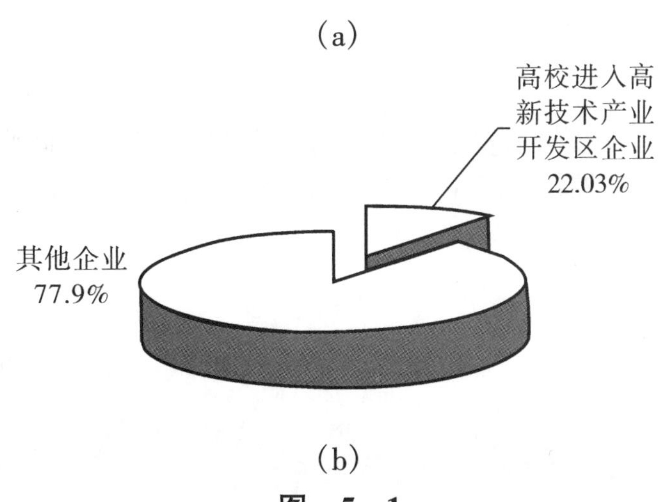


(b)

图 5-1

## 2.经营状况

### 1)收入总额

2002年度全国高校进入高新技术产业开发区的校办产业收入总额为480.54亿元,占全国高校校办产业收入总额720.08亿元的66.73%。如图5-2所示。

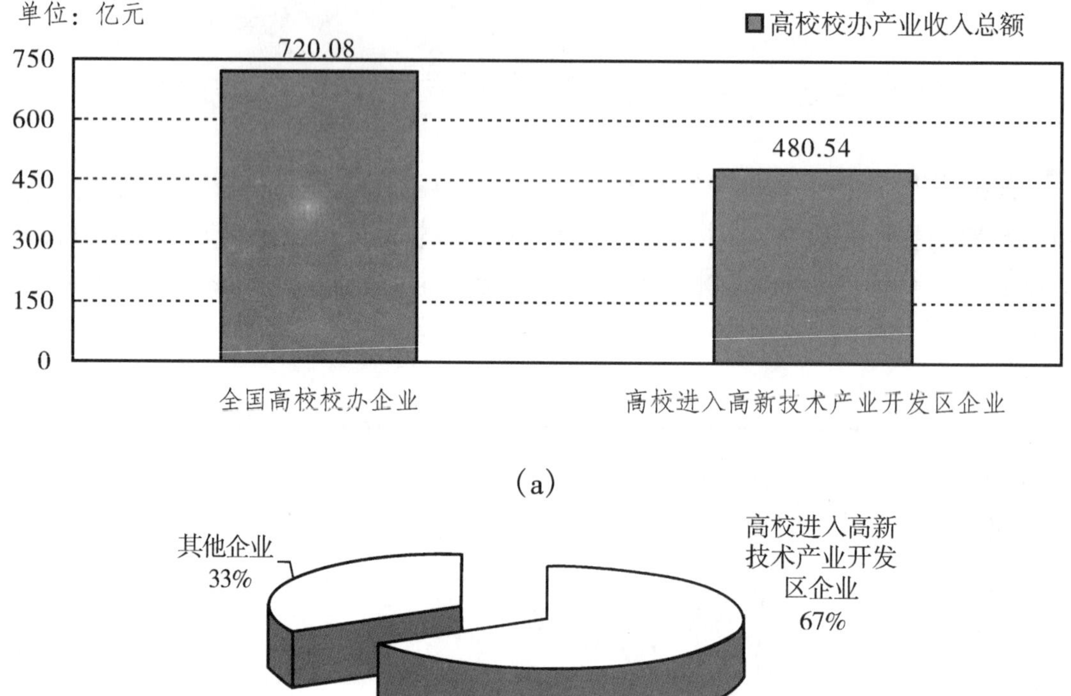


(a)

其他企业
33%
高校进入高新技术产业开发区企业
67%

(b)

图 5-2

### 2)利润总额

2002年度全国高校进入高新技术产业开发区的校办产业实现利润总额为21.60亿元,占全国高校校办产业实现利润总额45.93亿元的47.03%。如图5-3所示。

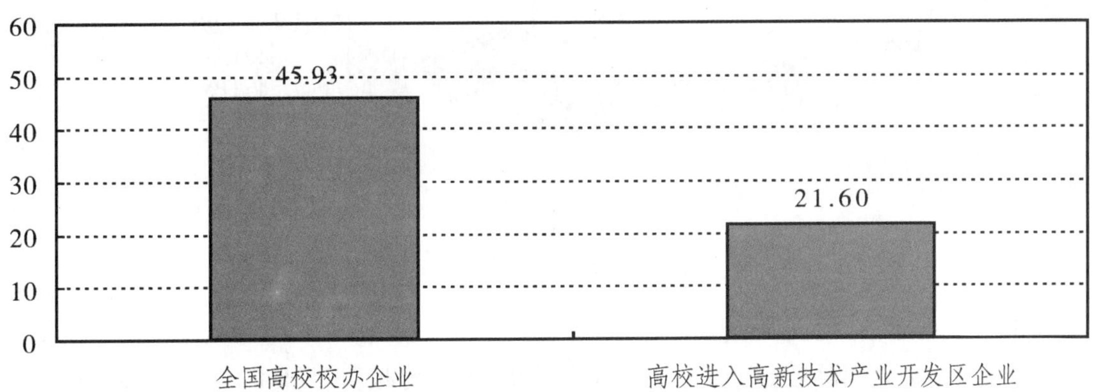


(a)

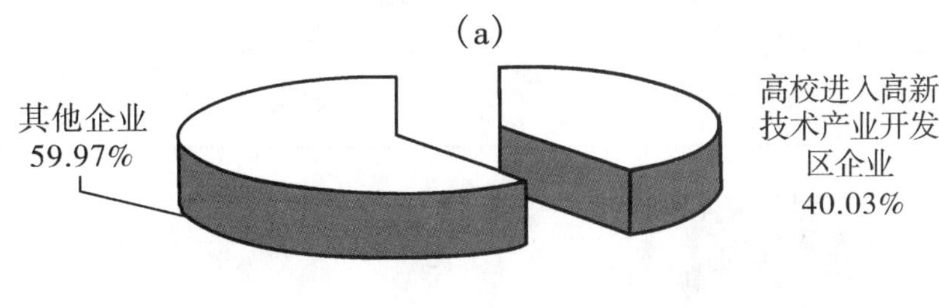


(b)

**图 5-3**

2002年度全国高校进入高新技术产业开发区的校办产业实现净利润总额为16.29亿元，占全国高校校办产业实现净利润总额35.33亿元的35.47%。如图5-4所示。

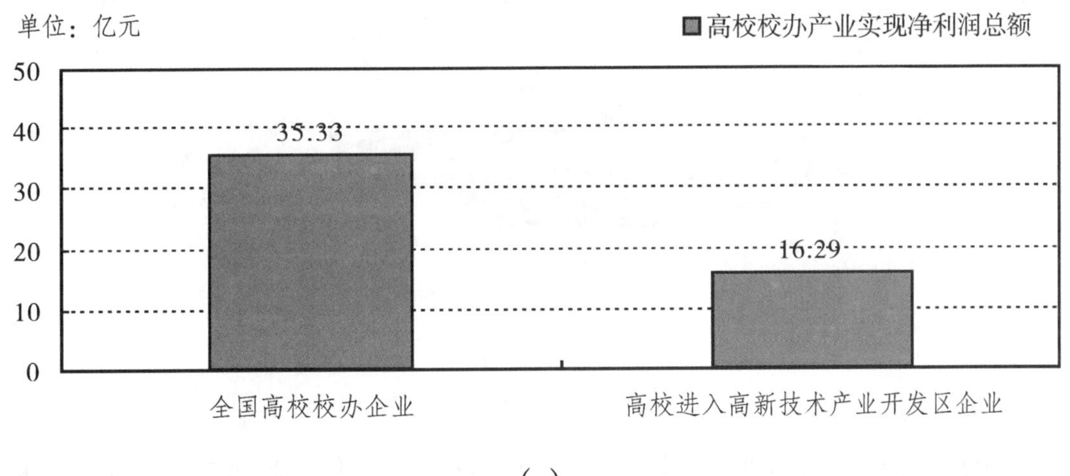


(a)

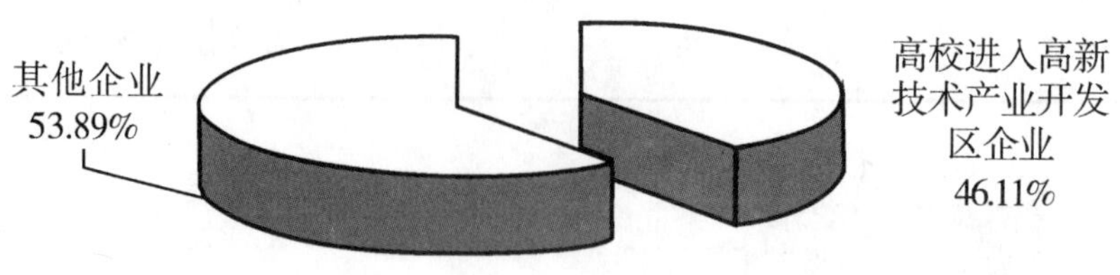


(b)

图 5-4

**3)上交学校的利润和费用**

2002 年度全国高校进入高新技术产业开发区的校办产业向学校上交利润和费用 4.37 亿元，占全国高校校办产业向学校上交利润和费用 17.24 亿元的 25.35%。如图 5-5 所示。

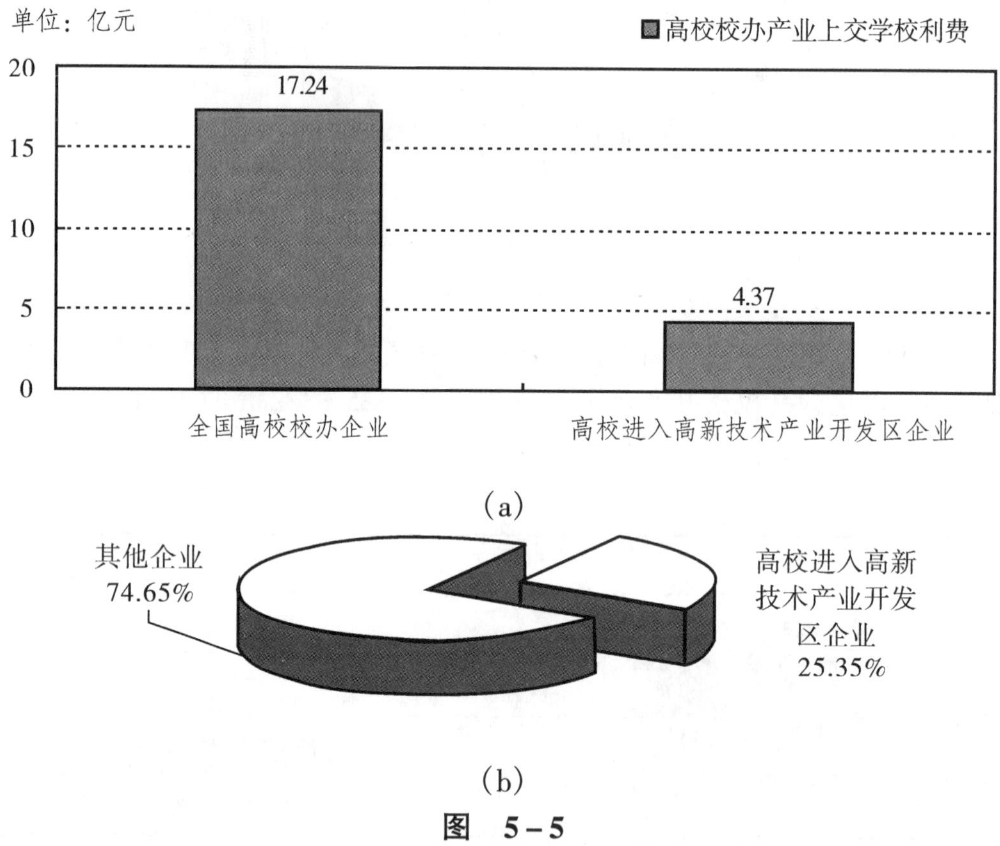


(a)

(b)

图 5-5

**4)上交税金**

2002 年度全国高校进入高新技术产业开发区的校办产业向国家交纳各种税金为 21.59 亿元，占全国高校校办产业向国家交纳各种税金 36.28 亿元的 59.51%。如图 5-6 所示。

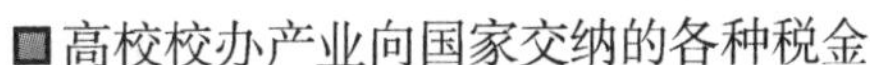


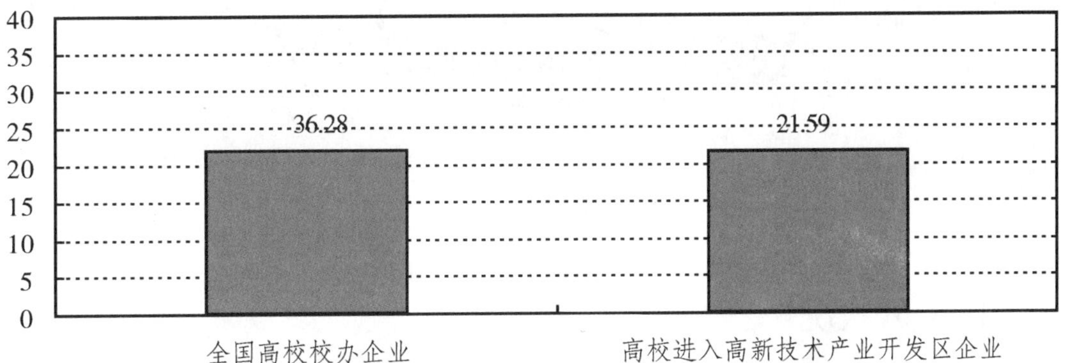


(a)

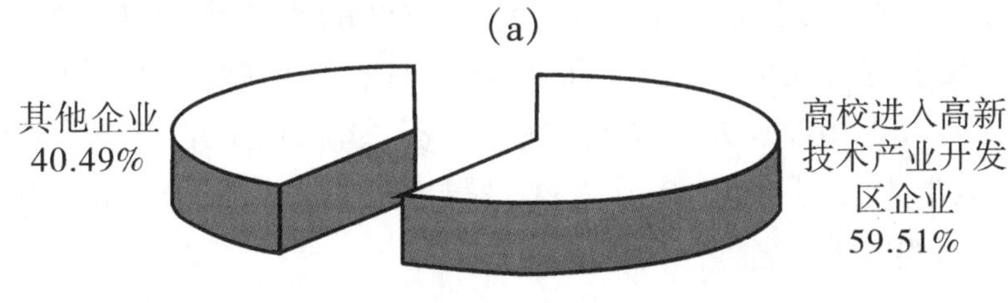


(b)

**图 5-6**

**5)对社会的回报**

2002年度全国高校进入高新技术产业开发区的校办产业为社会创造的净利润和交纳的各种税费为37.88亿元,占全国高校校办产业为社会创造的净利润和交纳的各种税费71.61亿元的52.90%。如图5-7所示。

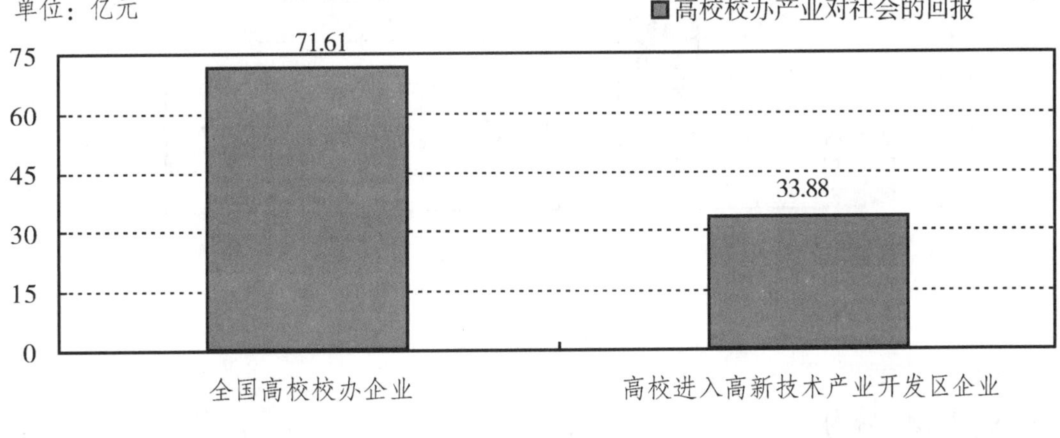


(a)

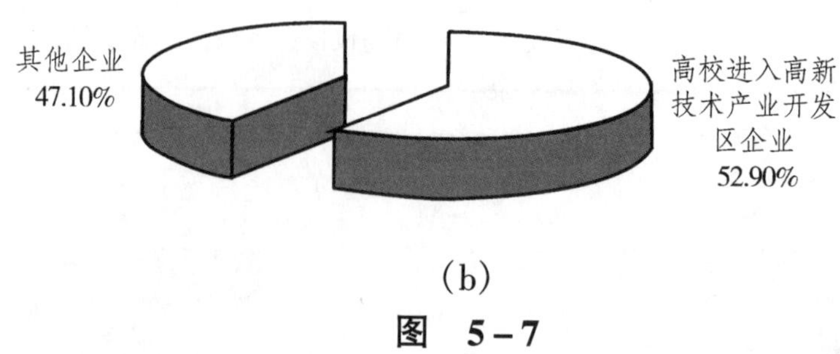


(b)

**图 5-7**

## 3.人员状况

2002年末全国高校进入高新技术产业开发区的校办产业在册职工人数共计为9.39万人,其中有科技人员3.91万人(其中具有高级职称的人数为8490人、具有中级职称的人数为16560人)。全国职工工资总额为28.62亿元(人均月工资为2539元)。接纳学生实习达12.9万人次,累计工时877.02万小时。参与培养博士生454名、硕士生2290名。

## 4.资产状况

2002年末全国高校进入高新技术产业开发区的校办产业的注册资金总额为226.45亿元,资产总额898.11亿元,负债493.97亿元,所有者权益404.14亿元,资产负债率55.00%为。如图5-8所示。

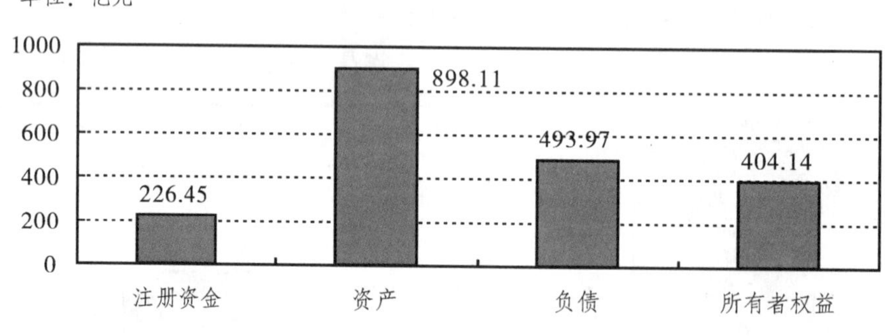


**图 5-8**

## 5.基本分析

**1)人均销售额**

2002年度全国高校进入高新技术产业开发区的校办产业人均销售额为51.

17 万元，比 2002 年度全国高校校办产业人均销售额 28.22 万元高 81.33%。如图 5-9 所示。

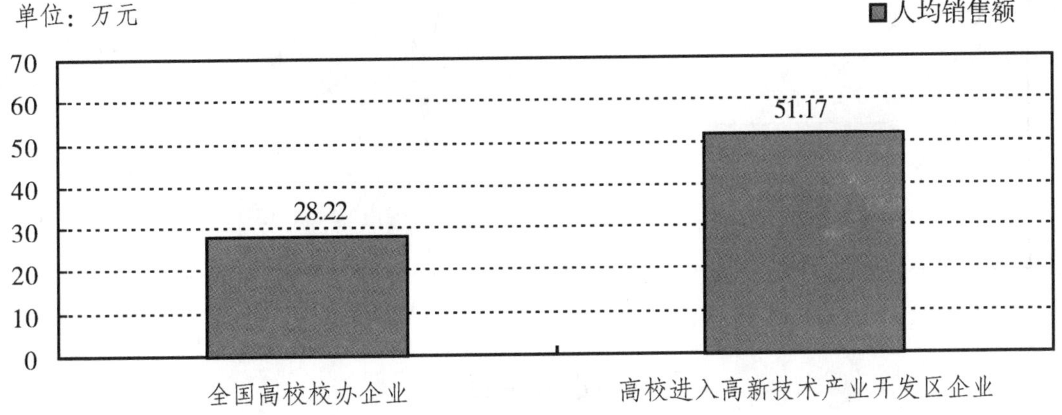


**图 5-9**

**2）人均利润额**

2002 年度全国高校进入高新技术产业开发区的校办产业人均利润额为 2.30 万元，比 2002 年度全国高校校办产业人均利润额 1.39 万元高 65.47%。如图 5-10 所示。

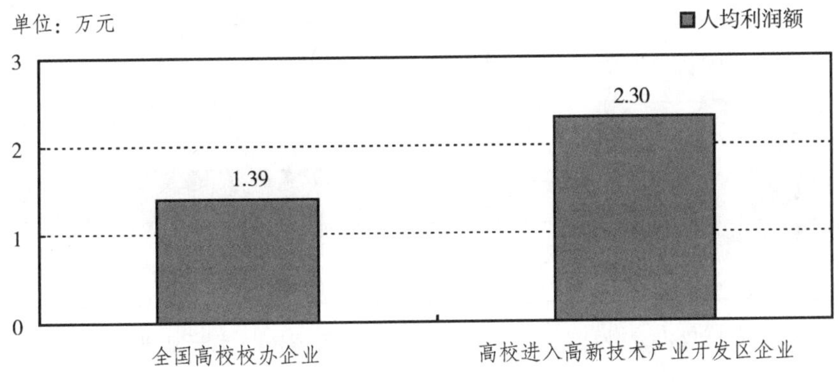


**图 5-10**

**3）人均创税**

2002 年度全国高校进入高新技术产业开发区的校办产业人均创税为 2.29 万元，比 2002 年度全国高校校办产业人均创税 1.42 万元高 61.27%。如图 5-11 所示。

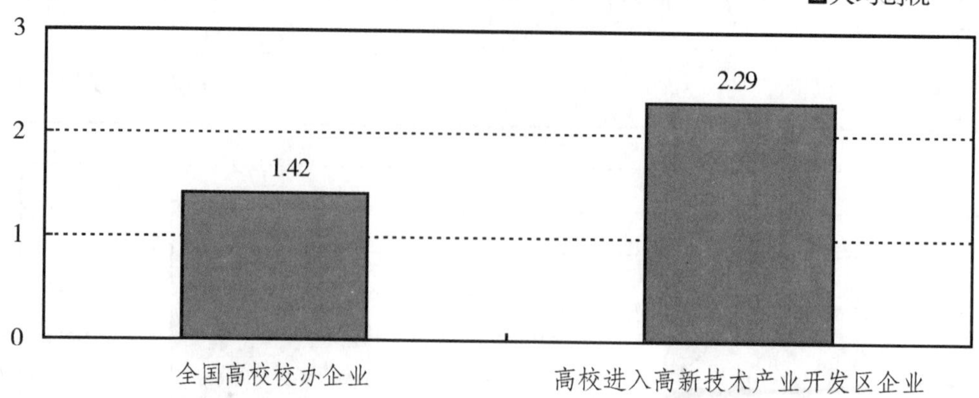


图 5-11

**4)销售净利率**

2002年度全国高校进入高新技术产业开发区的校办产业平均销售净利率为3.39%，2002年度全国高校校办产业平均销售净利率为5.00%。如图5-12所示。

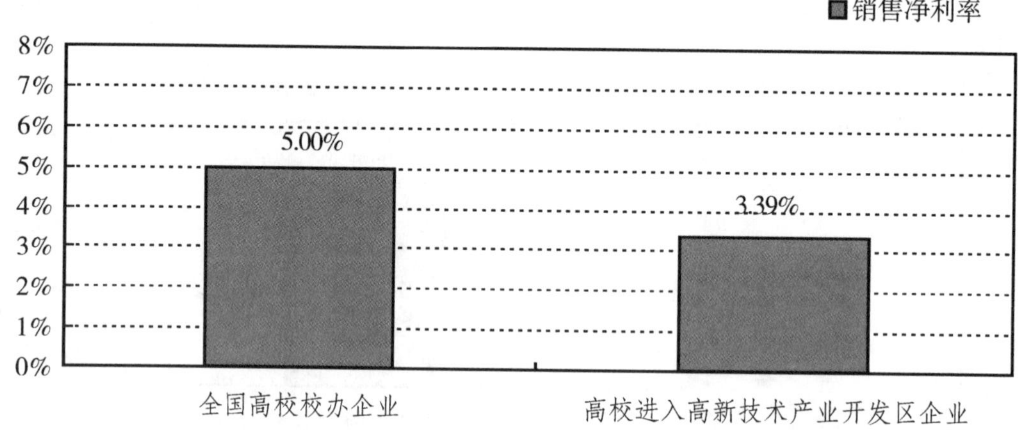


图 5-12

**5)净资产收益率**

2002年度全国高校进入高新技术产业开发区的校办产业平均净资产收益率为4.03%，2002年度全国高校校办产业平均净资产收益率为6.00%。如图5-13所示。

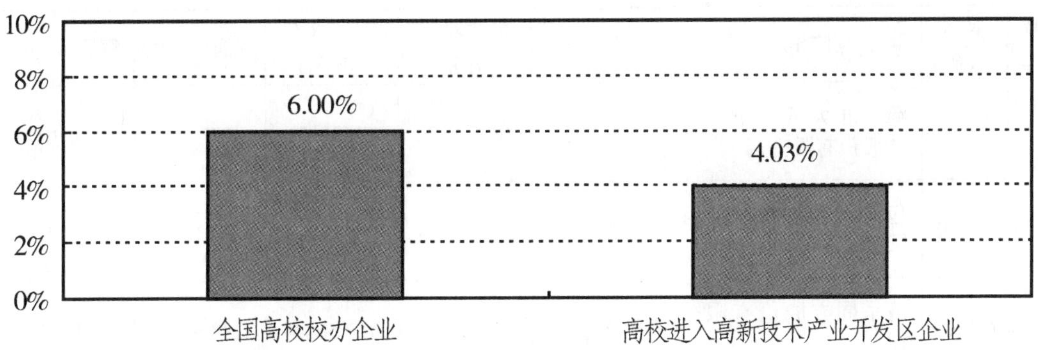


图 5－13

6)企业平均人数

2002 年度全国高校进入高新技术产业开发区的校办产业平均人数为 84 人，2002 年度全国主校校办企业平均人数为 52 人。如图 5－14 所示。

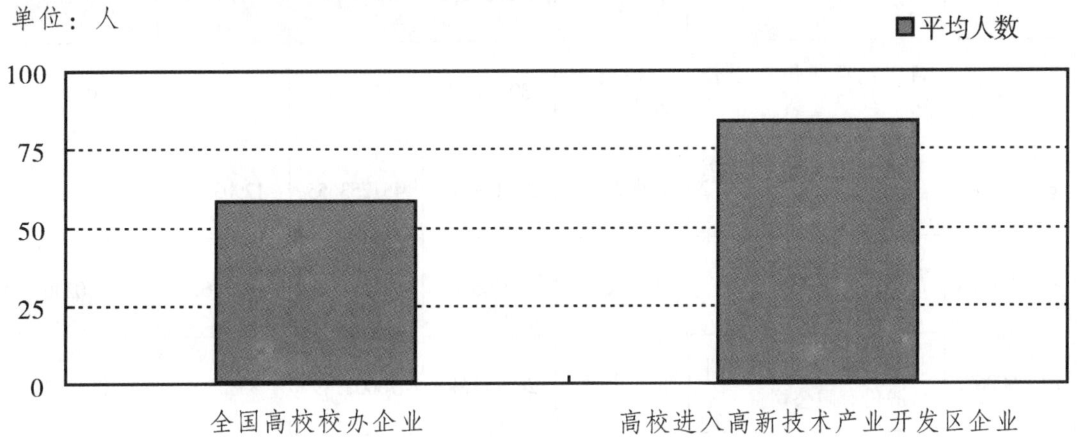


图 5－14

## 2002年高校上市公司财务数据表

| 序号 | 股票代码 | 上市公司 | 控股单位 | 资产总额（万元） | 销售收入（万元） | 利润(万元) | 每股收益(元) |
|---|---|---|---|---|---|---|---|
| 1 | 600076 | 潍坊北大青鸟华光科技股份有限公司 | 北京大学 | 187568.22 | 33691.52 | 277.65 | 0.011 |
| 2 | 600091 | 包头明天科技股份有限公司 | 北京大学 | 249905.29 | 71889.47 | 7713.36 | 0.229 |
| 3 | 600100 | 清华同方股份有限公司 | 清华大学 | 627632.09 | 543966.84 | 13859.51 | 0.320 |
| 4 | 600136 | 武汉道博股份有限公司 | 赛尔网络 | 76791.75 | 11044.38 | -15233.36 | -1.46 |
| 5 | 600181 | 云大科技股份有限公司 | 云南大学 | 237957.95 | 60432.13 | 3103.30 | 0.09 |
| 6 | 600530 | 上海交大昂立股份有限公司 | 上海交通大学 | 133931.68 | 47686.75 | 5118.15 | 0.26 |
| 7 | 600551 | 科大创新股份有限公司 | 中国科技大学 | 30513.15 | 6681.47 | 736.91 | 0.10 |
| 8 | 600601 | 上海方正延中科技集团股份有限公司 | 北京大学 | 202199.12 | 451253.55 | 12903.86 | 0.35 |
| 9 | 600624 | 上海复旦复华科技股份有限公司 | 复旦大学 | 100266.22 | 26074.46 | 622.67 | 0.0236 |
| 10 | 600657 | 北京天桥北大青鸟科技股份有限公司 | 北京大学 | 264757.40 | 76062.49 | 3383.02 | 0.1402 |
| 11 | 600661 | 上海交大南洋股份有限公司 | 上海交通大学 | 51563.32 | 35141.03 | 1903.33 | 0.13 |
| 12 | 600701 | 哈尔滨工大高新技术产业开发股份有限公司 | 哈尔滨工业大学 | 136586 | 70246 | 2522 | 0.078 |
| 13 | 600718 | 沈阳东软软件股份有限公司 | 东北大学 | 259067.41 | 190724.75 | 7971.17 | 0.28 |
| 14 | 600730 | 中国高科集团股份有限公司 | 东方时代投资有限公司 | 102140.76 | 202438.41 | 3048.68 | 0.17 |
| 15 | 600750 | 江西江中药业股份有限公司 | 江西中医药大学 | 74078.14 | 66767.21 | 4321.34 | 0.30 |

| 序号 | 股票代码 | 上市公司 | 控股单位 | 资产总额(万元) | 销售收入(万元) | 利润(万元) | 每股收益(元) |
|---|---|---|---|---|---|---|---|
| 16 | 600797 | 浙江浙大网新科技股份有限公司 | 浙江大学 | 230004.88 | 199854.92 | 8385.18 | 0.18 |
| 17 | 600806 | 交大昆机科技股份有限公司 | 西安交通大学 | 83946.92 | 17962.85 | 607.75 | 0.025 |
| 18 | 600846 | 上海同济科技实业股份有限公司 | 同济大学 | 162642.49 | 134397.53 | 2048.09 | 0.0736 |
| 19 | 600857 | 哈工大首创科技股份有限公司 | 哈尔滨工业大学 | 57167.82 | 61493.88 | 2141.68 | 0.11 |
| 20 | 600892 | 河北湖大科技教育发展股份有限公司 | 湖南大学 | 37581.57 | 9116.01 | －1648.20 | －0.33 |
| 21 | 000004 | 深圳市北大高科技股份有限公司 | 北京大学 | 26361.46 | 12122.56 | 558.31 | 0.066 |
| 22 | 000532 | 珠海华电股份有限公司 | 清华大学 | 55744.91 | 9525.25 | 3986.12 | 0.14 |
| 23 | 000537 | 天津南开戈德股份有限公司 | 南开大学 | 144365.10 | 22204.63 | －4166.92 | －0.10 |
| 24 | 000590 | 清华紫光古汉生物制药股份有限公司 | 清华大学 | 72486.13 | 29660.61 | 409.84 | 0.02 |
| 25 | 000790 | 成都华神集团股份有限公司 | 成都中医药大学 | 57343.07 | 18809.83 | 1856.00 | 0.14 |
| 26 | 000836 | 天津天大天财股份有限公司 | 天津大学 | 239915.50 | 126087.42 | 3247.34 | 0.27 |
| 27 | 000915 | 山东山大华特科技股份有限公司 | 山东大学 | 56143.10 | 9973.67 | 727.18 | 0.03 |
| 28 | 000925 | 浙江浙大海纳科技股份有限公司 | 浙江大学 | 51916.76 | 17340.20 | 1978.14 | 0.14 |
| 29 | 000938 | 清华紫光股份有限公司 | 清华大学 | 150979.62 | 189905.67 | 2095.34 | 0.049 |
| 30 | 000988 | 华工科技产业股份有限公司 | 华中科技大学 | 105626.56 | 34705.21 | 4867.89 | 0.35 |
| 31 | 000990 | 诚志股份有限公司 | 清华大学 | 141021.63 | 81106.07 | 6433.43 | 0.31 |